高臻臻de脑细胞

冷启动

零成本做营销

高臻臻／著　优酷／出品

人民邮电出版社

北京

图书在版编目（CIP）数据

冷启动 : 零成本做营销 / 高臻臻著. -- 北京 : 人民邮电出版社, 2018.5（2018.6重印）
ISBN 978-7-115-48006-4

Ⅰ. ①冷… Ⅱ. ①高… Ⅲ. ①市场营销学 Ⅳ. ①F713.50

中国版本图书馆CIP数据核字(2018)第044070号

内 容 提 要

本书针对中小企业做营销没预算、没用户的痛点，系统梳理冷启动项目的思维和策略，帮助营销和运营人员实现项目从0到1再到*n*的爆发式增长。

全书有两条主线。一条是营销思维线，侧重于如何思考，包括：升级行业、创新文化，寻找营销切入点；挖掘品牌和个人的亮点、“做轻”产品，打造具有互联网营销特色的冷启动项目；突破思维，把实体经济“做虚”，发挥虚拟经济的价值。另一条是营销策略线，侧重于如何行动，包括：市场策略，切入未来风口行业；模式策略，优化原有商业模式；产品策略，打造升维创新产品；营销策略，拥抱互联网时代新思维；粉丝策略，利用社群圈住用户；定价策略，合理定价吸引用户；活动策略，通过活动引爆流量。书中42个典型的冷启动营销案例，再现各行各业创新营销方法，冷启动方法分类总结，有效实用，真正做到拿来就用。

本书结构清晰，拥有一套完整、详细、实战性强的零成本营销方案，适合于创业者、传统行业转型者、产品营销和运营人员等阅读。

◆ 著　　　　高臻臻
责任编辑　恭竟平
责任印制　周昇亮

◆ 人民邮电出版社出版发行　　北京市丰台区成寿寺路 11 号
邮编　100164　　电子邮件　315@ptpress.com.cn
网址　http://www.ptpress.com.cn
大厂聚鑫印刷有限责任公司印刷

◆ 开本：700×1000　1/16
印张：15　　　　2018 年 5 月第 1 版
字数：245 千字　　　　2018 年 6 月河北第 3 次印刷

定价：59.80 元

读者服务热线：(010)81055296　印装质量热线：(010)81055316
反盗版热线：(010)81055315
广告经营许可证：京东工商广登字 20170147 号

推荐序

2016年，这是我把力美从成都带到北京的第8年，也是我创业的第15年。过年回到老家成都，约几个好友吃喝聊天已成惯例，我们聊过去，聊未来。在这些同我一样创业十几年的朋友里，保持赤子之心并依然拥有闯劲的，高臻臻是唯一的。臻臻曾经还是我力美的合伙人，他是一个互联网的通才，从事互联网这一行17年，懂技术，擅长互联网营销。

臻臻经常会对我说，每次来北京谈事情都感觉非常痛快，北京的创业者高效且格局高。他喜欢这座城市。从我的角度来看，之所以臻臻认为北京的创业者高效且格局高是在于北京这座城市的人做事情喜欢做局，而像成都这样的城市里的人，更喜欢做事。所以这也塑造了臻臻一种只属于他的特色，具备高维度的做局和实事落地的融合性思维。

他从开始做"脑细胞"以来，一直围绕着少套路和不说谎的原则，把自己这么多年从实战中总结的经验，以一种更简单的方式分享给那些预算少、用户少、经验少的中小企业老板。我曾经问过他一个问题，你为什么不讲更高维度的内容，加一些专业词汇、营销理论，这样会让别人觉得你的档次更高。他说那些理论和词汇太晦涩了，普通人谁能听得懂那些，虽然那样做更像授课，但是又怎么样呢，讲那些东西的人都沉浸在自我世界里，写笔记、谈理论，只是让自己变得更有谈资罢了。懂他的人自然会关注他，就像脑细胞社群里的那帮"粉丝"，臻臻不喜欢称他们为粉丝，他觉得，那是一群希望进步的人聚集在了一起，他要把自己懂的知识传授给别人，也可以从不同的人那里学习更多的东西，如此反复，让每个人的视野更开阔。也许正是因为这样的与众不同，脑细胞社群也的确是我见过的最有黏性的社群之一。

《冷启动：零成本做营销》这本书，既有高臻臻对各种营销理论的理解，也有他对创业过程中遇到的问题的反思。我认为这是代表实战派营销的一本图书。我拿着书稿中的部分内容分享给几位正在创业的年轻朋友阅读，他们反馈的评价非常高，觉得这是一本能看明白的营销书，书中举一反三的方法和实战案例让苦恼的创业者可以从模仿开始，直到领悟出营销的真谛。

希望更多的人能接触到这本书，让商业与营销变得不再那么遥不可及。

——力美科技创始人 & 新潮传媒联合创始人　舒义

写作驱动

互联网的兴起为企业带来了新的挑战与机遇！越来越多的人看到了互联网的价值与前景，但是在具体操作时，互联网具体如何玩？传统企业如何与互联网融合？如何通过互联网做营销？一系列问题，接踵而至。

本书针对这些问题，总结了一套完整的“冷启动”、零成本做营销的方案，让大家从思维模式到战术方面，有全面的认知和了解，甚至按照书中教的方法，就可以进行实践与操作。接下来，先来介绍一下写作背景。

1.“冷启动”是什么？

所谓冷启动是指如何零成本做营销。

2. 为什么要冷启动？

市场上现有的营销方案大多采用“烧钱模式“，这种方案”成本高，效果难以评估，对中小型企业来说并不经济。

《冷启动：零成本做营销》一书，深度解析零成本做营销的巨大优势，丰富的冷启动案例为各行各业如何零成本做营销提供了解决方案。

3. 如何冷启动？

如何冷启动，零成本做营销，我在书中给出了很多例子，例如从亚文化方向切入，从用户心理层面切入等。结合案例，归纳总结出零成本做营销的方法论。

本书深入解析零成本做营销的思维方法和实施策略，提供了很多实用的经营之道，手把手教你做营销，教你如何把一件产品打造为爆款。一本书掏空引流行家压箱底的干货，让你的产品或服务口碑好，排名靠前。

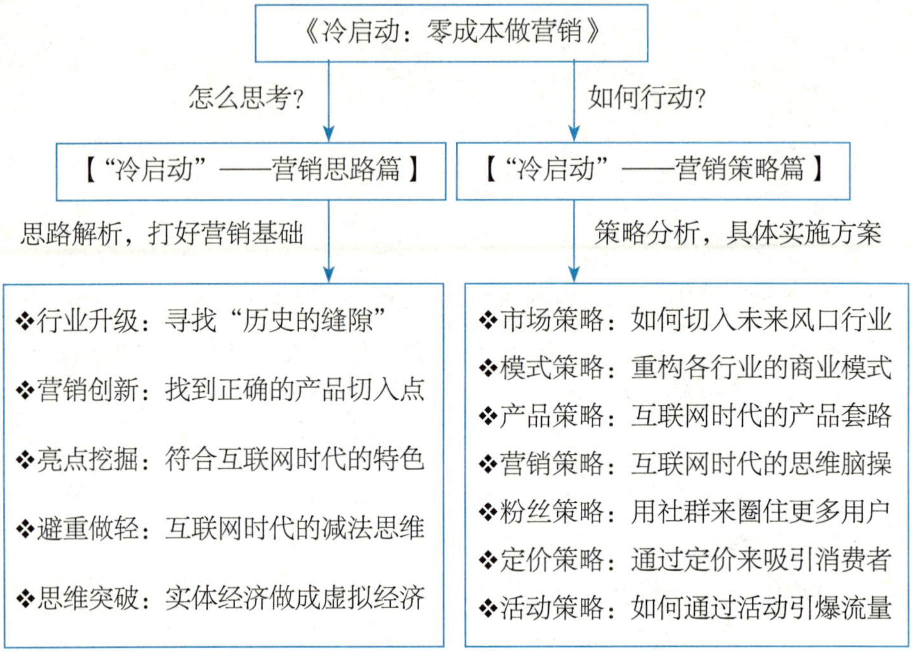

本书特色

（1）案例丰富，清晰好懂。作者亲身实测，深入多个行业营销前线，总结的方法论能使读者轻松上手，无师自通。

（2）资深经验，倾囊传授。本书所讲的思维和方法大多经过市场证明。

（3）内容全面，条理清晰。全书先讲营销思维，后讲营销策略，42 个冷启动案例深入浅出，简单易学，开拓读者的思维，提高读者的技能。

本书由高臻臻著。由于互联网发展迅猛，书中难免有不足之处，恳请广大读者批评、指正。

特别鸣谢（按姓氏拼音排序，排名不分先后）

邓怡、冯丽晖、高山正、高熙果而、廖大勇、李姝、马平平、孙佺、吴静（主儿）、汪磊（芭蕉）、吴阳波、王中磊、徐超强、闫斬升（闫凯）、张泉灵、周围。

目录

第 12 章 活动策略：如何通过活动引爆流量

第1章

行业升级：寻找“历史的缝隙”

01

经常有人找我抱怨："现在钱太难赚了！"

我说："还好吧，现在中国发展这么快，到处都是商机等着你！"

我觉得，选项目不能看这个项目现在好不好，而是要看它未来，市场空间是否大、是否可标准化量产、是否有专业的竞争壁垒，最重要的是，是否找得到"历史的缝隙"。

我造了个词，叫"历史的缝隙"。

"历史的缝隙"，这个词语是我自造的，我也不知道该怎么表述，大概意思是，一定要踏准历史的节点，寻找到时代的机遇，只要你发现了"历史的缝隙"，提前一点点去那里蹲着，当历史的车轮碾过，你会被带着飞起来的。

1.1 为什么要"冷启动"

现在是互联网时代了，互联网时代最大的一个特征就是突出了"人"的价值。过去，按照投资比例来投资建厂，再根据比例来分红。现在，突出了人的价值，风投几千万元，可能只有百分之十的股份，而创始团队只投了人和精力，持股比例却很高。人是这个时代最重要的，所以零成本的启动项目是这个时代的特点，它突出了人的价值。

那么，为什么要冷启动？市场上现有的项目启动方法成本高，效果难以评估。一些中小型企业项目资金少，很难采用现有的"烧钱"模式进行推广。因此，冷启动成了中小企业最为经济的营销方法。

互联网时代是一个高速发展的时代，商业活动频次加剧，没有办法像以前那样，等一切准备好了再上，现在一定要小步快跑，这种情况下试错的频次增加了，所以一定要先低成本试错，再快速调整，再试错。举个简单的例子，以前做一个东西，必须先花很多钱建厂，然后再生产，当时是卖方市场，只要有货，就可以卖得出去，而现在是买方市场，一定要先小成本地试错，检验市场，再做大规模。

1.2 “冷启动”到底是什么

创业初期，没有内容，也没有用户。多数创业者会被困在如何“发挥自身资源优势”“找准项目优势”“做省钱且有效的营销”这些问题中。

我将带着 17 次创业经历，来分享“冷启动”的奥秘。冷启动就是零成本做营销，根本上是要用创新的方式来融合资源，资源之间互相借力，减少硬成本的投入。尤其是这个时代的营销，资金投入大，很多企业根本做不起。因此要通过资源整合、资源借力，做省钱、有效的营销。

1.3 每个行业都有可能进化或升级

不要说自己的行业不好，不要抱怨现在生意不好做，每个行业都是有可能进化或升级的，例如，古董拍卖行业不是特别景气，那么你可以不卖古董，专门出租古董，租给房地产公司开盘搞活动，这就是一种很好的进化或升级方式。

❖ 基于“扫地”行业的升级

我有一个朋友很厉害，初中毕业后去做保洁，现在身价至少几百万了。任何产业随着时代的发展都有可能迎来产业的升级，哪怕是扫地！他现在升级为专门给电信、移动打扫基站，如图 1-1 所示，这个行业因为涉及专业设备、保密安全的问题，所以竞争门槛足够高。

❖ 基于清洁厕所行业的升级

有一家叫“斯高博”（Scrub）的公司，如图 1-2 所示，专门为酒店、餐饮企业提供洗手间卫生清洁服务，不仅可以做到每周定时的卫生服务，而且还提供很多专业的洗手间耗材的产品支持（比如卫生纸、洗手液、空气清新剂），这种洗手间清洁外包业务是门大生意。

图 1-1 “扫地”行业的升级

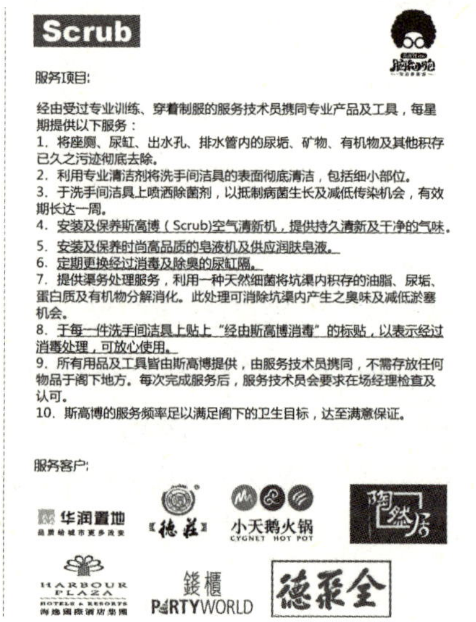

Scrub

服务项目：

经由受过专业训练、穿着制服的服务技术员携同专业产品及工具，每星期提供以下服务：

1. 将座厕、尿缸、出水孔、排水管内的尿垢、矿物、有机物及其他积存已久之污迹彻底去除。
2. 利用专业清洁剂将洗手间洁具的表面彻底清洁，包括细小部位。
3. 于洗手间洁具上喷洒除菌剂，以抵制病菌生长及减低传染机会，有效期长达一周。
4. 安装及保养斯高博（Scrub)空气清新机，提供持久清新及干净的气味。
5. 安装及保养时尚高品质的皂液机及供应润肤皂液。
6. 定期更换经过消毒及除臭的尿缸隔。
7. 提供渠务处理服务，利用一种天然细菌将坑渠内积存的油脂、尿垢、蛋白质及有机物分解消化。此处理可消除坑渠内产生之臭味及减低淤塞机会。
8. 于每一件洗手间洁具上贴上“经由斯高博消毒”的标贴，以表示经过消毒处理，可放心使用。
9. 所有用品及工具皆由斯高博提供，由服务技术员携同，不需存放任何物品于阁下地方。每次完成服务后，服务技术员会要求在场经理检查及认可。
10. 斯高博的服务频率足以满足阁下的卫生目标，达至满意保证。

服务客户：

华润置地 德庄 小天鹅火锅 CYGNET HOT POT 陶然居 HARBOUR PLAZA HOTELS & RESORTS 海逸国际酒店集团 钱柜 PARTYWORLD 德聚全

图 1-2 “斯高博”（Scrub）的卫生服务项目

❖ 古摄影的发家史

创业者和转型者，一定不要静态地看待自己的项目和企业。古摄影是一个比较典型的找到历史缝隙的企业。

最早的古摄影是在成都最繁华的春熙路开业，主打的是油画风格的人像写真，这种风格在当年非常流行，迅速打开了市场。

2004 年，古摄影做了一个很有远见的决定：弱化油画写真，全面转向婚纱摄影。2005 年前后，正赶上“80 后”的结婚潮，古摄影因此成为了影楼品牌行业的前几名，这家店两次“踩中”了“历史的缝隙”。

❖ 新职业：食物造型师

接下来再说一个和我关系很好的朋友小水的创业故事。小水可是一个响当当的人物，20岁出头就被各种媒体争相报道，她是著名美食节目主持人、中级西点师、畅销美食书作者。

目前，很多广告公司、互联网公司甚至媒体人都转行投入了餐饮业，而这些有情怀、文艺的餐饮老板对广告照片、菜单菜品都有很高的要求。小水前几年就看到了这个趋势，将国外的“食物造型师（food stylist）”的概念引入中国。

以前对菜品拍照都是摄影师来做的，但是他们未必专业，因为他们可能不了解食材的特性。举个例子，火锅店里的牛肉摆盘，一般都是一个盘子上铺很多牛肉，最多下面再铺点白菜之类的青菜，说实话，这种摆盘很丑、很普通。而食物造型师会选择和牛肉相配的食材背景做拍照辅助。通常，和牛肉最搭的应该是香菜，但是，食物造型师最终没有选择香菜。因为为了提高效率，火锅店里的牛肉上桌之前，必须预先准备很多盘牛肉成品，有顾客点就一盘一盘地迅速端出去，久置的香菜因为失水会变蔫，所以食物造型师会选择香葱来做摆盘背景，无论是食材的挺度还是形状，这种匹配都堪称完美。

大家看到的肯德基、麦当劳的漂亮产品图片大都是食物造型师和摄影师共同创作，不然我们怎么可能买到照片和实物大小严重失真的“巨无霸”。而小水做了食物造型师后，又进行了产业升级，开始做食物造型师的培训了！

❖ 创业，研究自己，而不研究同行

我一直在强调，每一个创业者一定要研究自己的“内在”，每个人最大、最宝贵的资源就是自己，对自己擅长、了解的行业进行细化、进化，是最快的突围办法。

不要看不起自己的能力，不要看不起自己的行业，寻找“历史的缝隙”，拥抱时代的机遇，努力升级自己，升级自己的行业才是王道！

让买卖变成生意，让生意变成事业！

【冷启动案例】从7-Eleven看小卖部的产业升级

来看小超市的历史发展，以前都叫小卖部，现在呢，优化了管理，特别是供应链管理，细化了业务方向，小卖部的产业升级成了7-Eleven那样的便利店。

图 1-3　日本便利店的服务

最近几年我一直在体会 7-Eleven 这样的便利店，这种便利店确实跟以前的小卖部不一样，便利店的选品都以库存周转周期短的产品为主，为消费者提供便利，日本的便利店功能就更加丰富了，有些还可以打印东西、买电影票、办户口、上厕所，还可以吃到很多实物和照片一样的方便面、方便饭，如图 1-3 所示。

试问，若没有一个强大的供应链系统，7-Eleven 敢大面积地铺保质期只有 2 天的方便饭吗？7-Eleven 的产业升级如图 1-4 所示。

7-Eleven 最早不是开便利店的，前身是成立于

图 1-4　7-Eleven 的产业升级

1927年的美国“南大陆制冰公司”，当时由于电冰箱还没普及，冷藏用的冰块成为生活中必不可少的必需品。在南大陆制冰公司销售冰块的约翰·戈林，非常关心顾客的服务体验，他做出了夏季店铺天天开、每天营业16个小时的决定，从早上7点到晚上11点，这就是7-Eleven名字的原因。这项服务深受当地居民的欢迎，不仅如此，约翰·戈林仔细调查当地居民的购买需求，发现当地居民不仅希望他能销售冰块，而且还希望他能够销售其他生活用品，比如牛奶、鸡蛋、面包等。目前7-Eleven店铺遍及全世界18个国家和地区。

7-Eleven 就是一个典型的寻找历史缝隙的企业，卖冰块的时候，看到了卖鸡蛋的机遇，卖鸡蛋时看到了小卖部和便利店的区别。所以，竞争从来都不只是在同行之间产生的，我们的眼界一定要放宽，要学会寻找“历史的缝隙”。

1.4 “动态创业”：项目其实就是商业模式

我有一个叫“老枝花卤”的卤味店铺，在做老枝花卤的时候，经常有一些网友来拜访我们，见面后总是夸我们：“哎呀，高总，都研究你两年了，你们老枝花卤的模式真的好啊！”

我问：“我们是什么模式？”

说实话，我都不知道老枝花卤是什么模式！可能这一秒的想法和下一秒的想法都不一样。

大家搜索老枝花卤时，百度百科里会出现图 1-5 所示的老枝花卤模式图。这张图确实是我做的，但是当时做这个图的动机是为了参加一个比赛，必须要有一个 PPT 文档，当时这个图是正确的，现在早过时了，刻舟求剑地“研究”是没有意义的。

作为一名曾经资深的“串场大咖”，我非常诚恳地告诉大家，短短 20 分钟的分享根本不可能系统性地讲出什么，而且，对于创业的“大咖”来说，时代变化得太快，讲出来的东西可能早就过时了，只是让人做研究罢了。

之前跟风险投资者聊天，他们最郁闷的事情之一是，某个项目本来是做 VR 的，投资半年后做不下去了，项目 360 度转向，开始做手机游戏开发了。所以，我也明白为什么投资人老说投项目主要是投人、投团队，原来是这个原因，项目不可控，但是人是可以灵活控制的。

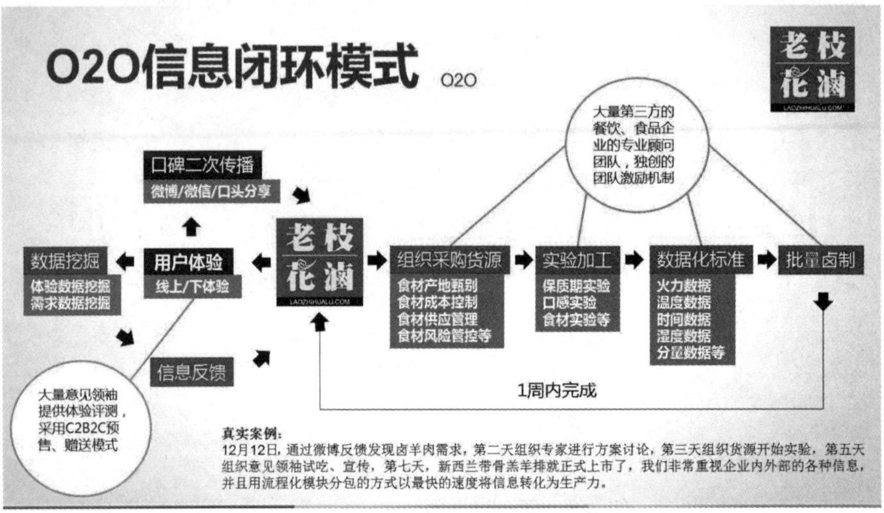

图 1-5　老枝花卤模式图

项目其实就是商业模式，可以谈，可以研究，但都是讲给投资人、媒体的，站在创业者的角度，先做市场检验，尽快“摸着石头过河”才是关键。所以，这里，我不讲脑细胞固定的商业模式（在创业初期就不可能有固定的商业模式），而讲脑细胞的商业模式的变化过程，以亲身经历讲讲脑细胞的“动态创业史”！

❖ 为什么要做脑细胞自媒体

从业互联网十几年，最让我感兴趣的事有两个：写代码、做营销。如今老枝花卤基本上了轨道，以求稳为主，这时候我想以学习为主，编点程序，思考点营销，所以准备做一个微信公众号的自媒体。

最早（2016 年 1 月），公众号的名字想得很特别，叫“高臻臻站着说话不腰痛”，简称“高腰痛”，就是随时随地把我看书或者是帮朋友做营销建议时的一些想法、灵感分享出来，反正是“站着说话不腰痛”，我就可以无所顾忌地发挥灵感。然而，我知道这个时间节点做文字自媒体是很有难度的，因为微信公众号的红利期已过，要做起来必须做视频。虽然我很不想上镜，但是必须真人出镜，才能给用户建立视觉上的信任感，才稍微能有从众多自媒体中突围的可能性。

❖ 我不知道怎么盈利

最早我是想一个人当爱好来做这个项目，后来找了以前同在一家营销公司合作过的老战友孙权。因为要拍视频，所以我又找了电视台擅长做视频节目的主儿（主儿提议把节目名字从“高腰痛”改为“高臻臻的脑细胞”），虽然是爱好，但是若能盈利总是好的，至少创造的价值被认可。也是项目可延续下去的基本条件，但是那个时候，我真不知道怎么赚钱。

记得当时我参加了一个私董会，我向其他老板求助的问题都是：“我知道我做的事情有价值，但是就是不知道怎么赚钱，不知道怎么量化智力劳动”，我跟所有小伙伴都说，反正我们几个人都有其他收入，这个项目我现在还没想到怎么赚钱，但是肯定可以赚钱，我们先把节目做起来嘛。

❖ 一个一年有 2000 万盈利的思路

既然没有办法衡量智力劳动，那就必须找一个可以被衡量的参照物——时间。我准备依托脑细胞的自媒体平台提供营销顾问服务，但是为了突破天花板，我准备提供 48 小时以内的微信营销顾问服务，4 万元一年，若能接 500 家，那一年就是 2000 万元的收入。

那 500 家可以接下来吗？我觉得稍微增加几个人，应该是可以的，因为我看到了顾问费的“残值收益”。企业不可能天天都有营销问题吧，而且 4 万元一年，也就是 3000 多元一个月，相当于聘请了一个有经验的市场团队，工资还那么低，每个月还随时随地地策划各种活动，对企业来说很划算，我当时自认为我这个如意算盘打得真漂亮。幸好后来没执行这个思路，不系统的营销方案，对不擅长品牌营销的甲方来说只能算是点子，甲方若不能深刻理解品牌，站到品牌高度做营销执行，这种营销点子的效果将大打折扣，而且一旦我们和甲方的思维不在一个维度，反复沟通的成本将是灾难性的。

❖ 一个月做到了将近 100 万元

为了让上面这个 4 万元的微信顾问服务好卖，让客户感觉便宜，我还推出了另外一款“高价版”的智力服务——8 万元的一次性品牌策略服务，相当于一个缩减版的品牌全案，包含品牌定位、产品包装设计、销售渠道策略、宣传策略、简单的 VI 设计等。结果臆想中好卖的 4 万元的服务一个都没卖出去，而依托这 10 多年来免费给朋友老板们提供营销帮忙结下的情谊，8 万元一次的服务瞬间签了好几十万元的合同，非常感谢他们给了脑细胞难得的机会，迈出第一步是最难的。

但是我们做错了一件事情——提供产品包装和 VI 设计！

第一，从专业角度来说，这些服务绝对不是我们团队最擅长的，我们最擅长的是营销策略分析。

第二，VI 设计抢占了我们营销策略的戏份，因为美工设计的可视化强，人人皆可点评，甲方所有的目光全被聚焦到了美工设计上，我们每天就被甲方下面的对接人“折磨”，这个字号改大点，这个颜色红得有点过，这个图案再逆时针多旋转 15 度。其实在营销策略面前，美工设计都是为品牌做支撑的，不是为了好看，更不是为了个人的喜好，而是为了让品牌更有记忆感。

所以，为了改变被折磨的窘境，我们对未来的客户，直接提前申明：我们卖的是思路、想法，我们不做执行，不做美工，但是我们为了让品牌客户有更多感知，我们赠送美工，赠送的意思就是我们会按照符合品牌目标的角度去设计包装、VI，但是我们不做修改，源文件会给到客户，客户可以在此基础上调整。

【冷启动案例】找到历史缝隙的“动感地带”

我个人觉得当年中国移动的动感地带应该算是一个文化创新，有很多人分析说动感地带互动营销做得好、套餐配置得很合理等，我个人觉得都不完全是，它成功是因为寻找到了历史的缝隙，进行了文化创新，图 1-6 所示是动感地带的宣传海报。

图 1-6　中国移动的动感地带

动感地带的出现不是发明了一个新技术，比如 2G 升 3G，它只是简单地把原来的套餐排列组合了一下，重要的是通过文化创新来取胜。当时的中国移动在动感地带以前有两个子品牌——全球通和神州行，一听就是比较高端的品牌。

2002 年左右，正是“80 后”开始上大学的时候，而同一时期正在崛起的互联网也加速了这一代人和“70 后”“60 后”形成不一样的人生观、世界观、价值观，世界进入多元时代，无论做什么事，选择越来越多，而动感地带正是基于这段历史背景。

大家来做一个实验，可能你现在已经没有用动感地带了，但是想一想，你还能记得的动感地带的关键词是什么？绝对是它的那句广告语：我的地盘我做主。正是这句话，传达出了当时很多人的价值观，所以我们还记得这句话，其实动感地带的资费不是几大运营商里最便宜的，但是只要是年轻人都会对号入座，觉得不用这个卡，就不时尚、不与时俱进。我还记得当时我最喜欢穿的一件 T 恤，就是那个酷酷的、刺猬头的、带着一脸坏笑的 M 仔的动感地带衣服。

来自 AC 尼尔森的数据，动感地带在上市不到 10 个月的时间里，用户规模已经超过 1000 万，在 15 ～ 25 岁的目标受众中，中国移动的品牌知名度和美誉度也分别达到了 80% 和 73%。这不是仅仅砸钱做广告就可以做到的，要知道当时大学生里普遍用的是传呼机，而动感地带的出现，甚至引发很多大学生去买了手机。

另外，动感地带的套餐确实特别适合年轻人，可以绑定情侣号，在那个用手机打电话双向收费的年代，这种套餐打电话接听方是免费的，这解决了当时情侣通电话用 IC 卡或者 201 卡排队不方便、通讯费用高的痛点，此外套餐当时给的免费短信条数也特别多，特别适合学生群体。

不过也挺遗憾的，现在的动感地带没有当年的颠覆式创新了，如果依然坚持长期做特立独行的年轻人的价值观表达，那不仅仅是捕获“80 后”的心，“90 后”“00 后”很有可能全拿下，品牌也将常青下去，就像可口可乐一样。

【冷启动案例】快递大哥寻找历史缝隙

我和四川中通快递的负责人孟峰很熟，了解他那段寻找“历史缝隙”的发家史。

以前寄快递包裹，寄件人必须亲自到邮局，不仅要排长队填写一大堆材料，而且邮寄价格也不便宜。

孟峰在这里看到了商机，成立了一家叫“大拇指”的公司，帮邮政上门取件，寄件人不用自己上邮局寄件，节省了时间和体力，而孟峰这边一单可以有几元的提成，每天多单汇集起来的现金流相当可观。

为什么邮政愿意给孟峰这个外包业务呢？除了小伙子长得精神，还有更重要的原因，每个邮局都有快递包裹量的 KPI 考核，所以每当邮局的 KPI 完不成了，都会找孟峰，他总有办法提供包裹，因为客户都在孟峰手上。

现在，我问孟峰，虽然随着电商的发展，快递行业增速很快，那有一天快递行业进入瓶颈期怎么办？他说可以换一个思考角度，快递员现在定位是在取送包裹，但是随着电商的发展，快递员是可以作为电商品牌的销售人员的延伸，比如买一件衣服，下单 7 种颜色，快递员上门以后，消费者只选了 1 件，退回 6 件的场景可能会多起来，那就出现了一个新的历史机会：逆向物流，图 1-7 所示为逆向物流示意图。

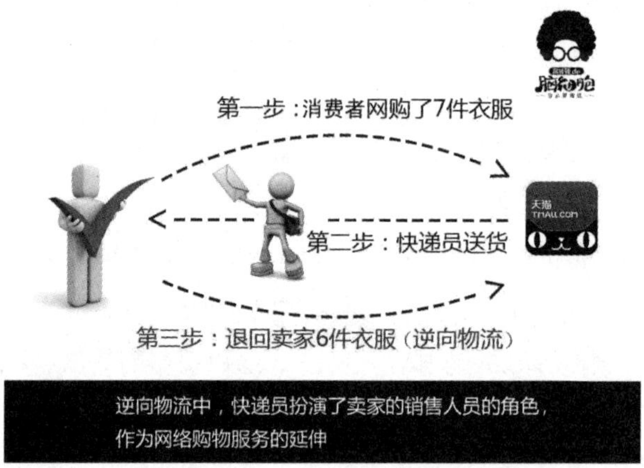

图 1-7 逆向物流示意图

我又问他：若以后 3D 打印普及了，消费者不用快递，直接用电子邮件发送个面包，电子邮件发送件衣服怎么办？

孟峰答道：“没事嘛，我们到时候可以送 3D 打印的材料嘛。”

看到没？孟峰和前面讲的案例的创业者都有一个共性：不管现在行业怎么

样，他们都一直在追寻历史的缝隙，将现有行业细化。人类的分工是人类进步的表现，行业也是如此，总有一些行业会死亡，一些细分的行业会诞生、壮大。

【冷启动案例】只有一个人的公司：杰视邦

很多人问我为什么突然想到要做脑细胞这个节目，其实最早的想法是源自我一个厉害的朋友杰克，他是国内非常厉害的设计师，却突然辞掉了以前的工作，开了一家公司叫“杰视邦”。

公司专门做在线的美工培训，如图 1-8 所示。一个星期只讲周末两天，其他时间都休息，每次通过视频听课的大概有几十位学员，每个学员每个月学费 2000 ～ 3000 元，这样一个月就有好几十万元的收入。

图 1-8 在线的美工培训

我当时也想把我的营销想法通过这种方式在网上授课，来实现盈利。但是我发现不太合适。听他的技能培训课，学员学完就会用了。特别关键的是，美工学员们学之前工资 5000 元，学完工资就会涨到 8000 ～ 10000 元，这 2000 多元的学费顿时就变得非常划算了。

而我的营销课不是技能培训，学员听完了，还是不能落地做营销，就像学数学，听了老师讲课，试卷最后的压轴题还是不会做。

我也终于明白了蓝翔为什么那么火了，技能培训是通过简单粗暴的方式让学员提升自我价值！

我的这位杰克朋友就是寻找到“历史的缝隙”，因为现在电商快速发展，电商企业要把商品卖好，美工必须做得漂亮，但是市场严重缺美工，特别是优秀的美工，甚至有些资金雄厚的企业把电商美工的工资开到了 3 万元一个月，而杰克做的事情顺应了时代，不仅可以让美工变设计师，而且还可以向电商企业输送人才。即使是一个人的公司，他仍然可以一年赚到几百万元的培训费！

【冷启动案例】一个影响了乔布斯的牛奶案例

看到 iPhone 火爆的气氛，我突然想起以前无意中看到一个叫《史蒂夫·乔布斯谈营销》的苹果内部演讲视频，视频中乔布斯揭示了苹果经典广告语——Think Different 的核心价值，非常值得一看。当你听完乔布斯的解释后，再来看 Think Different 的广告，肯定收获很大。

演讲中提到了几个重要的观点，也成为当今许多人塑造品牌时引用的依据。

- 营销，谈的是价值。
- 我们必须很清楚地传达想要消费者记住的东西，而最重要的，就是品牌的核心价值。
- 品牌卖的不是产品规格，不是你跟对手比有多好，而是核心价值，例如：Nike 卖的是鞋，但从来不在广告中提到产品规格，而是推崇伟大的运动员。
- 要找出品牌的核心价值，先得知道你的品牌是什么？代表什么？占有什么位置？

在这段内部演讲中，他举了两个卖价值而不是卖产品的品牌经典案例：Nike 和 Got milk？。Nike 的成功故事我们都耳熟能详，但另一个经典案例在我们身边却很少被提及。乔布斯提到了一个努力了 20 年都没有起色，直到改变营销策略“卖价值，而不是说产品有多好”的品牌主，它来自加州，由牛奶制造厂联合组成的 CMPB（California Milk Processor Board）。

这类跨厂商、同品类联合起来所成立的品牌，类似于我们熟悉的新西兰奇异果佳沛（Zespri）。CMPB 原本跟大部分品牌采用的手法一样，卖力地说产品特色，告诉消费者牛奶有多么营养。而事实也证明，超过 9 成的消费者都认同这样的说法，但问题是销量仍然逐年下滑，特别是年轻人或小朋友并不埋单，认为“喝牛奶，无趣；喝软性饮料（碳酸类或加味饮料），才是年轻人该做的事”。想想，边开车边喝可口可乐，很酷。但是边开车边喝牛奶呢？是不是画风很奇怪？

❖ 增加老客户的使用量，比开发新客户来得有效

时间回到 1993 年，在加州地区牛奶销量逐年下滑了 20 年后，CMPB 开启了新的推广方式，不再说喝牛奶有多营养，开始塑造“喝牛奶也很酷”，希望通过这样的方式来改变人们对牛奶的态度。

这要由一个广告说起，这个广告的大概意思是，你接到一个陌生人的电话，电话那头是 1 万美元奖金的有奖问答，你知道这个奇怪题目的答案，拿起电话准备很有信心地说出答案，但是，这个时候你却因为贪吃，嘴被塞满了，而正想用牛奶把嘴里的食物冲下时，却发现，牛奶没了……

这个广告，在现在幽默的时代略显无聊，但是在那个年代，这个广告却开启了加州牛奶的复兴之路。其中一个关键的策略转换，就是把重心放回到现有顾客身上，与其花大量力气招揽新客户，不如用心找出“怎样才可以让现有客户喝更多”来得更实在。

CMPB 从现有消费者的使用情境中，了解到许多人吃甜食或浓稠食物时，有配喝牛奶的习惯，比如：吃小蛋糕、点心、三明治时。他们原本打算以这个现象当成和消费者情感沟通的主线，将“食物 + 牛奶”这样的联结概念加以强化。但经过深度调查后，发现事情没有那么简单。

CMPB 特意为此做了一次消费者调查，进一步挖掘，发现一个很有意思的点，这个点就是“你吃东西卡在喉咙里不舒服，却发现家里没有牛奶，是消费者非常在意，又令人抓狂”的场景。

所以，CMPB 转变了策略：从最早时候强调“牛奶与某些食物的搭配”，更精准地调整为“在某个关键时刻，当你需要牛奶，却发现没有牛奶时的不爽”，以此来强调牛奶存在的必要性。

因此，产生了那句经典广告语：Got milk？（有牛奶吗？）。

他们通过一系列的广告，转变了消费者对牛奶的态度，让喝牛奶也可以变得很酷。而 Got milk？在同样的概念下发展了许多广告，这一系列的广告播出后，牛奶销量从谷底反弹，快速提升。

❖ 用牛奶胡须的创意，秀出都有谁在喝牛奶

Got milk？这个案例中，最著名的是“牛奶胡须”，这个方案把喝牛奶的酷劲带向另一个高峰。曾经有一个说法，在美国要知道明星在青少年中的知名度，可以看看他（她）是否拍过 Got milk？的广告。

从莱昂纳多到安吉丽娜·朱莉，再到贝克汉姆等，很多明星都曾经出现在这个广告里。就连可爱的皮卡丘、绿巨人、蝙蝠侠也上了牛奶胡须的广告。很多名人参与了合作，所有呈现的方式都一样，就是在嘴上留下一抹俏皮的“牛奶胡须”。

Got milk？系列广告通过强大的明星宣传，将喝牛奶这件让人可能会感到厌烦的事情保持了新鲜度和时尚感。同时又通过明星牛奶胡须的形象，表达了让人印象深刻的品牌传播标识。

牛奶本身的功能，消费者早就熟悉，不可能随时升级，更不可能有新功能出现，类似的情况是许多品牌在营销与转型过程中都会面临的，比如卖大米的，再包装天花乱坠的概念，还只是大米。

而 Got milk？，不直接讲产品有多好，而是不断塑造自我，让喝牛奶变得很酷，与时俱进地改变营销策略的做法，或许可以给大家一些参考。

以前，只要产品好就好了，但是现在要求高了，有很多评判维度，什么人在吃，什么场景下吃，在什么地方吃等，只有立体地呈现在消费者面前，才有可能攻占消费者的心智。

第2章

营销创新：找到正确的产品切入点

创新这个词最近几年大家都在提，但是对于大多数企业来说，有可能走错方向了，升级产品、创新产品或者是做创新性的营销，未必是方向最准确的创新，因为这些都只是“内功”型的创新，可以说是“闭门造车”型的创新。

创新，更重要的是“外功”，只有快速地吸引到埋单的人群，才能够经得起市场的验证，所以我们应该从人文文化、意识形态上找切入点来创新，寻找到历史的缝隙，从价值观输出的角度来做企业、做产品。我接下来将分享多个国内外的案例和理论，希望能对大家有所启发。

2.1 发现问题：近半个多世纪以来的主流营销方法的重大缺陷

对于如今的企业和创业者来说，可以试着在亚文化中去寻找切入点进行文化创新，更快地开辟真正的蓝海。从文化创新的角度来看，现在主流的品牌营销方法存在着重大的缺陷。

❖ 什么叫定位理论

很多老板说自己定位的是女性用户，定位的是周围的小区住户，或者定位的是零食，这种说法不是真正营销上的“定位”，真正的定位是来自营销大师特劳特的定位理论。

人的大脑构造比较特别，对于同一类别的东西一般最多只能记住七个，比如让一个人迅速地回答：“知道哪些牙膏品牌？”一般人最多只能记住七个品牌，这七个品牌应该就算是知名品牌了，而第一名的销量很可能是第二名销量的一倍，第二名又会是第三名的一倍，所以某个品牌如果能进入人的头脑中的某个记忆类别的前七，特别是能占据该类别的第一，那就成功了。

我们很容易记住全世界最高的山峰是珠穆朗玛峰，但是第二高的山是什么可能很多人就不知道了。但是如果某座山是四川最高的山，那也容易被记住。

如果硬拼得第一是很难的事情，那就重新给人的大脑划分类别，比如我们以前经常看到的普利司通的轮胎广告：最省油的轮胎——普利司通。所以很多企业都在各种小类目上争第一名，目的就是让人产生记忆。中国的广告法禁止广告用“第一”“最”这样的词，所以才有了更多的关于定位理论运用的延伸，比如相对第一的特仑苏的广告语：不是所有的牛奶都叫特仑苏。

定位理论其实是一种注意力策略，目的在于攻占消费者的大脑，如果产品确实有某种新奇的功能，那么这种定位模式确实是最有效的，但是在实际运用过程中，这种策略会让同行企业们陷入“定位点混战”的红海，每一个品牌都在红海里尽力避免和其他品牌的产品在宣传语上出现同质化的现象，而是通过一些细微的差异点来向消费者宣传自己的产品。

❖ 还有一帮人在拼文案

其实，通过产品的功能利益点来做推广还算好的，还有一些品牌没有找到好的功能利益点，就会采用情感利益点来做宣传。它们在天马行空地拼文案、拼情怀，我们在日常生活当中经常看到一些商品的文案是这样写的：我们只用心做好一杯咖啡，我们只用心做好每一粒大米，我们只用心做好每一件家具。甚至大公司也是这样，可口可乐讲幸福，百事可乐讲欢乐，李维斯讲自信和自由，这些情感词语大同小异，模糊不清，几乎可以套在所有产品上。

这也确实难为他们了，因为他们在功能利益点上确实没有那么多好讲的，比如可口可乐和百事可乐在功能上并没有太大差异。企业拼完词语不尽兴，又开始拼情怀，拼品牌创始人的艰辛创业史，这也是这几年的情怀商品那么多的原因，因为产品的营销创意已经枯竭了。

❖ 现在主流营销方式的缺陷

上面讲的两种营销策略，功能利益点策略和情感利益点策略统称注意力营销策略，是现在主流的品牌营销策略，这两种策略都有一定的局限性，两种策略都在暗示营销就是在消费者头脑中建立某个品牌和消费者认可的价值利益点之间的关联，但是这却与社会语境无关。

简单来说，这两种策略只是在内功上下功夫，而没有结合外部的因素，与社会、历史缺乏联系，这就是这套理论的重大缺陷。

对于短期内维护现有市场的良好运作，注意力营销策略是有效的，但是对于创新以及长期维护一个品牌的市场地位而言，它是有缺陷的，它让企业家们不知道如何确定和利用新的市场机会，也不知道如何重新救活那些由于历史变迁而失败的企业。

所以，注意力营销策略一定要结合文化创新策略，才能内外兼修地让一个品牌走得更远、飞得更高。

2.2 研究问题：主流的两种“有问题”的创新方式

❖ 第一种：技术创新

说简单点，就是发明一个新产品，然后不停地升级，升级，再升级，比如历史上的电灯泡、电话、电视、个人电脑，再到最近的 iPod、Facebook 都是这样的。技术突破的商业化产品确实能给企业和社会带来巨大的影响，但是真正意义上的“原创创新”对于大多数中小企业来说是不现实的，所谓的创新更多的都是“伪原创”，即接下来要说的第二种创新方式：组合（混合）创新。

❖ 第二种：组合、混搭创新

就是把各种东西混搭起来形成一个新产品、新服务，美其名曰“跨界”，比如酒吧风格的环境氛围 + 餐饮、香蕉 + 牛奶变成香蕉味牛奶。不仅是国内，国外也这样玩，比如啤酒 + 能量饮料的 Spark、啤酒 + 龙舌兰的 Tequiza、啤酒 + 软饮料的 Zima 等各种排列组合，除了少数短时间内活得还不错，这些所谓的创新产品不少都在大众消费市场上失败了。

可口可乐这样强大的公司走组合路线一样失败，以前可口可乐有个可口可乐 + 咖啡的混合饮料叫 Coke Blak 失败了，一种消耗热量的绿茶饮料叫 Enviga 也失败了，如图 2-1 所示。

图 2-1 可口可乐走组合路线的案例

失败的原因是这两种创新方式都是基于经济学家和工程师的世界观，在他们看来，消费者所购买的产品的实用性能才是最重要的，但是这种产品思维未必符合消费者的价值观和真实需求，特别是心理需求。

举个例子，我小的时候，即 20 世纪 80 年代，家里的长虹彩电只有 8 个频道，没有遥控器，用起来感觉还是挺好的。后来，不知道哪个好心的产品经理，把电视机的遥控器升级为好几十个按键，现在用机顶盒了，更有意思了，电视和机顶盒都是配套好几十个按键的遥控器，一个遥控器只用得到开关键，打开和关闭电视，另一个遥控器基本也只能用得上上下键，换换频道，这就是产品一直往下升级创新的典型案例，如图 2-2 所示。所以，作为一家企业，核心不应该只是闭门造车、搞研发，而是应该去市场上寻找和吸引埋单的人，满足消费者的真正需求。

图 2-2 遥控器案例

在实际商业中，特别是在成熟市场上采用上面的两种创新方式进行产品创新都很有可能最终走向一个死胡同，创新者们会被迫地去迎合更窄的需求、去迎合更小的利益市场，好不容易研发出来一个新产品，却得不到市场的接纳。

比如，英国某企业家让他们的食品工程师配制出了一种叫阿利比（Alibi）的饮料，号称“世界第一防醉饮料”，如图 2-3 所示。现在也有不少企业在做这类产品，它的目标消费者是参加派对或应酬的年轻人，在喝酒之前先喝一点来预防喝醉，但是这不是一个没有人做的蓝海市场，而只是一个蓝色的小水坑，因为要喝酒的人无论怎么样也会喝，不喝酒的人无论怎么样也不会喝。

图 2-3　阿利比（Alibi）饮料

2.3　寻找机会：文化创新比产品创新机会更大

当很多老板在绞尽脑汁地混搭各种产品的时候，另外一些聪明的企业家却在进行文化创新，而非产品创新。他们对产品上的改进可能没有那么大，甚至没有任何创新和改进，但是他们结合当时的时代背景，随着某种亚文化的流行脱颖而出，让品牌迅速火起来，当文化创新完成后再回过头来做适当的产品技术上的创新。

❖ “杰克丹尼”的文化创新

举个例子，喝酒的人应该知道有一种美国的威士忌叫“杰克丹尼”，其实早在一百多年以前，它就已经很出名了。

1904 年在圣路易国际展上，“杰克丹尼”获得了全球最佳威士忌的称号，但到了 1950 年左右，它却沦为了一个特别小的、不赚钱的品牌，差点就消失了。

然而 1955 年，有一家叫圣路易斯的广告公司通过文化创新的方式让“杰克丹尼”重新崛起，10 年后杰克丹尼成为了全美最高端的威士忌。而现在更是厉害，“杰克丹尼”畅销全球 130 多个国家，单瓶销量是全球美国威士忌之首。

当时 20 世纪 50 年代的翻身仗就是靠文化创新，当时的时代背景是第二次世界大战结束了，所有的强国都在休养生息，修复战争的伤痛，而美国本土因为没有受到战争的影响，在发展经济上拥有强大的优势，直到 1970 年左右的这 25 年，美国人实现美国梦变得相当容易，不必投身辛苦的工作，不必节俭，也不必有顽强的意志去克服困难和挑战，就可以轻松地得到财富、机会以及更好的生活。

这个时候，男人们已经从大规模的农业、小企业转到了大公司，变成了白领。他们的意识形态是由公司体制塑造的，其核心是要求他们在大型官僚体制中像一个团队成员那样行动，沿着组织内的层级不断向上攀升。这个时候的美国梦，被公认为是要成为穿着西装的商务人士，与自己的小家庭住在郊区，享受着“现代的生活”。然而，这一切似乎背离了美国人关于男子气概的标准观念，传统观念里他们对男子气概的观念是西部牛仔那样的，很男人，很有霸气，但是当时的美国公司小白领和这个是完全不相符的。

按照当时的惯性思维，所有的威士忌品牌都在试图宣称自己是奢华地位的象征，让消费者感觉喝了他们品牌的酒，自己就是成功人士了，当时所有的威士忌广告基本都是看起来自信、穿着讲究的男士，拿了一瓶威士忌品尝。杰克丹尼初期的时候也跟其他同行一样，用同样的“成功人士”的形象来做宣传，完全没有差异化，也不能转化为销量，而且比起其他品牌的广告预算，杰克丹尼也确实算少的。

不过，有一股“反叛”当下安逸生活的亚文化和社会运动在这个时期逐渐形成，并且很快被大众传媒捕捉到，他们针对人们的焦虑，提供了大量的宣扬拓荒意识形态的文化产品，最典型的就是西部影片。媒体也开始寻找大量的符合拓荒意识的新闻元素，这个时候，杰克丹尼的机会来了，因为它正好可以代表拓荒精神。

杰克丹尼威士忌的生产过程本身就是一个非常有趣的故事，从 19 世纪中叶开始，就从未改变过酿酒工艺。而且酿造厂本身就修在森林里，仿佛重新回到了 19 世纪的拓荒年代。

圣路易斯广告公司想方设法联系上了媒体，在1951年7月的《财富》杂志上刊登了第一篇报道《稀世的杰克丹尼》，第二篇报道是在1954年11月的《真实》期刊上，标题是品尝威士忌以及穿衬衣的兄弟们，这些文章都有一种浪漫主义色彩，它们讲述的故事向人们展示了一种酿造高品质威士忌的古老工艺。那些“固执”的酿酒手艺人的价值观激发了那些追求拓荒精神，排斥都市白领意识形态的人的强烈共鸣，大量的人从全国各地涌向林奇堡进行参观、游览。这个时候，圣路易斯广告公司立刻同步做了很多广告宣传，宣扬拓荒时代的男子气概，就这样，杰克丹尼火了。

不仅如此，杰克丹尼还做圈层营销，给那些同样喜爱拓荒男子气概的威士忌爱好者特殊的肯定，并且建立一种紧密的联系。酿酒坊用手写的书信跟这些特别的威士忌朋友保持联系，向他们讲述林奇堡日常生活中发生的故事，并且邀请他们参观酒坊，其实这就是现代社会纯手工版的微信公众号啊。更重要的是杰克丹尼的第一批粉丝大多是社会名流和新闻记者，这些不要钱的免费宣传员为杰克丹尼的初期品牌奠定了非常好的基础，甚至因为它的拓荒精神的价值观使它成为了官用烈酒，杰克丹尼彻底火了。

注意，杰克丹尼是在并未作产品上的任何创新的情况下火的，其实大部分产品火起来都不是因为技术创新导致的，而是由心理上的主观感受决定的，或者叫价值观认同决定的，大家可以好好回忆下我们身边接触到的品牌和商品，是感觉这个品牌不错而去买还是因为它最近升级了而去买。

其实，不要简单地觉得杰克丹尼做这件事情很容易，做亚文化这件事情还是需要相当大的勇气和一定技巧的，我们现在看起来容易，是因为我们看到了它的成功，才觉得它的一切都理所当然，杰克丹尼的老板放弃当时同行们普遍用成功人士来代言的方案，其中的风险还是非常大的。

大学时代开辩论会，有一个议题叫英雄造时势还是时势造英雄，毕业以后经历了几年磨砺，现在大家坚定不移地认为只有时势才能造英雄，就算当时杰克丹尼没有跳出来，也会有其他的品牌代替杰克丹尼的位置。所以，仅仅闭门造车搞产品研发是不够的，一定要寻找历史的缝隙。

❖ 源于亚文化的创新，竞争越激烈的行业越有用

在国内，小米、星巴克、罗辑思维、老枝花卤等为什么在创业初期就可以跳到历史前台，做到某种意义上的“成功”？它们都有一个共同点：从亚文化中提取素材，然后进行文化创新，找到了历史的缝隙，我们姑且把这种创新的方法叫做：亚文化创新。

在这个商业社会中，竞争越来越激烈，产品同质化现象越来越严重，品牌差异感越来越模糊，到最后，同行都是在“红海”中互相伤害，都过得很没有安全感。半个多世纪以来，主流的品牌营销逻辑是基于产品的，但是产品从质量、功能上来说，却越来越“差不多”。但是另外一方面，人群却越来越碎片化，越来越多样化，和产品的越来越“统一化”形成了鲜明的对比，所以要创新，切入点就要从以前的关注产品过渡到关注文化，关注人群的意识形态，特别是亚文化人群的价值观的发展，是很有实用意义的。

亚文化不是一个贬义词，通俗地说就是小众人群、非主流人群的文化和价值观，1950 年大卫 • 雷斯曼（David Riesman）就提出了大众文化和亚文化的差别，并且将亚文化解释为具有颠覆精神的文化。

大众是“消极地接受了商业所给予的风格和价值”的人，而亚文化则是“积极地寻求一种小众的风格”的人的文化和价值观。所以，小公司、新公司在红海市场里因为缺资金、缺资源、缺人才拼不过大公司时，可以从亚文化中寻找商业切入点，这是最容易颠覆大公司、颠覆行业的。

2.4　解决方案：亚文化创新的三个步骤

那亚文化创新的方法论是什么呢？我觉得有三步：第一步，在已经存在的意识形态中寻找可以利用的亚文化；第二步，创造故事，让亚文化价值观跨越到主流人群；第三步：做好适当的文化表达、文化包装。

亚文化人群的出现是由于社会的变迁导致的，产生的因素可以是技术的变革，比如微信出现时，孕妇妈妈空闲时间想赚点零花钱的想法便催生了微商产业；也可以是经济的发展引起的社会变迁，比如我们现在比以前有钱了，所以消费升级的时间窗口到来了，星巴克的咖啡比普通的咖啡卖得好了，催生出了“小资”一族。

❖ 第一步：怎么寻找亚文化

寻找亚文化，首先我们要知道为什么要寻找亚文化。通常情况，大品牌、大企业在主流人群、主流文化中很有竞争优势，如果我们不像田忌赛马一样地避开它们，另辟蹊径，是很难四两拨千斤的。

如今，在这个“多元”的时代，各种亚文化群体崛起，各行各业正是赶上了利用亚文化创新的好时代。

现在大部分的行业和市场，不同品牌的产品在功能上有交叉，因此很少有创新机会，所以一定要抛弃工程师思维，仅仅发明一些新功能是很难成功的，而应该从历史发展的角度来看待自己的品牌。

很少有企业家真正明白消费者是通过文化、价值观来理解、体验和评价产品的。很多企业都想在功能、技术上创新来超越同行，但是在文化层面上却又互相模仿，所以它们推出的营销方案都只是对相同的意识形态做细微的改动。

- 小米出现以前，手机品牌商都是砸广告，说自己是音乐手机、拍照手机，而没有一个品牌说是为发烧而生的手机，更不会出现锤子手机的罗永浩所创造的“价值观”手机了，小米手机背后的亚文化是“极客精神”。

- 在罗辑思维之前，大部分学习机构都是传统的培训教育，却没有人提出“我为你读书，我是知识的服务商”这样的概念，其实这种概念背后的亚文化是财富精英们，也就是我们所说的中产，渴望在有钱的同时读过很多书成为文化精英的一种“谈资”需求。

- 在老枝花卤之前，卖卤味品牌的都在宣传自己是老字号，却没有人宣传自己是代表互联网时代创业者的“新字号”，老枝花卤背后的亚文化是“传统行业拥抱互联网时代的创新精神”。

- 在耐克之前，运动品牌广告都是运动明星站在跑道的终点，暗示是因为穿了该品牌的鞋才成功的，而耐克却用普通人来拍广告，背后代表的亚文化是“个人拼搏意志”。

所谓的亚文化，是指围绕某种意识形态聚合在一起的群体的文化，而这种意识形态和该领域的主流文化是对立的，社会运动与之类似，但社会运动往往有清晰的变革社会议程，因此也更频繁地直接挑战主流意识，有机食品、慢食运动以及公平贸易运动都是社会运动的典型案例。亚文化为品牌的文化表达提供了很高的可信度，因为亚文化“证实”了这种意识形态的存在。

在现在中国经济高速发展的背景下，有很多亚文化可以去挖掘和利用，比如慢跑，特别是中国的中产特别爱跑步，他们觉得跑步是一种“苦修”，是对营养过剩的回应。

受苦对于中产来说是陌生的身体体验，对于富人更是。很多人跑步并不是为了作秀，而是真正享受这种对于他们来说，在日常生活中太远太陌生的身体痛苦，这种痛苦让他们感觉到自己还有活力，通过对这种慢跑亚文化的价值观的提炼，是很有可能用于运动用品、健身俱乐部、旅游、酒店，甚至是啤酒等很多行业的亚文化创新的。

我经历了很多次创业，也看了很多的项目，感受最深的就是创业其实就像冲浪，不是你有多努力就能成功，而是你能否选择到好的海浪，让浪潮带着你前行，你需要做的只是在浪上保持平衡，可以待更长的时间和选择下一个正确的浪，下一个浪在哪里？就在亚文化里。这个世界上没有英雄，英雄都是给历史跑龙套的，做企业、做品牌、做营销一定要站到历史发展的角度来看。

❖ 第二步：创造故事

寻找到了适合自己品牌颠覆式创新的亚文化以后，需要提炼其核心价值观，比如耐克的慢跑亚文化人群的“个人拼搏意志”，再比如杰克丹尼的威士忌亚文化人群的“拓荒主义精神”。

但是只有这些意识形态是远远不够的，因为意识形态只是一种态度，比如在日常生活中，意识形态让我们快速地做出判断，哪些事情能做，哪些事情不能做。意识形态只是一面旗帜，是不能被直接商业化运用的。所以，必须围绕这个意识形态来挖掘、包装某个人、某件事情，让它成为故事，因为直接跟消费者说意识形态和价值观，是没几个人听得懂的，但是故事，大家都能明白。

我把创造故事分为三大类情况：

（1）第一类情况：利用自身的文化资产创造故事

文化资产这个词语听上去感觉挺高大上的，其实指的就是从公司的创始人或者是根源故事上去做文章。

比如，杰克丹尼威士忌包装的故事是田纳西的酿酒工人，因为这群男人保持了美国当时消失已久的“男子气概”。万宝路和杰克丹尼处在同一时代，利用了类似一种正在崛起的亚文化——美国西部的牧场文化，它包装出来的故事是意志坚强、能力出众的牛仔们在荒凉、气候变化无常的牧场上努力工作，照看羊群。这些案例都把非常难以理解的意识形态通过故事变成人人都可以理解、可以共鸣的观念传达给消费者。

很多品牌的网站上都有一个栏目叫品牌故事，比如卖竹编工艺品的（我杜撰的），技艺是爷爷的爷爷辈传下来的，这种不对，因为它仅仅只是一个故事而已，没有利用到亚文化的势能，就会变得很鸡肋，只是一个很孤立的故事。

但是如果这个竹编的故事除了祖传故事的前半部分，还有后半部分那就好了。比如，第7代竹编传人是个年轻人，毅然放弃了高薪的外企工作，不仅准备传承这门手艺，而且这个年轻人还去国外招收学徒，因为他叹息那么好的传统手艺，居然没有一个年轻人愿意学，他这么做是为了让这门手艺在这个世界上传承下去。为了做这件事，他做了很多的工作，拍了很多照片来佐证。那么，这个故事就很有社会责任感了，就变成“很有态度的价值观”的故事了，那就非常有可能吸引到媒体过来报道采访从而得到广泛宣传，这样就有可能会有很多学徒来报名学这门手艺了，因为这样的故事符合了迫切想传承传统文化的亚文化群体的精神需求，因为他做了大家想做却不敢做的事，就有可能会变成这种亚文化群体的案例符号。

（2）第二类情况：用故事将亚文化跨界到主流文化

这类情况是非常重要的一种情况，如果品牌一直在亚文化的框架内运作，那就只会成为一个小众品牌，没有办法突破销量的天花板。

比如，耐克当年就有非常多的突破，非常了不起。第一次突破是有别于同行，启用小众运动的普通运动员来代言。当时同行都找非常热门的运动员明星来代言，比如用橄榄球运动员进球时候的欢呼场面作为广告画面，暗示消费者之所以他成功了是因为穿了他们品牌的鞋。

但是，耐克却找跑步的普通运动员来代言，并且广告画面不是他跨过终点的欢呼场面，而是他在日常淋雨、酷暑下一个人默默锻炼的镜头，表达的是耐克崇尚的“个人拼搏意志”。

但是如此，耐克的销量仅仅能辐射到慢跑的人群，不能覆盖到主流人群，所以一定要将故事扩大化，所以耐克的 Just do it 做了无数的人群上的突破，从慢跑故事跨越到了运动故事，从运动故事跨越到了种族的故事、性别歧视的故事，甚至还有国际平等的故事。

耐克的各种故事的扩展版，呼应了它最早的时候从亚文化中找到的意识形态——个人拼搏意志，这些故事对它的销量产生了什么结果呢？要知道，在最早的时候，跑鞋都是跑步的人或者是运动员穿的，但是你现在去耐克商店买双鞋，你真的是为了跑步吗？所以耐克将跑鞋扩展到了主流人群，让普通人感觉到穿耐克其实是在共鸣一种价值观精神。

好了，我们再拿之前我随便杜撰的竹编的故事来举例，怎么把他的祖传的故事跨界到主流人群呢？如果不扩展，那他的消费者仅仅存在于竹编爱好者，销量非常有限。

首先，让我们推敲一下他的故事里所表述的有哪些核心价值观——父辈、祖父辈年龄大了，那么好的一门手艺就要失传了，挺可惜的。想想这种心理和现实生活中的哪些事情特别像。

我举个例子，第一个想到的是不忘传统，结合幼儿教育，毕竟人类从石器时代就开始做竹编了，历史相当悠久。2008 年，竹编还被列入了国家级非物质文化遗产。现在的小孩读国学，学习传统文化的亚文化人群数量也不小，呼应之前讲的“放弃高薪，传承传统”的故事的舆论造势，可以给小朋友们开发一款竹编的手工玩具，但是只有零件，需要小朋友自己动手做，比如制作古代的小兔灯等。通过竹编让“文化传承”变得更加实物化，而不仅仅是念点：《三字经》、《论语》或者《弟子规》就可以了。

这样做，虽然扩大了消费者受众，但是市场容量依然不够，所以可以再扩散到高一层级，比如“不忘初心”。现在有些人有钱了，但心理空虚，迷失自我了，所以最近几年经常听到有人说“不忘初心”这个词。

竹子原本又有正直的含义，而且心学的王阳明也是通过天天看着竹子发呆才得道的，竹子非常有希望成为这种“不忘初心”的价值观的符号，成为每个中国人心灵上的一把戒尺，竹子是有可能做到这种精神鞭策的。

如果用竹编做筷子、做手机壳、做时尚箱包，再辅以这种精神鞭策，那才能真正地突破市场的天花板，变成一种价值观的实物体现。你可能会觉得这种想法有点天方夜谭，确实，要实现这样的市场愿景需要很长的路要走，但是我们试想一下，这个年轻人的竹编传承人在第一波被各种媒体推到风口浪尖有足够的势能的时候，去找 gucci、prada 合作，推出一款适合中国人的“不忘初心”的系列箱包，如果竹编竹饰品被卷入了时尚圈，那后面的事情是完全有可能发生的。

我们小的时候写记叙文，老师说记叙文有六大要素：时间、地点、人物、事情的起因、经过、结果，记叙文其实就是故事，故事的六大要素什么最重要呢？人物最重要，故事中什么都可以没有，但是不能没有主角。一个故事没有了人物，那就是广告。一个故事以人为主导来展开，那就是新闻。

广告是给钱的，你需要花钱在媒体上投放，而新闻是媒体主动上门来找你的，特别是现在这个时代，站在风口浪尖的企业都有一个企业家英雄来演绎故事，马云、马化腾都是企业家英雄，天天看到他们上新闻，却不给一分钱广告费，用专业一点的词语来说，就是以前的时代需要学会做“广告”，而现在这个时代需要学会做“公关”，所以创造以人物为主线的故事是非常有必要的，说直白点，对于企业来说“炒人”比“炒事情”性价比更高，但是，偏偏就还有第三种情况，没有人的故事。

（3）第三种情况：没有人的故事

星巴克最早时候的做法是将全世界各地的好咖啡豆卖给顾客，让他们自己回家研磨冲调，但是这只能满足咖啡爱好者的小众需求，不可能扩大成为大众市场的生意。

舒尔茨突破这个天花板的灵感来自于他去了一趟意大利，他在那里迷上了意式蒸馏咖啡馆，他的想法是开设正宗的意式蒸馏咖啡馆，让大众都能不用回家自己做咖啡就可以体验到正宗的意式咖啡，他的思路的核心是用精英咖啡爱好者的方法培养大众消费者，甚至改革得更彻底，把咖啡的味道都改了。因为他发现正宗的意式做法咖啡味道太古怪，而且对咖啡的品种、栽培土壤和种植方法太过于吹毛求疵了，虽然让咖啡爱好者疯狂，但是对于大众还是无法接受，而且对产量来说也有天花板，不可能大规模地种植。所以，星巴克在咖啡中加入牛奶等其他的元素，让咖啡对大多数人来说好喝，可以用大量的市场营销元素来体现精英文化的品位，但是咖啡本身一定要是非常可口的饮料，就这样，感觉高端但是产品味道不高寡的星巴克就这样慢慢地席卷了全球。

故事是为了让普通受众理解起来更简单，达到扩大用户面的目的，所以，星巴克的这个没有主角的故事也算是故事。不要小看这类感觉高大上，实际产品却又很简单的案例，高大上的感觉叫品牌，产品简单易用才能突破销量的天花板。

我给这类逻辑取了一个名字：“挂羊头卖狗肉”，羊头有品牌势能，而狗肉才能普及，突破天花板。

所以，我在想其他的很多高大上的东西，比如沉香，自古就是王公贵族身份的象征物，以前都是作为艺术品在拍卖会上出现，因此沉香是一款具有贵族势能的产品，但是实际上，除了传统的认知结香部分最有用，沉香叶，沉香花都可以被产品化。

比如，沉香洗面奶、沐浴露、牙膏、精油、茶、酒都已经慢慢地在市场上出现了，如果某个沉香的延伸品结合了某种亚文化进行创新，再加上沉香的延伸品的大众化、平民消费的这种“故事”，是很有可能出现一种颠覆性的沉香品牌的。

❖ 第三步：文化表达、文化包装

如果想要一个故事能引起消费者的共鸣，就必须用合适的文化内容来表达，无论是电影、实体店的招贴广告还是包装的图文设计，都必须把之前讲的品牌的价值观落地，这类工作一般是由广告公司来做的，但是老板自己也可以构思，然后教给美工来实现，比如星巴克实体店里挂着各种全世界咖啡产区的农民正在加工咖啡的照片，这些照片无一不在强化星巴克的“精致品味生活”的价值观。

过去，文化创新一直都是一个不确定的事件，其实现在也是，但是可以依据这套理论让企业、品牌的发展踏上文化发展的历史轨迹，成为那个时势英雄。

【冷启动案例】老枝花卤，小商家可以文化创新

可能你会说前面的杰克丹尼、动感地带都是大公司的玩法，那我举个小企业的案例——老枝花卤。

老枝花卤是卖卤味的，有实体店也有电商店，老枝花卤的广告语是“小时候，姥爷院子里的下酒菜”，其实里面隐藏了符合一个时代的价值观：回归自然，回到过去。现在很多食品有添加剂、防腐剂，食材源头不可控，存在很多安全问题。

举个例子，我倒了杯水给你喝，我说“来，请喝水”和说“来，请喝 H_2O”，你感受一下，是什么感觉？现在到了一个几乎说到食物里有人工合成的化学物质就会谈虎色变的程度，其实，每个人都有一颗回归自然的心。

有这个价值观放到这里，只需要从一些小事做起就好，比如包装上的文案，淘宝客服的说话方式，如图 2-4 所示。

项目	每100克（g）	营养素参考值%或NRV%
能量	835千焦（kJ）	10%
蛋白质	2.86克（g）	5%
脂肪	14.2克（g）	24%
碳水化合物	15.3克（g）	5%
钠	732毫克（mg）	37%

图 2-4　老枝花卤包装上的文案

然后，拍一些体现价值观的微视频，比如拍一组对比的视频，一个讲的是过去，我坐在小板凳上，边吃妈妈做的酱油饭，边看葫芦娃，我很幸福；一个讲的是现在，我在吃海鲜，一桌的大鱼大肉，还要和客户陪酒陪笑，我不幸福。

每一个短片完了以后再给一句文案：没有人可以回到过去，但是可以从现在开始。如果这类短片坚持做下去，不用宣传老枝花卤的产品和价格，相信没有多久就有可能吸引大量的价值观认同者，变成粉丝，变成客户。所以，二流的公司做产品，一流的公司做价值观，无论这个公司的体量是大是小。

如果当时我和卤菜同行一样去到处宣传说我们的卤菜是最好吃的是没有现在这种营销效果的，而且好吃本来就是一个伪概念，仁者见仁智者见智，三十年前你可以拍胸脯告诉别人大白兔奶糖最好吃，但是现在呢？在这个物质不贫乏的年代，没有几个人能 5 秒之内说出什么最好吃，所以自己都不知道的事情，反复跟消费者说好吃是不可取的，而且越说好吃，越增加了消费者的预期，吃的时候就会真得也不过如此嘛。

在开创老枝花卤的时候，正是大众创新的历史时间点，创业者也算是亚文化人群，各种媒体强烈地需要寻找到一批创新创业的典范，而老枝花卤正是他们非常感兴趣的，因为它够土够传统，原来感觉卤菜就是路边摊，也因为够洋，因为老板是年轻人，而且还用电商来卖卤菜。

当时在网上卖卤味的很少，所以老枝花卤被历史选中了，因为它变成了传统行业转型互联网的代表，变成了创业者们的学习对象，甚至我还阴差阳错地得了个 CCTV《中国创业榜样》真人秀节目的全国总冠军，如图 2-5 所示。

其实，真不是我做营销、做品牌做得有多厉害，那些在历史面前只能说是小技巧、小聪明，真正的核心是在于满足了当时创业这股亚文化崛起的历史需要，全国几百家媒体主动过来报道采访我，还上了3次CCTV，而且其中还包括《经济半小时》，这样品牌能不火吗？要知道我们三个创始人，每个人最开始只投了5万元，没有一分钱的广告预算，但是却获得了投好几百万元、上千万元广告费才能换来的关注。

图2-5 高臻臻曾获得CCTV《中国创业榜样》真人秀节目的全国总冠军

随着科技的进步，对于大多数的行业来说，产品在技术方面的差距会越来越小，产品的硬实力都差不多，如果一味地拼技术只会拼入死胡同，一定要尝试着文化创新，进行价值观的输出，所以仅仅做好产品的企业很有可能是在做无用功，但是，我并不是说做好产品不重要。

文化绝对不能自己去凭空创造，文化是一大群人的思想、价值观的总和，一定要去寻找已经存在于这个世界上的某种亚文化，已经存在的，意味着已经被社会认可了，已经得到市场的检验了，有一定的拥护者了，那么再在这个亚文化中去挖掘你需要的文化元素来加工，那样才有可能去亚文化创新。

【冷启动案例】耐克抓住历史节点的亚文化创新

用定位理论来说，耐克的成功是因为设计了技术先进的运动鞋而成功的，比如华夫鞋底和气垫，但是在同一时期，其他的竞争对手一样有一些高科技的创新，那为什么他们没有耐克那么强大呢？那是因为耐克一次又一次地把握住了历史的节点，进行了文化策略的创新，这才是耐克真正成功的原因。

1964年2月，菲尔·奈特（Phil Knight）和比尔·鲍尔曼（Bill Bowerman）两个耐克的创始人凑了500美元开始创业，签下了第一笔订单1107美元。4年后，公司收入提升到了8.3万美元，并不算太高。1971年创办了耐克品牌，早期主要靠比尔·鲍尔曼的创新设计，比如“月亮鞋”，这些创新设计在耐克早期还是很重要的，但是很快，资金雄厚的大品牌就创新出了各种更高端的新技术。

耐克最出名的气垫鞋其实1978年就发明了，但是投放市场以后，基本没有什么销量。所以，仅仅埋头做产品升级优化是做无用功，特别是早期，企业最该做的是先搞定人群，而不是搞定产品，为什么？因为鞋子上的创新点有限，不在于是否技术先进，而在于消费者是否相信这个技术先进。这也是很多国内老板苦苦创新搞出来一个东西但却卖不掉的原因。

例如，iPhone 4S 以后，史蒂夫·乔布斯（Steve Jobs）去世了，即使 iPhone 5、iPhone 6、iPhone 7 创新差异点不大，但是因为“相信”这个品牌，消费者也会买。面世 10 年以后，那款耐克的气垫鞋才受到了市场的认可，对公司的收入产生了巨大的影响，因为那个时间点消费者已经相信耐克这个品牌了。

耐克在创立初期的前 7 年里还是非常艰难的，因为宣传方式和其他的运动用品公司一样，签约各种体育明星，然后让他们穿上自家的鞋，展示超高的运动技能，然后宣称之所以取得辉煌的战绩，就是因为穿了他们家的鞋。

这种宣传方式就是注意力营销策略的一种表现，到最后品牌们都变得没有了竞争壁垒，只能在广告中“烧钱”拼杀。

第二次世界大战后，美国经济进入了重要的转型期，耐克有了文化创新的机会。受到时代变化的重创的美国人，极力地希望在文化中找到一个榜样，激励自己。举例来说，现在创业的你遇到一个很大的困难，没钱又看不到未来，还要负担家庭，这个时候出现一个混得比你还惨的人通过自己的努力成功了，而且还告诉了你成功的路径。这样的“鸡汤”故事还是很激励你的，所以当时很多美国人都在寻找“这碗鸡汤”，然后耐克非常机灵地端着“这碗鸡汤”出现了，它开始大肆地做广告宣传：跑步是美国人找回竞争精神最好的方法。

当然，耐克的运气也比较好，1978 年，慢跑运动在美国火了，有可能也是当时很多美国人想选择慢跑，来挑战他们以前久坐不动的生活方式，同时锻炼身体，好在新兴的劳动力市场上有更多的竞争力。

在慢跑火之前，跑步只能算美国的亚文化，两位耐克的创始人当时就敏锐地发现美国人喜欢的团体运动，比如橄榄球、篮球都是可以吸引很多观众的，而跑步则是孤独的，长期一圈一圈地跑步是需要相当大的决心和强的意志力的，这种跑步运动员的意识形态被耐克称为“个人拼搏意志”。这也是耐克品牌意识形态的基础，而这个意识形态特别符合当时美国人的口味，因为以前经济好，都在大公司，而现在下岗了，需要自己面对就业了，变成独立的个体了，所以，耐克真的是占尽了“天时、地利、人和”。

耐克当时的宣传策略也一反常态，放弃明星运动员，而去赞助那些默默无闻的田径运动员，也不表现明星运动员冲过终点时的激动，而描写他们在恶劣的天气下，天不亮就起床进行训练，展现他们平凡而真实的运动员生活。

就这样，耐克慢慢地引领了慢跑的热潮，因为耐克给了慢跑运动一种创新的意识形态，从而使更多的美国人加入了这项运动，更有意思的是，跑鞋变成很多美国人日常穿的便鞋，当时它们的样式未必很好看，但是吸引人的是慢跑所代表的精神含义，那正是当时美国人最需要的心灵鸡汤。1979年，耐克的销售额超过了阿迪达斯，也超越了其他所有的同行，所以，可谓是时势造英雄。

这里特别附加说明一个细节“当时跑鞋变成很多美国人日常穿的便鞋中的‘便鞋’的意思。”如果是因为耐克鞋的高科技的含量高是消费者的购买动机，那就不会变成便鞋，变成了日常不跑步时穿的便鞋，这就再一次说明了一个企业仅仅靠频繁的产品升级是没用的，要先有好的价值观，让消费者相信品牌才是核心。

耐克虽然第一步成功了，但是依然有个问题，因为几乎所有的销量都来自于跑鞋的贡献，而其他的篮球鞋、网球鞋等都没有什么起色，而跑鞋已经快饱和了，要取得更好的业绩增长，必须扩大战线，怎么扩大呢？

当时跑鞋好卖，是因为外部因素跑步的势头起来了，然后稍微做了点有价值观、有态度的宣传才火起来的，而篮球、网球的势头没有起来，那怎么办呢？耐克这个时候思考的是如何把个人拼搏意志转移到其他类型的鞋上，甚至扩展到体育界以外。这个时候，Just do it来了，而且一发不可收拾。

耐克找到了当时80多岁的老运动员和截瘫患者来拍广告，他们通过个人的拼搏，依然在努力运动；找到了贫民窟的小孩来拍广告，辛苦地练习篮球技术；找到了弱势群体来拍广告，说：“运动使我变得更加自信”；甚至通过罗纳尔多小时候在贫民窟踢足球的广告，告诉人们运动可以跨越国界，走向世界。这就是Just do it的价值观的威力，任何人，只要你有决心并付诸行动，就能成功。

就这样，在美国梦似乎不可能实现的历史时刻，耐克向美国，向全世界的人提供了一碗热气腾腾的“大补鸡汤”，因此，耐克也被称为20世纪最具影响力的新品牌之一。

从耐克的故事可以看出文化创新和传统的注意力营销策略一定要结合起来运用，一个主内，一个主外，才能起到更好的树立品牌的效果。现阶段，利用文化策略创新的品牌还不多，因此这正是机会。

【冷启动案例】小米的成功其实是因为亚文化

小米手机还没有上市的时候，当时手机市场拼的是功能、拼的是销售渠道、拼的是价格，但是小米手机上市，走的是一条完全有别于其他大品牌和国产山寨手机的路，靠的是亚文化切入，拼的是价值观。

大家可以回忆一下，在小米、iPhone 等手机出现之前，手机厂商有输出过积极的价值观吗？没有！诺基亚、黑莓、摩托罗拉给人的感觉是他们的价值利益点仅仅只是在产品功能上，比如音乐手机、拍照手机。

小米的广告语——为发烧而生，其实其背后是一种“极客精神”的亚文化，小米让网友一起来共同参与制造手机，网友们每天在小米的 BBS 提交各种问题，提供各种建议，所以我们在用小米手机的时候才发现，小米的系统真的是最懂中国人的操作系统，比如自动屏蔽推销电话，还有为了防止外人翻看手机的访客模式，如图 2-6 所示。

数码产品有一个很特别的地方，普通人在买数码产品的时候通常会先问身边最懂数码产品的朋友到底买哪个牌子的手机好，小米便是先给“极客精神”的发烧友提供一个可以施展他们才华的地方一起来制造手机，让发烧友的价值观可以“实物化”，先搞定发烧友，发烧友自然就可以覆盖普通人了，小米就火了。

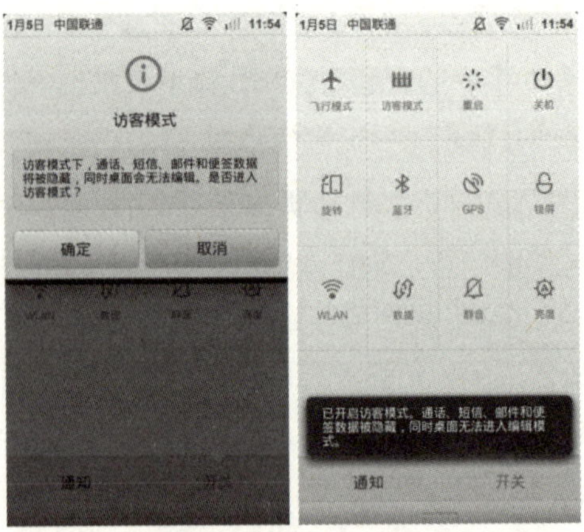

图 2-6 小米的访客模式

我们想象一下，如果当年小米依然像诺基亚、摩托罗拉一样去砸广告，或者像很多山寨手机一样去拼价格，拼功能，那仅仅只会多一个有品牌的山寨手机而已。在小米之前，在人们的印象中，国产手机只能叫山寨手机，而在小米手机之后，感觉国产手机似乎不像山寨手机了，所以，小米创造了历史，这才是我最佩服他的地方。

【冷启动案例】星巴克寻找亚文化

我们知道的星巴克，与他同一时期在美国卖咖啡的企业非常多，如果不是亚文化创新，他也没有办法冲出重围，就算是星巴克的创始人舒尔茨本人之前做咖啡厅也失败过 2 次。

第二次世界大战后，美国的大量蓝领变成了白领，喝酒让他们感觉不那么精致，所以慢慢地很多人从喝酒开始变为喝咖啡。随着食品工业的进步，当时全世界的人都在喝真空包装的咖啡，这跟我们小时候喝茶一样。20 世纪 80 年代的时候，我父亲早上会拿个大瓷杯，抓点茶叶放进去，泡一大杯，从早上喝到晚上。我感觉喝茶就是喝有味道的水，喝茶不是品茶，如果当时有人像现在茶道讲究的那样，又什么公道杯，又小碗喝茶，肯定是非常格格不入的。但是，当时星巴克起家的时候却在做类似的事情，在大家都在喝工业生产的咖啡的时候，他们开始卖现磨咖啡，还卖咖啡豆。

他们之所以敢这样做的原因是当时美国的社会结构变了，1965 年到 1975 年，由于扩招，美国的大学生人数增加了一倍，占了总人口的 20%，这批人接受了精英教育，对于物质生活的追求非常高。

在这群亚文化人群追求饮食上的精致品位的时候，市场上缺少对应的商品，只有很少的人听说过蒸馏咖啡，甚至很多人不会拼写“拿铁”这个单词，而星巴克的创新满足了当时的“追求精致生活”的亚文化人群的心理需求，在 2002 年，78% 的星巴克消费者拥有大学学历，年平均收入 8.1 万美元。

这个“追求精致生活”的亚文化群体不是星巴克自己创造出来的，而是历史轨迹发展到那个时候必然出现的，中产阶层渴望变得有钱和有名，所以他们会去攀比富人阶层的消费，从而市场上出现了对“地位象征物”的需求，利用奢华、排外性以及名望来传达他们的富有。就像我之前说的，买奔驰的很多人都不是买给自己的，而是买给车外的人看的。星巴克寻找到了这样的意识形态机遇，所以成功了。

其实在那个历史节点上，不止是星巴克，酒店行业的艾迪逊酒店、万豪酒店，汽车行业的 Mini Cooper、新大众，服装行业的 Zara、H&M，饮食行业的全食超市、乔氏超市、山姆亚当斯、本杰瑞，家庭装饰行业的威廉索诺玛、西榆、Design within Reach，消费电子行业的苹果等一系列企业都利用了这一意识形态机遇而崛起了。所以，第一步非常重要，要找到合适的上升期的亚文化作为切入点，利用这种现成的亚文化群体来颠覆主流市场。

第3章

亮点挖掘：符合互联网时代的特色

03

图 3-1 “高臻臻是二仙桥林俊杰”

我以前学习成绩好，会写程序，还会做 Flash 动画，单凭这些特色，你是很难长久记住我的，但是如果我只说一个记忆标签：“高臻臻是二仙桥林俊杰”（如图 3-1 所示），那你肯定很久都不会忘记了。

3.1 品牌亮点：决定着消费者对它的主印象

品牌、商品就像人，总有一个亮点决定着消费者对它的主印象。比如，我们说到耐克，他的记忆标签就是“时尚运动”，说到加多宝，他的记忆标签就是“降火凉茶”。

成都有一家卖青蛙干锅的饭店叫自贡好吃客，已经持续火爆了十多年，每家店门口都排队，原因之一就是他的记忆标签，因为每个服务员上完菜以后都会说一句：“我们是成都第一辣，请慢慢享用！”

如果所有的跟品牌相关的 VI、促销活动都围绕着这个主标签来思考，甚至再稍微艺术夸张一下这个亮点，那将带来超级厉害的记忆效果。

2010 年，一个主打信号好的蓝牙耳机做病毒传播营销，网上出现了一个电商平台上的用户的评价截图，如图 3-2 所示，该图片被网友们疯转。截图上的买家说：“这个蓝牙耳机确实不错，边走边打电话，走了一条街，才发现手机被偷了。”这个产品的亮点就是信号好，被夸张后，不仅让人记忆深刻，而且还变成了“病毒素材”。

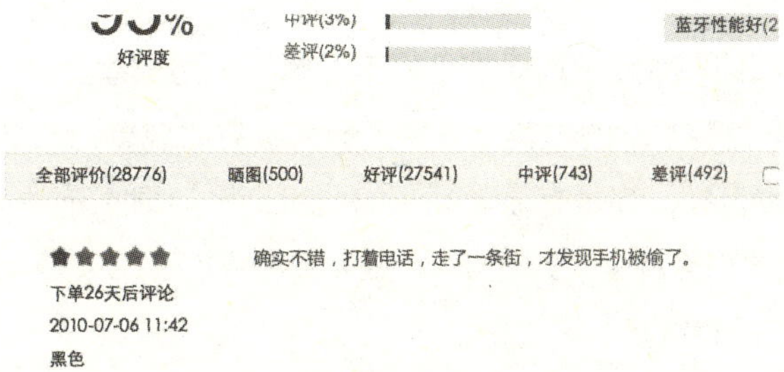

图 3-2　蓝牙耳机做的病毒传播营销

每一个产品、品牌都有一个自己的亮点，作为老板一定要找到这个点，而且对外，在一定时间段里，只需要强化这唯一的亮点就好，不要不自信地跟别人说自己的东西这里也好，那里也好，这样反而哪里都不好，产生不了记忆，无法入侵消费者的大脑。

3.2　个人亮点：任何人都需要给自己定标签

不光是品牌和企业，任何人都需要标签，有清晰标签的人更容易得到别人的认可。一群陌生人聚会，你最想获得的信息可能是“这个人是做什么工作的？”，这就是在给人划标签。

我们经常遇到这样的场景，可能忘记了某个人的名字，但是总是记得他的标签，比如这样的场景：“这个人的名字我不知道，但是我知道他是做装修的。”

所以，让别人记住唯一的记忆标签，将会带来更多的商业机会，反之，若标签太多，比如他做金融，又在做电商，还在开餐馆，那对方会觉得这种“万金油”很不靠谱，也难以产生记忆。

我创业 16 年以来，前 8 年都在给自己贴“互联网”的标签。虽然 2007 年以后我不做网站开发了，但每个月依然会有很多有做网站需求的朋友来找我，我什么宣传都没做，但比一些专门做网站开发的公司的业务多，这就是标签的力量。而我现在对外给自己贴的标签是“品牌 / 营销”。

木匠不赚漆匠钱，无论是品牌还是个人，建议最好尽快找到那个唯一的亮点。

在做本章提纲的那天正是周杰伦出新专辑《床边故事》的日子，我边听周杰伦的歌，边思考着本章的内容，发现了一个有趣的现象，凡是比较有实力的、有标签记忆点的明星，都是有显著亮点的明星，比如周杰伦的亮点就是“中国风”，凤凰传奇的亮点就是“广场舞”，王菲的亮点就是“天籁音”，而没有亮点的明星往往只是过眼流星。

【冷启动案例】一个农村电商品牌的亮点

有一个做农产品的老板让我帮他找找他的产品的亮点，他做的项目叫“渔耕田”，是种有机蔬菜的。

有机蔬菜在产品层面最大的问题在于土壤，就算农户不打农药，也很难保证土壤没有问题，而渔耕田很有意思，直接抛弃了土壤，从澳大利亚引进了鱼菜共生技术，一边种植蔬菜，一边养鱼，不仅出品更安全，成本更低了，而且还可以互相证明，若蔬菜打农药了，鱼要死，鱼若有什么问题，蔬菜也会出问题。

看起来很美，但是我感觉还是有问题，因为没有最核心的宣传亮点。思考了很久，我终于发现了个亮点，因为是无土栽培，所以植物的根没有土壤的阻力，长得特别长，甚至有些西红柿的根长到一两米，所以我建议他一定要带着根卖（不要去除根），然后将品牌的广告语改为：“有根，才更安全”，这才是这个项目差异化的亮点，如图 3-3 所示。

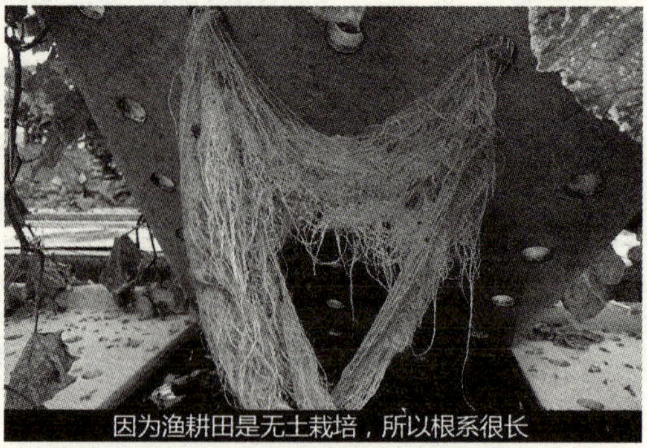

图 3-3　寻找农业电商品牌的亮点

之后所有的宣传和包装全部都来突出这个亮点，比如在每一窝蔬菜上贴上标签——采摘时间：2016年5月6日；根长：78厘米。果然，亮点一出，他的有赞微商城的成交转化率高了很多，如图3-4所示。

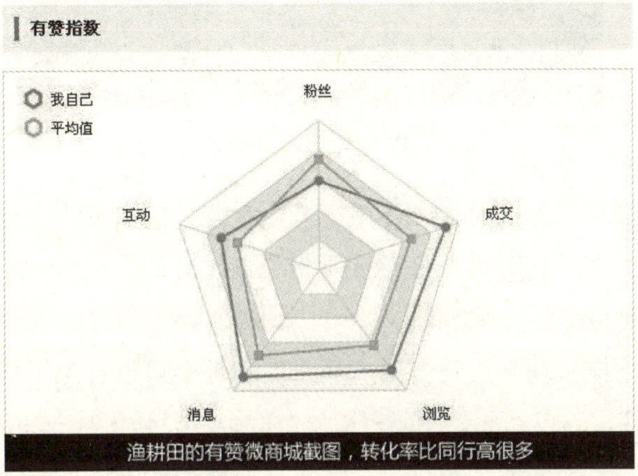

图3-4　找到正确亮点可以提升产品转化率

【冷启动案例】一个装修公司的亮点

几乎所有的行业、品牌、产品都是可以找到特立独行的亮点的，也包括装修行业。之前，有一位装修行业的朋友问我怎么做品牌，然而装修行业是非常难做营销和品牌的，要做的话只有一条路：创造出优异的装修案例，但是这种案例又是可遇不可求的。

当年牛顿被苹果砸了头，通过“夸张”的思路，想象把苹果树延长到月亮那么高，为什么苹果要掉下来，而月亮不掉下来，从而发现了万有引力。那么这个装修行业的案例也可以用“夸张”的思路来延伸。

我给他的建议是，花三个月时间把上海东方明珠塔、北京紫禁城、成都天府广场等这些地标建筑装修一下，不是去实地做，而是做电子图稿（如图3-5所示），美其名曰：“一家装修公司眼中的紫禁城。”这样出一个系列，必定会引起很多媒体、网友的关注，而在这些装修图的核心位置给自己的装修公司在图纸上留一个小空间，挂上广告牌，相当于植入广告，这样，这家装修公司就有案例了，而且是很厉害的案例。那么他的特色是什么？那就是：“紫禁城都是我们家装修的。”

图 3-5　电子图稿

这是一个信息爆炸的时代，你站在城市最繁华的大街上 5 分钟，可能记不住一个广告牌。你那么努力，每天看朋友圈里同行们发的行业解密的文章，可能当时记住，但是也是当天忘记。

品牌亮点的核心在于找到自己产品或品牌那个可以产生记忆、植入消费者大脑的信息标签，不仅如此，还要有勇气做取舍，只强化唯一的那个标签。

亮点，对产品来说就是卖点；对媒体来说就是新闻点；对消费者来说就是痛点。

任何一个品牌、任何一个产品，在同一时间、空间只能有唯一的亮点，正确寻找到这个亮点，非常重要。

【冷启动案例】一家小面馆的亮点

图 3-6 所示是我一个美食家好友的朋友圈截图，她是著名的美食家，上面的评论很有意思，说这位开面馆的创业者，要做满 300 个品种的面。若真做到 300 种面，这 300 种面就是这个面品牌的亮点。

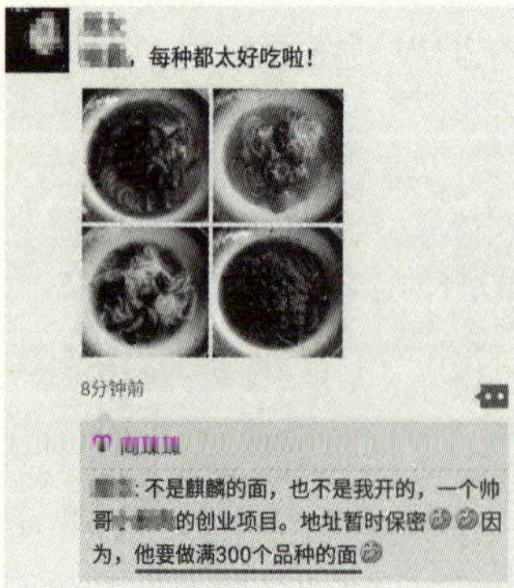

图 3-6　某美食家的朋友圈截图

大家想想，在朋友交谈过程中，普通面馆的场景会是这样的：“臻臻，请你吃面，那家面挺好吃的”，而他家面馆的场景是：“臻臻，走，请你吃面，那家面有 300 种味道”，相信后者的记忆穿透性会强很多。

而且，她家面馆还具备其他面馆不具备的很多新属性，如广告语可以打：吃面吃一年，每天不重样。再比如，再开发一种面叫“下面随机”，直接用手在 iPad 上转罗盘，转到什么面，吃什么面。

当然，任何事情都是有利有弊的，她增加了面的品种，也意味着她可能会增加店铺的管理难度。但是这个面，我依然很期待，因为这个面有亮点。

【冷启动案例】三宅一生的亮点

三宅一生是日本著名的服装设计师，他以超有创意的服饰闻名于世。乔布斯喜欢他设计的黑色高领衫，于是三宅一生给他做了 100 件。两位“大神”同样是“极简主义”的领军人物，可谓是英雄所见略同，所以乔布斯喜欢上了三宅一生设计的衣服，而三宅一生的亮点很奇怪，是“一块布”。

一般来说，服装的设计都是先确定面料、材质、花纹、色泽以后才会着手进行生产，不过在三宅一生这里，这种顺序完全被颠覆了，服装的样式和面料几乎同时产生。比如“一生褶”就是对“一块布”的一次突破性实验。“一生褶”的不同寻常之处在于最终衣服是什么样子连设计师自己都不知道。

首先设计师缝制好这件衣服，这个时候的衣服雏形可能只是个奇怪的四方形或其他几何形状，尺寸也显得过于巨大，其实就是一块很大的布。接下来要将它折叠起来，放在特制的褶皱机中，随着齿轮的转动，面料在高温的作用下褶皱定形，一件独特的褶皱服装就诞生了，而在之后的水洗中，这种褶皱也不会消失，如图 3-7 所示。

图 3-7　“一生褶”的衣服样式

“一块布（a piece of cloth）”是三宅一生设计理念的根本，起源于 1970 年那块名为“piece of cloth”的插入了袖子的棉纱亚麻布。作为他设计的起点，这是对他来说很重要的一件作品，他说现在仍然会经常回到那个点上，因为那是衣服永恒不变的源代码，而这个“一块布”的设计思路变成了三宅一生独特的亮点，甚至升华到了哲学高度。

日本人制衣时通常从平面开始，并非立体剪裁，是宽衣体系的代表样式之一。与之相反，西方的美学是重现“有”和“存在”，反映在服装设计中就是精确、合体的三维裁剪，即把人体凹凸有致的线条优美地塑造了出来，造成的结果就是为了设计而设计，从某种角度来说是对人性的束缚，所以，你穿过很舒服的西装吗？

【冷启动案例】“未知”的二维码蛋糕

有一位做蛋糕的老板找到我们脑细胞团队，他告诉我现在他们虽然生意还不错，但是现在同质化竞争严重，问我怎么才可以做差异化。他的品牌叫X蛋糕，我的建议是一定要给这个X蛋糕找一个亮点，而X蛋糕这个名字最大的特点就是“未知”，一定要把这个点做足，我建议他做二维码蛋糕，把X蛋糕做成一个社交工具。

技术上这样实现，先在蛋糕上印刷可食用的二维码，然后顾客在购买的时候扫描这个二维码可以放入文字、声音甚至视频，当蛋糕送出以后，收蛋糕的人再次扫描这个二维码，即可重现文字、声音或者视频。这块技术系统的开发成本也不高，可以直接用微信提供的接口进行系统开发，可能几千元就能实现。

但是在食用场景上，可以发挥的地方就很多了，很多人不擅于表达，比如父亲节的时候给父亲送蛋糕，录一段“爸爸我爱你”的视频；在朋友过生日的时候，偷偷找彼此关系好的朋友，每人录一段“在自己眼中，朋友真实的样子”。而且这个二维码蛋糕也不怕别人技术抄袭，因为只有他的品牌叫X蛋糕，从品牌到产品，再到营销活动都是统一、毫无违和感的，而且我还给他想了一个广告语：X蛋糕，一份未知的惊喜。

第4章

避重做轻：互联网时代的减法思维

04

以前经常听老年人说："走，我们进城，去看看热闹"，现在却经常听到年轻人说："我想早点回去睡个觉，我想静静"。以前的家里装修讲究豪华，现在却讲究简约。

这是一个信息过剩的年代，并且生活、工作节奏又很快，很多人压力很大，所以大多数人内心都有轻松、轻便、轻盈的心里偏好，"轻"是这个时代人们的向往，所以，一定要把品牌、产品、团队等"做轻"才能更符合这个时代。

4.1 互联网来了，抓紧时间进化才是出路

很多企业家都很揪心地问我："传统企业怎么转型互联网啊？"我开玩笑地回答说："很难，赶紧转行吧！"

❖ 什么是转型

转型说直白点就是升级，但是很多时候，行业转型升级不一定能走出困境，此时唯有进化才是王道，那进化和转型有什么区别？进化最大的特点就是淘汰，物竞天择。

时代发展，最重要的是要找到"历史的缝隙"去进化，而不是"老牛拉破车"式的转型，转型应该是企业年轻的时候做的事情。

❖ 请直面行业"死亡"

物种灭绝一直是生命进程中的一部分。芝加哥大学古生物学家大卫·劳

普（David M. Raup）估计，以往存活的物种99%现在已经灭绝，历史上的地球已经经历了5次物种大灭绝，自工业革命开始，地球就已经进入了第6次物种大灭绝时期。据统计，全世界每天有75个物种灭绝，每小时有3个物种灭绝。

那么多次的物种大灭绝，那为什么地球上还是有生物存在呢？

一边在灭绝，一边还有新物种诞生。那新物种怎么诞生的？

生物进化的实质在于种群基因频率的改变，突变和基因重组（人才）、自然选择（市场）及隔离（脱离母公司）是物种形成的三个基本要素，这和新公司、新行业的诞生类似。

所以，企业“死了就死了”，行业“挂了就挂了”，抓紧时间进化才是出路，一定要有平常心的心态，这些都是正常的自然规律。

只有死亡的企业，没有失败的企业家。

4.2　传统企业转型互联网最后一个途径——做轻

如何将产品做轻？从时间和分量入手。

例如，蜂蜜这个传统产品给年轻消费者的心理负担是很“重”的，很多人买回一大罐蜂蜜，还要找一个勺子，还要烧开水冲着喝。估计很多人家里连开水都没有，甚至找不到干净的水杯，这样的产品就会给消费者带来“重”的感觉。

传统的蜂蜜产品主打的是滋补品市场，对年轻人来说确实是太“重”了，而就有那么一个品牌叫“等蜂来”，也是卖蜂蜜的，但是主打的是快消品市场，如图4-1所示。

他们把蜂蜜装进类似于芥末管一样的塑料管里卖，年轻人上班的时候顺手拿几管，上班期间用公司的杯子、用公司饮水机热水冲着喝，甚至买瓶矿泉水兑着喝，体验完全不一样，这样的产品更加符合年轻人的生活习惯。

结论：大罐装的蜂蜜是“重”，软管装的蜂蜜是“轻”。

【冷启动案例】把黄金做轻

黄金首饰在年轻人眼里是一个心理感知很“重”的饰品，越来越多的年轻人觉得黄金首饰比较老气，其实，它的老气是传统观点造成的。

黄金首饰行业是一个很奇特的行业，整个行业几乎没有真正的设计师，有的话也是非常初级的设计师，他们找一些以前做过的黄金首饰的图形出来，小修小改就了事。而且国内的黄金几乎都是在深圳加工的，不仅没有设计师，甚至连采购人员都没有，非常简单粗暴地按重量称黄金首饰来进货，就像以前广州的白马市场。

如此看来，基本上传统的黄金首饰行业都是建立在重量（计重）体系上的，就算设计师设计出来样式，最终还是得按重量来卖。而且，消费者更多看的是重量，最后的结果就是整个行业不重视设计，设计板块恶性循环。这样的玩法，在一个理性消费的时代是成立的，但是现在，是一个感性消费、个性化消费的时代，那么整个行业就需要升级。

怎么升级，让消费者直接为设计买单吗？虽然有大品牌是这样在做，但是肯定还是违反市场规律的，消费者心里肯定不容易接受。所以，唯一的解决办法就是做“轻”：不做纯黄金首饰，比如将珍珠、珠宝、纺织物甚至羽毛等与黄金组合在一起，这才是一个真正三赢的产品，设计师终于有了更广阔的发挥舞台，可以设计出更好的产品；品牌方因为有了其他材料混搭，也很容易定价，增加利润，也就愿意在设计上投入更多；消费者不仅可以买到更漂亮的首饰，价格还更便宜了，因为至少比纯黄金首饰便宜了。

有一个叫潘多拉的品牌就是这么干的，他们把黄金首饰给做“轻”了，有很多有设计感的产品，而且还相对便宜，如图 4-2 所示。

图 4-1　“等蜂来”主打快消品市场

图 4-2　潘多拉的黄金首饰

结论：纯黄金首饰是“重”，混搭的黄金首饰是“轻”。

【冷启动案例】把英语培训做轻

英语培训行业应该是缘起于考试：中考、高考、四六级考试、雅思考试等。后来培训机构发现很多人有旅游英语、商务英语的需求，于是出现了成人英语，但是整个成人英语也散发着考试的味道，很多培训机构标榜着自家的成人英语有多专业。

试想，有谁会说自己的汉语很专业呢？这个逻辑是不对的，是考试逻辑，所以给人的感觉特别“重”，也导致很多交了钱的客户没有办法坚持去学英语，就跟办健身卡一样，交了一年的钱，只去了几次。

我们重新来梳理一下，对于想学成人英语的人，3个月让口语更流利的需求是有的，但是更多的真实需求是社交需求，谈资需求，甚至是打发时间的需求。

所以，成人英语就应该改革，把课程做得更“轻”，重点不是讲语法，而是讲发音。比如老师可以像朋友一样，经常聚集学员一起聊天。若外教稍微懂些中文，还可以讲述国外的圣诞节不吃苹果的故事，苹果其实是“平安”的谐音，而他们每人会穿花毛衣，过“花毛衣节”。外教还可以讲述哪些中文是不能和英文互译的，比如中国人吃东西的一种感觉叫“齿感”，比如吃火锅、吃毛肚的时候感觉毛肚“很脆”，这些在英语里是翻译不出来的。

这样进化后的成人英语的群体，就像一个黏度很高的社群，将创造出更大的价值。教师甚至可以通过网络直播、录播的方式跨时间、跨地域教学，因为大家觉得成人英语变得不像考试了，变“轻”了，接受和坚持下来更容易了。

【冷启动案例】把餐饮做轻

我的一位朋友开了一家素食餐厅叫“阿心萨”（如图4-3所示），我听到后第一感觉就是豆腐干炒豆筋这种素食，心理压力特别大，觉得无趣。

然而他做的素食却不一样，首先，素菜不是豆腐、白菜，而是鲜天麻、人参果、青稞等，而且全是选择有机蔬菜；其次，餐具用的现在

图4-3 把餐饮做“轻”

年轻人比较喜欢的小火锅，而且还不是重油的火锅，而是用咖喱、酥油（绝对不是传统酥油）做的火锅，最后我连火锅汤都喝光了。

这家店对很多爱美、喜欢有特点、有内涵的就餐环境的女生有很强的吸引力，200 平方米的店面，在试营业的首月，没宣传就做到了 10 万的流水。还有另外一家素食餐厅叫“一叶一世界”，也非常火，也是这种做“轻”的做法，目前已经估值到 3 个亿。

结论：传统中餐、传统素食餐厅给人的感觉是“重的”，但是用轻松、流行的方式来做便是“轻”。

脑细胞的自媒体本身就是一个做“轻”了的营销教学类节目，试想，若我像以前那样，采用传统教学模式，用催眠的语气，一上课就讲营销的 4P、4C 理论，脑细胞还会像现在这样发展那么快吗？

第5章

思维突破：实体经济做成虚拟经济

其实，我个人是很排斥“互联网思维”这些概念的，他们都是媒体、投资人包装出来的，不过，互联网时代是存在的，在这个时代里，咱们可以有一些新视角去思考自己的行业。

5.1 我理解的“互联网时代”的思维

“互联网时代”的思维，就是从一个起点出发，随时进化，随时挑战跨行业的不同的竞争对手，随时突破原有天花板，靠系统赚钱，靠规模盈利。

出租车公司 Uber 没有一辆出租车，热门媒体 Facebook 没有一个内容制作人，全球市值最高的零售商阿里巴巴没有一件商品库存，全球最大的住宿服务提供商 Airbnb 没有任何房产。

这表明一些有趣的事正在发生：真正的财富创造企业仅仅是在“连接”，它们直接越过了实体，变成了纯虚拟的体系，但是有一天，它们蓄积够能量了，将虚拟体系实体化的时候，那才是对传统行业颠覆性的冲击，比如阿里巴巴的菜鸟网络极有可能会在不久的将来对传统快递公司造成致命的一击。

苏宁云商集团股份有限公司董事长张近东也曾说过：“‘互联网 + ’本质上就是实体资源的互联网化（虚拟化），未来互联网零售的新机遇在线下，会诞生大量现在难以想象的新模式、新生态。”

但是现在传统实体经济还有机会，还有将实体经济虚拟化的时间窗口，因为很多互联网企业对细分行业没有那么多年的专业沉淀，所以准备虚拟转实体的互联网企业们也没有那么快。

我经常听到很多传统企业的老板对互联网又怕又恨又看不起，内心很惶恐，其实大可不必，尽快了解互联网人的思维方式，布局方式，将找到自己行业、企业升级、进化的机会。

最重要的一句话：在互联网时代一定要“虚实结合”。

【冷启动案例】把马场做“虚”，不单靠马场赚钱

我有一个朋友开了家马场叫青城马业，我给马场做了一个“互联网思维”的营销策略。

互联网营销最大的特点就是可以跨时间、跨地域，让生意变得没有天花板，比如一个饭馆原本只能接待 200 人，但是有了互联网，有了外卖，每天可以服务 300 人，甚至还可以通过真空打包的方式，卖给全国的客人。马场作为传统行业，马、驯马师、场地都是有限的，本质上具有天花板，要突破，必须从根上来改造。

把实业马场做“虚”的办法就是：不单靠自己的马场赚钱，还要做培训、卖教材，通过一整套服务赚钱，如图 5-1 所示。

一般马场的天花板	
业务天花板	
马场骑圈散客	一天最多200人
周围旅游区拉客	周末两天，一天最多300人
马术培训	一个月最多50人
婚庆马租赁	一个月最多4次
婚纱外景出租	一个月100对新人
扩张天花板	
驯马师	驯马师不好培养
场地	场地扩大成本很高
马匹	马匹数量、时间有限
结论：传统模式的马场的销售额是可以预估、计算的，是有扩张天花板的	

图 5-1　一般马场的天花板

❖ 灵感来自潜水培训

把实业马场做虚的想法来自于我 2010 年在菲律宾考 OW 潜水执照的经历：记得我当时好像花了大概 3000 元人民币去学潜水，培训机构给我发了一本包装还不错的教材，一共学习 3 天时间，学习项目如图 5-2 所示。

- 第 1 天：上午在游泳池“喝水”，下午学理论。
- 第 2 天：上午在海里“喝水”，下午学理论。
- 第 3 天：上午继续在海里“喝水”（就在那天，我居然碰到了鲨鱼，鲨鱼从我脚下直接游过去的），下午毕业考试，然后潜水教练把我的考试分数上传到了系统。

图 5-2　潜水培训

两个月以后，我收到了从澳大利亚快递过来的潜水执照，后来，我就可以在全世界的潜水店里凭这个执照租设备潜水了。

这段经历让我知道了有一个潜水组织叫 PADI，它创始于 1966 年，创始人基于教学的原则，设计出一套完整的教学体系，很快使潜水活动大大兴盛起来。PADI 现在在世界各地拥有 25000 名教练，每年发出的潜水执照超过 50 万张，这使得 PADI 成为世界上最大的潜水训练机构。

想想，这个组织先培养出一些潜水教练，然后让这些潜水教练再代理这个系统，开办潜水学校，每个学员的费用是三五千元人民币，每年 50 万以上的学员，一年整个系统就能产生 25 亿元人民币的直接流水，这还不算其他分支业务。

❖ 若是我，怎么改造马场

我们先来看看谁会来学骑马。有那么几类人：专业的喜欢马的人；来学骑马的小孩；想锻炼身体、像以前打高尔夫球一样修身养性的高端人群。这几类人里我会把目标人群锁定到这类高端人群上，因为这个用户群体大，而且他们的消费能力也更强。

想想，现在的传统马场，100 元跑一圈，完全没有吸引力，而且，马场一般都远离城市，就为了骑马跑几圈，值得开车跑那么远吗？所以，要卖就卖全套！

学习 PADI 潜水培训的做法。比如价格定在 6000 元一个人，发教材，发马术的装备，如头盔、马靴，学习一个星期或者半个月。有理论课，比如学习认识各种马，如混血马、汗血马等，比如学习从马的眼睛或者牙齿推算马的年龄，就像学习品鉴红酒一样。还有情感课，比如学习喂马，给马洗澡等。有马术课，比如慢走、快跑、跨栏、最简单的盛装舞步等。然后，每个马术小组都有一个专业的摄影师全程跟拍，就是为了给学员们提供照片，让他们去发朋友圈，做免费的宣传。最后，再进行理论和实操的考试，考试完发证，而且发的还是英国马术协会或者其他国外机构认证的证，那就厉害了，是我的话，肯定随时把这个证夹在钱包里，不经意间掉出来被朋友发现，假装说："哎呀，这就是上次我去马术学校考的骑马执照，没什么大不了的！"

这个执照可以用来干嘛？最常见的，至少可以成为马场的会员，享受打折优惠。通过努力，若能变成全国、甚至全世界通用的打折卡，门槛卡，那就更完美了，无论怎样，它绝对是一个体现自己存在感标签的极好道具。

若大家看到这里，觉得还不错，那仅仅是改造的开始，这只能说是一门生意，还不能算是一项事业。若是我，还真会去找英国的马术俱乐部合作，让他们来给这套培训系统背书，若找不到，那就自己在国外成立一个嘛！ PADI 还不是从自发的 NGO 组织发展起来的。

事情做到这个阶段，下一步就需要注册专利了，注意，现在"盈利模式""经营模式"是可以注册专利的！注册好专利就可以联系全国的现有马场了，给他们提供这套培训体系、培训教材，卖装备，发证书，这个事情就从一个实体的马场，变成了完全的虚拟生意，真正做到了跨时间、跨地域，想象空间无限大了。

另外，在品牌层面，我强烈建议青城马业改名字，重新注册一个品牌，比如叫某某女子马术培训学校，把骑马变成马术，格调就不止提升了一点点了。依据这个思路，可以扩展到很多行业，比如钢琴培训、英语培训、各种极限运动培训等。其实很多餐饮企业打造供应链，品牌，最后做加盟，靠提供系统性解决方案就是一种“虚业”的做法。实体经济是靠赚差价盈利，虚拟经济是靠系统盈利，实的变虚，虚的变实，“硬件”加“软件”一起卖才可能建立行业壁垒，创造奇迹。

❖ 顺应互联网时代的马场改造

我是一个从事互联网行业17年的“老年人”了，我真心地告诉传统企业的朋友们，不要被互联网人给“骗”了，不存在什么真正的互联网思维，有的只有互联网时代，因为“80后”“90后”“00后”这些互联网的“原住民”成为了消费的主力，必须满足他们的消费习惯、消费思维来升级和进化自己的行业。真正的互联网思维只需要顺应互联网时代，而未必需要用到互联网，比如上面提到的马场改造。

互联网因为自身具备媒体传播属性，创造出了太多的概念，刺激和影响着各行各业。经常听到一些互联网人士忽悠投资人的例子，动辄就让投资人投资几百万做一个企业自己的APP，投资几百万做个电商新平台，准备打败淘宝、京东。

可能你会笑，但是在很多三四线城市真有不少这种项目，号称“今年计划赶超京东、明年打败淘宝”。很多餐饮企业更是看着别人做团购，自己也稀里糊涂地跟着做团购，最后被团购“绑架”，团购赚不到钱，不团购只有“死”。经纬创投有篇文章说得很好：“真正制造风口的人，从不拥抱变化”。拥抱这个“时代”才是最重要的，不一定非要把互联网工具作为标配。

【冷启动案例】一个给汽车做体检的项目

有一个客户过来找脑细胞团队帮他做诊断，他准备做汽车的体检服务，因为他们的技师、技术和监测设备很厉害，技师听一听发动机声音大概就能知道哪里零件松动，哪里有安全隐患，体检一次300元。

听完，我说：“我建议您还是改方向吧。”

先不说车体检了，就算是人，有的时候都懒得去体检。我平时工作太忙、太累，长期睡眠不足，估计这 10 多年创业，每天睡眠时间只有四五个小时，经常晚上回家，双手手指都是麻的，我的亚健康状态都快“转正”了，总是没时间或者懒得去体检，更何况去给车体检了。

❖ 虚拟修车工

我平时最讨厌那些给创业者单纯地泼冷水的人了，给了别人毒药，也要给别人解药啊，我想了想，然后跟客户说，你们的技师既然经验那么丰富，有一个“历史的缝隙”倒是可以关注：可以尝试做一个叫“虚拟修车工的项目”，收集大量修车工的经验数据，整理成格式化的数据库。还可以通过各大汽车厂商现成的修车数据库直接导入数据，形成一个各种品牌、各种型号、各种的车问题的大数据库。

之所以这么说是因为我去修车的时候发现了一个现象，有修理工居然在百度修车的问题，但是百度能够搜索到的内容肯定是有限的，若有这样一个专业的、垂直的修车工的维基百科，那就太棒了，如图 5-3 所示。

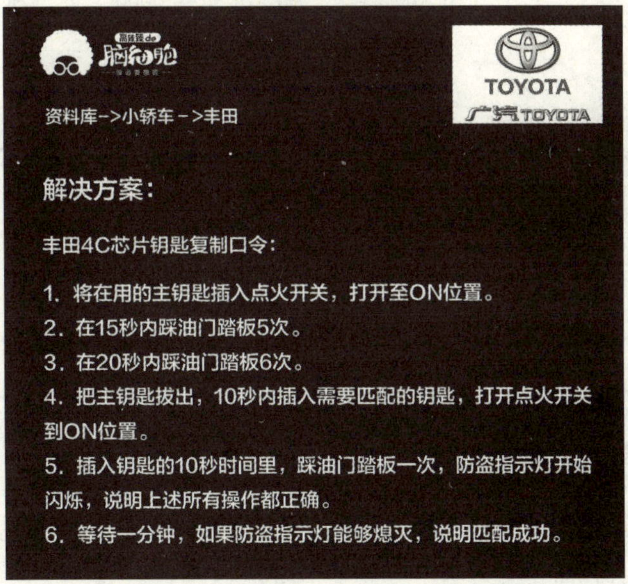

图 5-3　专业、垂直的修车工的维基百科

比如：东风日产的尼桑逍客在行驶中方向盘发抖，这个问题一输入进去，数据库马上就返回 3 条结果。比如可能性 A：方向传动装置动平衡被破坏，可能是传动轴过度磨损引起的。然后解决办法又有 A、B、C 3 种，并且还有图片、甚至视频。修车工按图索骥，找到问题，解决问题，这对修车工来说也是一种学习和积累的过程。

注意，在像修车工、厨师等这种基层行业，很多时候就算是师徒关系，分享精神也是相对较差的，有了这个平台，不仅可以解决修车问题，还可以对修车工的系统学习起到很大帮助，降低了修车厂老板的人事风险。

怎么盈利呢？全国现在大约有 48 万家机动车维修机构，就算只有 10% 的机构使用这个系统，每年一家付 300 元，那一年也会有 1500 万元的流水。而且还不含这个平台的其他业务收入，比如卖零件、招聘技工的收入。

❖ 居然已经有人在做了

像我们这种卖“脑细胞”的，最怕百度，因为每次一有新想法，只要一百度就有，不是自己不聪明，而是聪明人太多。这次也不例外，有一家叫畅易汽车网的汽车维修资料库居然就在做这个，他们的费用是个人版 680 元 / 年，企业版 1200 元 / 年，按照 10% 的市场容量，那就是每年 5000 万元的流水，如图 5-4 所示。

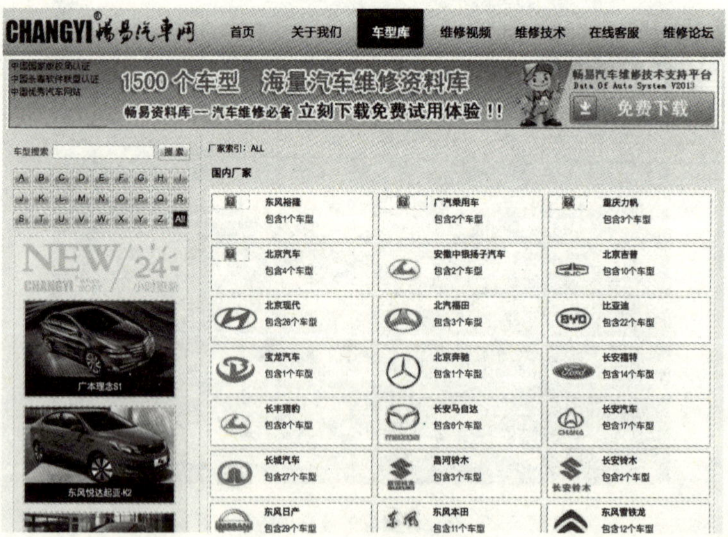

图 5-4 畅易汽车网

我看到这个畅易汽车维修资料库，又失落又激动，失落的是已经有人做了，而且已经做了8年，激动的是看到这个思路是正确的，至少得到过市场的验证，并且从表面上看，这是一家软件公司，就是卖软件、卖资料库的，但其互联网“基因”不足，这正是可以赶超他们或者与他们共存的机会。

我跟这位创业者说，虽然市场已经存在同类产品了，但是他们侧重PC端，所以要做出足够的差异化，输赢在于手机版，努力增加数据库资料的同时，一定要把人“绑进去”，找到对某汽车品牌、某型号的车比较擅长的修车工，通过实时视频、声音、图片等方式远程指导不会的修车工，让这些修车工能在平台上活跃。

上面的思路还仅仅是一个行业内的平台，可以盈利，若要突破天花板，拿到大风投的注资，可以再往远想，往用户端做产品布局。

每个修车厂、甚至修车工必须为汽车负责，若在一定时间内出了问题，那将负很大的责任，这可能将是未来的趋势。所以这个项目从资料库出发，可以获得修车厂、修车工的资源，再以提供安全零配件和责任登记的方式做延伸，甚至和保险挂钩，那发展空间将不可限量。想想，按这位来咨询的创业者以前的想法给汽车做体检，可能一天只能服务5辆车，但是做数据库、做各种虚拟业务的延伸，那可能一天可以服务几十万辆车。

5.2 网红思维——不花一分钱做互联网营销

脑细胞团队每天都会接触大量行业的客户，给他们做营销策略，难免会遇到我们思路卡顿或者对方没有钱支付我们营销费用的时候，我们的一贯做法是建议他们当网红。

❖ 网红的本质

最简单的网红就是每个人手机微信朋友圈里那些时不时发有趣内容的人。人人都有朋友圈，人人都有观众，人人都可以当网红。

网红的本质是什么？

$$信任感 \times 流量 = 可以卖东西赚钱$$

其中，信任感是最重要的，流量（粉丝数）只是个乘数，在建立了信任以后，流量（粉丝数）的多少才能决定销量的多少，因此核心在于“建立信任感”，只要能创作出好的内容，建立起信任感，粉丝数会自动上涨。

❖ **网红的信任力量**

不要觉得自己不追星就不是粉丝。在现实生活中，网红、粉丝心态是广泛存在于很多人心里的，只是我们的惯性思维让我们没有察觉到而已。

例如，《中国好声音》里每次学员登场之前都有个 10 多秒的 VCR，VCR 里一般讲述的就是歌手们日常生活中的一些场景，正是这 10 多秒的 VCR，使得歌手和观众建立了感情，建立了信任感，所以后面再唱歌，观众们会觉得好听很多。

又比如，如果你不是小米的粉丝，刚买的新小米手机不小心磕了一下，屏幕碎了，你第一反应肯定是抱怨小米手机质量差，而如果你是小米的粉丝，你多半会自责，责怪自己不小心，这就是非粉丝和粉丝的区别。

所以上面两个故事告诉我们，粉丝对网红的信任感就像在用美图秀秀，美化着自己大脑对品牌、对商品的感知。

❖ **怎么建立信任感**

接下来我们说说如何建立粉丝对网红的信任感。网红最常用的方法是做直播。

为什么现在直播特别火？扎克伯格（Facebook CEO）曾说过："当你在直播中互动时，感觉用了更人性的方法与人做链接，这是我们在沟通上的重大进展，也创造了人们聚在一起的新机会。"

直播除了互动性强以外，还具有不可预测性，如果你的一切都是依靠包装呈现给观众，你并不会获得他们的信任。因为直播较真实，因此能建立网红与粉丝之间的信任感。

❖ **这一切的关键词就是：真实**

相比文字和图片的浅度信息交互，碎片化时代的深度社交方式只能是视频直播，因为视频直播具有互动性、即时性、冲击性、不确定性等属性，更有亲切感，因此是提高用户参与度和黏度的有效方式。

虽然视频直播是最快建立信任感的方式，但是不是每个人都可以玩得好的，所以对于一般的商家、企业，用好朋友圈的小视频、图片、文字也可以当上网红，拥有大量粉丝。

【冷启动案例】卖鸡蛋如何实现网红梦

我有一个快递公司的老总朋友，他为了给他爱人找点事做，就想让她卖老家的土鸡蛋，找到脑细胞团队帮他们做品牌规划。卖土鸡蛋的核心问题，是消费者对土鸡蛋的不信任。

我问她："做这个事情对年流水的预期是多少？"

她说："可能就一百万、几十万吧。"

因此，我给她的建议是："那你还是在微信朋友圈里卖吧，土鸡蛋2元一个，一个家庭一天吃3个，一个月吃90个鸡蛋就是180元，一年2000多元，500个家庭就可以实现一年100多万的流水，搞定微信上的500个客户，用互联网方式真的不难。"

但是，怎么把微信好友变成客户？若每天在朋友圈直接发布卖土鸡蛋的消息，那肯定是不行的。第一步，一定要把自己打造成一个喜欢土鸡蛋的人，幽默有趣，又热爱自己的事业，只有真正热爱自己的事业的人才能让他人产生信任，才能让人"路转粉"。热爱到每只鸡都要给它们取名字，然后每天发它们的故事，如图5-5所示。比如：把一群土鸡的脚固定住，围成一个圈，然后找只乌鸡骨放在这圈土鸡的中间，然后发朋友圈，以土鸡的口吻说："今天我们这里来了一位外国友人，就全球变暖问题大家交换了意见，最后还是一致认为天热的时候下蛋最舒服"。

图5-5　在朋友圈发一些与鸡相关的趣事或故事

不要觉得这是在胡闹，所有的照片和小视频其实都是带了情感的软性广告，养鸡场的环境、鸡妈妈们每天的饮食环境等，可以大幅提升消费者对土鸡蛋的信任。用这种方式，就算一开始朋友圈里只有200人，也会通过口碑吸引很多人主动加好友买土鸡蛋。最终，不仅可以实现年入百万，还可以实现在朋友圈与“网红”的梦。

【冷启动案例】一个做教育培训的怎么当网红

有一个做应试英语培训的“90后”小女孩约我们团队给她做品牌规划，脑细胞建议她用网红思维来经营。可以将课程分成两个部分，一部分是常规的线下课，以应试教育为主；一部分是线上的网络课，网络课可以收费也可以免费，但是主要以吸引人气为主，讲的内容完全应该是学生们关心的内容。

比如：现场直播我们中国学生出英文试题让外国人来考试。再比如：外国人最苦恼的中国语法：“一个板凳坐两个人”，为什么是板凳坐人等。这些内容就用短视频的方式呈现出来，再植入自己的品牌和联系方式，那这个英语教学简直就太有趣了。为什么老是要讲那些枯燥的语法，自己不开心，学生也不开心。

我们跟她讲了个真事：有一个星际争霸的比赛，电竞圈黄旭东在解说，有个欧洲的选手叫Fire Cake，比赛过程中黄旭东很有激情地说火蛋糕准备开始进攻了，这时弹幕上就有人说，火蛋糕这东西在中国应该叫火烧吧。这个时候，作为英语老师的你就应该第一时间跳出来跟大家说：“同学们，他们都错了，Fire Cake正确的翻译应该是烧饼！烧饼准备开始进攻了。”

相信若她真这样坚持做下去，肯定可以超越那些只会讲语法的英语老师！那个时候，还需要担心生源吗？就算到时候直接砍掉线下课程，专讲网络课，一个学生按一个月30元收费，都会钱途无量！

我也努力走在网红的道路上，随时随地和大家建立“真实信任”的链接，现在，我朋友圈的转发数要比以往更多，如图5-6所示。

因为很多人都在慢慢地释放自己的个性，想要拥有自己独立的人格，所以人人都可以当网红，不一定当大网红，但是通过努力，通过创造有趣、有料的内容，肯定是可以通过做小网红赚到自己的第一桶金的。

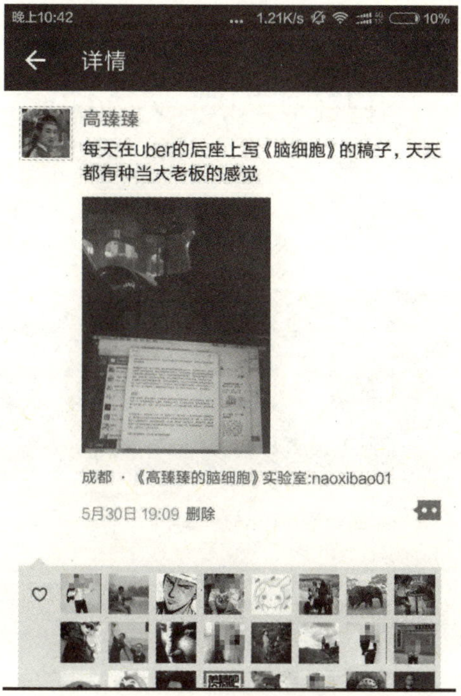

图 5-6　我的朋友圈截图

5.3　互联网时代的换位思考

有个很火的词语叫“互联网＋”，很多传统企业的老板很不爽，觉得就应该是“＋互联网”，他们觉得“传统”应该在前面，应该是“传统＋互联网”。我觉得这种想法肯定是有严重问题的，“传统＋互联网”无非就是很多年前大家都在讲的“鼠标加水泥”嘛，但是为什么没有特别成功的案例呢?

因为以前的做法是水泥在主导鼠标，你以为一个卖卤菜的开个淘宝店，做一个网站，搞点互联网团购就叫“互联网＋”了?

这种老旧的“互联网外挂”时代已经结束了。

我们再来看小米，小米就是典型的“鼠标主导水泥”，它顺应了这个时代，创造了历史，如图 5-7 所示！在小米之前，一说到国产手机，大家脑海里只有两个字“山寨”，但是现在呢？好像小米这样的国产手机也没有山寨手机的感觉了。

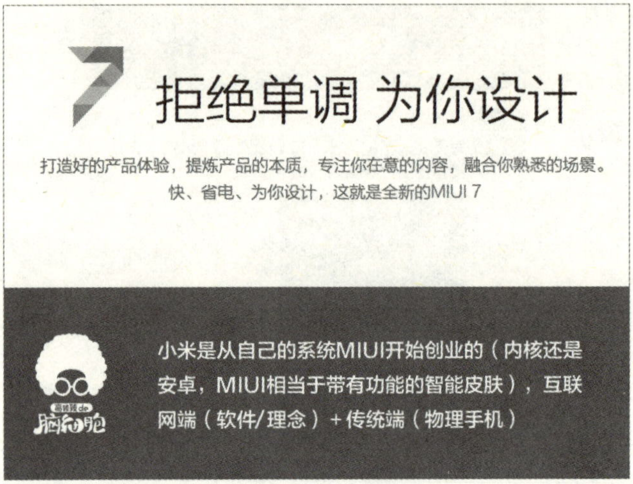

图 5-7　小米的“互联网 +”

所以，“互联网 + ”还是“ + 互联网”，谁在前面很重要，互联网时代的观念决定传统产品才是正道。

【冷启动案例】另辟蹊径，火锅店主打鲜花吸引年轻用户

很多事情，切入点不同，会有完全不一样的效果。有一家特别火的火锅店叫“花开藤蔓”，老板每个星期会花大价钱用真的鲜花把整个餐厅铺满。脑细胞团队里有一个叫权儿的同事，他经常带不同的朋友去这家火锅店吃饭，每次他去都会发现，到处都是女孩子拿着手机在自拍，他回来就跟我们分享，他发现了一个重大的秘密，难道去“花开藤蔓”的都是去吃火锅的吗？

如图 5-8 所示，朋友圈随便一搜“花开藤蔓”，就有如此多的自拍，这些都是免费的广告啊。

“火锅 + 自拍”和“自拍 + 火锅”，谁在前、谁在后完全不一样，被鲜花吸引去吃饭的女孩子都是过去自拍发微信朋友圈的，顺便吃一下火锅。在这个物质并不匮乏的年代，吃饭已经不是刚需了，而去自拍才是刚需，这是一个在朋友圈里给自己贴“时尚”标签的好机会啊。

其实每一家“花开藤蔓”的店的风格是不同的，但去的女孩的目的一样，都是去自拍，顺便吃个火锅，这家拍完，还去那家拍。也正因为那个地方鲜花多，去那里的女孩子都会精心打扮一番。通过这些女孩自发式的口碑分享传播，

吸引了更多的年轻用户慕名前往，所以，生意就爆棚了。

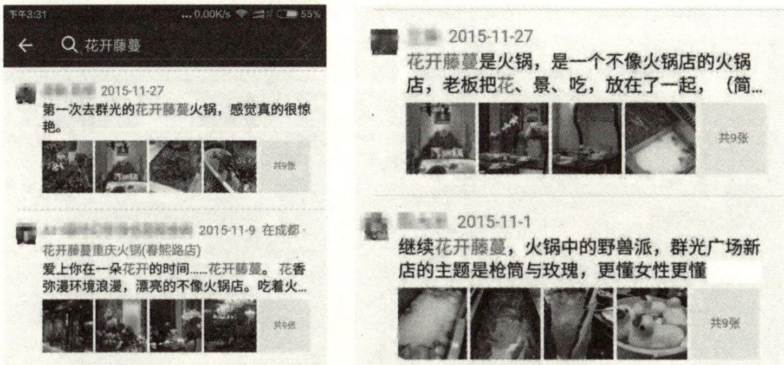

图 5-8　与“花开藤蔓”相关的朋友圈内容

第6章

市场策略：如何切入未来风口行业

说实话，现在创业的确比较艰难，我很多搞创业的朋友们的日子都不好过，除了一位做快递的朋友日子还比较滋润，其他很多行业的公司都命悬一线，就连我卖小面的朋友，都从每天5000元的营业额，跌落到一天几百元。卖面，这可是刚需行业啊。

很多人都在创新，但都是站在过去的角度寻找商机，然而真正的商机都在未来，比如未来三五年之内必火的房车露营行业。

6.1 从国外看，还有哪些没被国内发现的商机

20世纪80年代的时候，只要有产品，“闭着眼睛卖”就可以赚钱。

20世纪90年代的时候，“跨省跨城市”就可以赚钱，但是必须把产品从一个地方运到另外一个地方才行，所以那个年代司机特别“吃香”，从北京拉一车货去四川，返回的时候，在四川买一车辣椒卖到湖北，再把湖北的柑橘卖到河南，就这样，一路卖，回北京的时候已经盆满钵满了。

而现在，要跨国才赚钱，在“跨国”之间存在着大量的商机等待着创业者和转型者去挖掘。

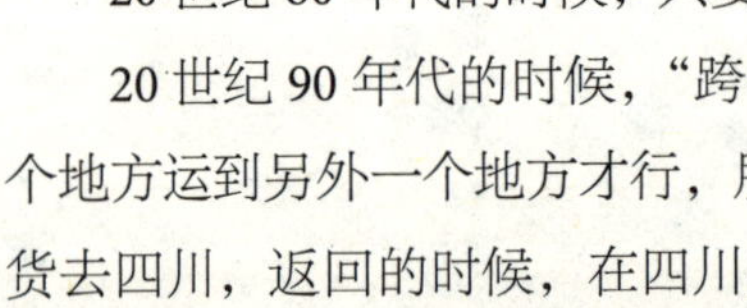

图6-1 士力架的包装以“饿”为亮点

❖ 中外文化差异，缝隙中的商机

我来举一个大家都知道的士力架的例子，士力架的口号一直都是“横扫饥饿”，如图6-1所示，但是这其实是不符合我们的文化背景的。

欧美人不是那么重视“吃”，他们重视的是吃完饭可以好好工作，好好生活，吃饭就像充电，就像加油，只是一个过程。所以，吃士力架就像“吃电池”，一次吃个饱，横扫饥饿在国外的文化背景下是对的，但是不符合我们的认知。

我们从小都听过大人常说的一句话：“少吃零食，不然会吃不下饭的”。中国人是全世界在“吃”方面最为重视的群体。古话说“身体发肤，受之父母”，我们一直在这种文化背景中熏陶长大，所以一定要爱护好自己的身体，古时候，若吃零食影响了正餐，估计会被视为不孝！

所以，横扫饥饿的士力架，在国内卖得并没有想象中的那么火爆，甚至广告也越来越走偏门，更偏向于打篮球、户外旅游等特殊场景下的能量补充。

因此，这里就出现了一个文化缝隙中的商业机会。例如，花生酥品牌黄老五是我们脑细胞的客户，他们有一个子品牌叫“黄小五”，我们的策划就利用了这个文化缝隙。我们给“黄小五”一句广告语：专治轻微饥饿（附：后因广告法不允许用“专治”二字，所以更改为“充电轻微饥饿”）。什么意思呢？吃这个零食，只是稍微扛饿，而不会影响正餐。而且包装上，直接做成电池的样子，“电池”上有文案：“饥饿续航 15 分钟”，就相当于吃一颗糖只续航 15 分钟，控制数量不影响正餐，如图 6-2 所示。

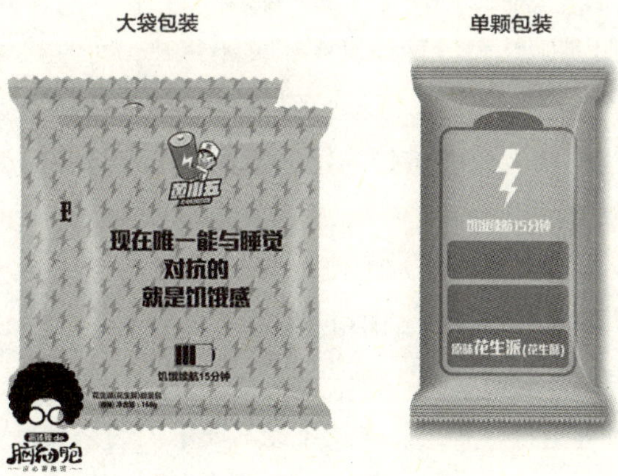

图 6-2 “黄小五”的广告语

【冷启动案例】从“沙发客”到“餐桌客”

“沙发客”这个概念出来的时候，我当时就有个想法，为什么不能出现一个

“餐桌客”呢？

把在国外旅游的吃饭Uber化，反正国外的很多食物都不太符合我们的胃口。出国旅游吃饭不是刚需，而社交需求是刚需，比如驴友通过一个APP可以预约到巴基斯坦的当地人，在他家吃饭，边吃饭边聊当地的教育问题真的好酷。

小的时候，我一直觉得自己特别聪明，所以我特别“恨”百度，自从有了百度，我发现其实很多人和我一样聪明，因为任何想法，百度上总是已经有了。在国外，著名的Airbnb也做了餐桌客板块，Feastly、Eatwith也都在做餐桌客，不过对于国内的创业者，虽然这个方向具体执行层面有很多困难，但是我觉得仍然有机会。

或许国际版的餐桌客对于很多人来说还是稍微“高大上”了一点。其实也可以做简化版的餐桌客，如某个景区的餐桌客，九寨沟、《爸爸去哪儿》的普者黑的餐桌客也是不错的创业方向，宣传起来也不难，直接和客运站的大巴车合作，派发广告单就好。

通过沙发客，我想到了另外一个可以Uber化的行业——国际婚纱租赁。很多女孩子到了国外的沙滩，多多少少都有穿上婚纱、拍张照片的冲动。但是，让自己的男朋友帮忙背婚纱到国外确实有点辛苦，甚至可能会成为分手的导火索。所以，为什么不能有一个平台和国外的影楼或者是留学生合作提供国外的婚纱租赁服务呢？婚纱种类又多，又不用拿，可直接网上选衣服，线下去领取或等送货，最关键的是，这个项目有可能上线的第一天，就会有现成的大量订单，因为很多在国外旅拍的婚纱工作室也不想大包小包地背那么多婚纱。

【冷启动案例】家具出口转内销中的机会

❖ 传统内销家具品牌的现状

很多人应该都有这样一种感受，线下家具卖场里的家具特别土，知道为什么吗？因为很多传统家具厂商是这样来创新的：先到国际家具展上去看看哪款家具造型不错，然后拍照或者直接购买回来作为参照去研发设计。这样一来，一年的研发时间就过去了，然后又花半年时间设计专卖店的形象，然后去参加广交会，开始在全国五大区招商。总的流程走完，基本上三四年时间才能覆盖全国，所以我们在市场上看到的家具，可能都是五六年前的款式了，你说能不老吗？

❖ 传统外销家具品牌的现状

在参加家具广交会的时候，我们会看到有些做外单的家具厂商很霸气地挂一个牌子："只供外销"。

不了解情况的人可能会觉得他们特别大牌，其实他们是很无奈的，虽然他们的设计和款式都很时尚漂亮，但是他们一般只有单品，所以没有办法给国内的家具经销商供货，因为国内的经销商需要成套的家具。但是这种外贸单品的数量特别大，比如某个型号的单椅一做就几万把，也因为单品和数量大，所以单价特别低。

❖ 商业缝隙

因此，传统家具品牌的土、贵和外贸家具的时尚、性价比高之间，有这样一个商业缝隙——连锁的外贸家具集合店，这种店可以利用外贸家具的时尚、性价比高，也可以解决外贸家具单品量大的问题。

❖ 如何落地

在国内，很多家具厂商都开精品专卖店，成套成套地卖，所以也设计了很多匹配的店面装修，如图 6-3 所示。比如美国乡村风格的家具必须配合美国乡村风格的装修，把资产做得很"重"，若某一系列家具过时了，不仅家具滞销，而且更换样板间装修也得兴师动众。

图 6-3 按照成套的形式售卖家具

而国外开的是家具集合店，就像宜家，没有什么固定风格，就是卖产品，所以若能把外贸家具整合到一起，在全国各地瞬间开大量的集合店，再配以厉害的家具“配搭师”和“搭配推荐系统”，将出现一种设计时尚、价格实在的新型家具卖场，如图 6-4 所示。

在成都有一个朋友叫 Thomas，很厉害，全成都几乎 30% 的楼盘样板间的设计他都参与过，他有足够的行业沉淀，他准备做这种全国连锁的外贸家具集合店，核心竞争力不仅在于他可以找到大量的外贸家具生产厂家，而且还可以通过自己的软装配搭经验，将各种外贸家具配搭得毫无违和感。

脑细胞团队给了他一些思路，建议他的店的整体就弄得像宜家的仓库一样，店的中央空一块地出来用于家具现场拼搭，再放两张椅子在旁边，专供给顾客坐。顾客可以用激光笔指挥工人将仓库陈列架的家具移动到空地上，把家具像积木一样拼搭起来。其他的客人也可以在旁边观看，甚至可以在互联网的直播平台上随时直播。等拼搭完毕以后，顾客可以走进拼搭的“家”里拍照，然后发朋友圈求赞，也可以互动听取更多朋友的意见。这样做不仅把家具卖场变成了一个家具秀场，做了很深度的互动体验，还相当于搭建了一个媒介平台，做了传播推广。脑细胞给他们的建议是，这个店的名字就叫“积木”。

图 6-4　宜家家具集合店

6.2　普通人怎么切入未来几年的风口行业——房车行业

好几年前，我有一位身价过十亿的朋友，心血来潮买了一辆好几百万元的房车，并邀请我体验了一次，那是我第一次近距离接触房车。

自从脑细胞开始做空岛项目，我接触了不少房车行业的从业人员才知道房车未来几年内将改变很多普通人的旅游体验，这将是下一个即将飞速发展的大行业。

❖ 国内外数据差距对比

这段时间和做房车相关产业的朋友聊得比较多，比较直观的比喻就是在不久的将来，房车旅行将变得跟“徒步”的感觉一样，变成大众的旅行方式。房车行业在国外已经有 100 多年的历史了，据统计，在美国有 15% 的人参与到自驾车旅游当中，并且依旧在逐年增长。

美国 1/3 的旅游地以露营形式存在，有超过 1000 万的人常年住房车，自驾车旅游营地更有 2 万多个，2014 年露营人数就已经达到 2900 万人次，仅露营地的年收入就超过 200 亿美元。亚洲的国家中，日本的自驾车旅游开发较早，其次是韩国。

让我们来对比一下数据，欧洲和美国的房车营地各有 2 万个左右，而中国不到 1000 个；欧美的房车各有 1000 万台，而中国的房车只有 2 万台。这一系列的数据都说明中国房车露营行业真正的春天已经到了，然而同时这也是一项宏大而艰巨的任务，完成这项任务的关键在于打通汽车和旅游两大产业，到 2020 年争取房车数达到 100 万台。

❖ 国内房车露营行业史

让我们先来回顾一下房车露营行业这几年在中国的发展，2000 年左右中国才有房车，2000 年到 2012 年，房车一般是明星、老板们商务用的房车，比如 GMC，2012 年到 2015 年才陆续有一些汽车厂家、机构进入这个行业，行业开始萌芽。

2015 年是房车的发展元年，国家的政策支持、资本、人才开始进入，而且市场上的普通消费者这个时候逐渐有了对房车露营的需求。预计到 2020 年，中国可能由现在的不到 1000 个房车营地增长到 5000 ～ 10000 个房车营地，而房车数量也会从 2 万台上升到 100 万台，所以房车露营行业的机会非常大。

我解释一下什么是房车营地。以前想当然地觉得有了房车就可以周游天下了，需要营地干什么。从国外的经验来看，房车营地还真需要，你可以把它想象成高速公路上的服务站，不过是加强版的服务站，不仅可以加油、补水、吃饭、维修，而且这种营地还在风景很漂亮的地方。营地有很多房车游客，大家可以一起看露天电影，开 party。营地还有帐篷区、木屋区、多功能活动区、综合服务中心等，总之涵盖了吃住行娱购游的方方面面，如图 6-5 所示，国外 80% 的房车营地是盈利的。

图 6-5　房车营地

接下来，我将从不同的角度来讲这个即将兴起的大产业，你可以看看自己现有的社会资源、团队基因从哪个板块进是最靠谱的。

❖ 从用户的角度来看

房车露营的消费者是逐步成熟起来的，根据国外的经验，会分为几个阶段：

（1）房车 1.0 阶段：这个阶段的消费者处于尝试阶段，一般是租房车出游，所以这个阶段的房车租车会比较好做，价格也容易被消费者接受，一天租金几百到 1000 元左右，一家人开房车出行三五天是一种很酷的体验，而且还有专门的房车旅游团，有专业的人带着很多房车租赁者一起出行。

（2）房车 2.0 阶段：这个阶段的消费者主要是自己买房车了。不要觉得现在的房车有好几百万元，其实有很多价格实惠的房车，比如我朋友自己设计研发，然后找汽车厂家生产的房车价格也才 30 多万元，而且超酷超豪华。另外，像奇瑞、华晨、大通这些大厂商也有 20 多万元、30 多万元的房车，而且不一定要买一体式的房车（自行式房车），可以买一个房车拖挂，从美国进口的拖挂才 10 多万元，很便宜，如图 6-6 所示。在欧美市场中，拖挂式房车占有 70% 左右的份额，普通的小轿车就可以拉着它满世界跑。

图 6-6 房车拖挂

（3）房车 3.0 阶段：到这个阶段的消费者应该就算是高级玩家了，他们会自己改装房车，相信到时候会有很多房车改装厂出现，这种玩法就像买了个房子需要装修一样，我看到国外还有人把火车的外壳拿来改装成房车的。

❖ **从露营房车营地角度来看**

从现在开始到 2020 年，中国的房车营地要从几百增加到 5000 再到 10000 个左右。现在主要有 3 种角色在做房车营地。

（1）第一类为大型企业：它们以占资源为目的，比如制造 QQ 车的奇瑞汽车，现在正在想方设法拿土地打造营地，特别是一线的景区。

比如，奇瑞途居旗下龙山露营地、黄山露营地和扬州国际露营地，它们这类企业主要是看长期利益，利益主要是从土地增值和营地日常经营中获得。现在拿地很便宜，但是几年以后可能会翻很多倍，甚至数十倍。哪怕土地是租的，如果氛围起来了，分租、转租出去的租金也是很可观的。

（2）第二类是房地产开发商和当地投资商：他们看中的也是土地未来的增值空间，而且这些投资商已经从房地产行业中尝到过甜头了，所以他们会将房地产思路延伸到旅游地产当中去。

（3）第三类为原有土地主：他们有土地，认为荒在那里可惜了，还不如做点什么，所以就把自己的荒地改造成了房车营地，这样不仅可以促进地价的增值，也可以有一些业务的营收。

但是，毕竟现在是中国房车行业的幼儿期，这些房车营地基本都不赚钱，只有当某一天，房车旅游消费爆发的时候，才能实现经营性盈利，所以只有有足够的资金实力、能坚持几年的人才能这样干。

从国外的经验看，做营地做得比较好的有美国的 KOA（Kampsite of American）公司。他们专门做营地连锁，已经有 50 多年的历史了。KOA 露营地连锁拥有 500 多家露营地，遍布整个北美，仅在美国，绝大多数有好玩的地方和国家公园附近会有 KOA 露营地的存在。无论你去哪里，KOA 都已经在那里了。每个 KOA 营地会有营位、木屋、有线电视、小型烧烤炉、自行车、篝火、迷你高尔夫、无线网络、游泳池、划船、钓鱼等设施或者服务，体验做得非常好。

我分享一些美国 KOA 的数据：

• 房车的主要消费时段是节假日。KOA 提供的营地类型中，客户中有 37% 的人是夜宿。这种类型的营地主要是满足经过此地有露营需求的过路客，一般都是短期客人。

• 33% 的人把 KOA 当成周末、假期旅游目的地，KOA 主要为 200 千米半径内的客人服务，季节性客人经常把营地作为他们的第二个家。

• 7% 的开房车的人是长期逗留型，营地提供场地或当地景点，吸引远距离的客人长期住宿。

• 房车消费者的主要同行者第一是伴侣（63% 以上），第二是小孩（37%），第三是宠物（36%）。

• 在 KOA 营地住宿设施方面，77% 的人睡的是房车，12% 的人使用小屋，11% 的人使用帐篷。帐篷主要为自驾小轿车旅游者服务。

在美国，房车出行的主要目的是省钱。据调查，开着房车去旅游比传统的旅游方式更经济实惠，比自驾游或是坐飞机、住旅馆的花费要低。即使考虑到购买、维修房车的成本，一个 4 口之家的房车旅游也可以比常规旅游节省高达 74% 的开支。一次出游连续驾驶时间超过 4 个小时，房车使用者的数量就会超过一般的自驾游人数，也就是说，房车旅游在长途旅游中的优势非常明显。

❖ 从房车制造角度来看

未来几年房车的增长量应该是巨大的，除了大型的汽车企业，其实个人和小公司也有机会从这个切入点来分一杯羹。

- 第一类，一些国有的汽车制造商纷纷在房车这一板块发力，比如华晨、上海大通等，它们的优势是体量大、成本低，缺点是市场反应慢。
- 第二类，传统的汽车改装和制造企业，它们研发和生产房车，特别是给日韩、澳洲房车做代工，它们造起车来轻车熟路。
- 第三类，设计类的公司，它们提供好的房车设计方案，比如外观和内部结构，然后找代工厂来加工，这块小公司、小团队就能干，比如行业里这一块做得比较好的有“游牧者”。

❖ 从房车服务角度来看

大家应该都知道美国淘金热的故事，淘金赚钱不赚钱不好说，但是在淘金路上给这些淘金的人服务，卖水、卖牛仔裤的却赚得盆满钵满，所以接下来几年的房车行业淘金热中，也会出现大量的服务配套公司。这种公司比较适合中小企业、甚至个人切入。

第一种，做营地设计。现在有那么多人、那么多资本想打造汽车营地，所以营地的设计公司火了，这几年生意超级好，其中代表有ODM营地设计团队，他们专门做营地布局、营地功能分区、营地产品规划等工作。

第二种，做房车俱乐部，做旅行体验。一边出租房车，一边组织游客一起成团去旅游可以从某种主题展开，比如：戈壁上的音乐之旅、高原观星空之旅、美食之旅，其中比较有代表性的是游牧者房车俱乐部。之前提到过，它是自己来设计房车，然后找工厂来代工，原本的商业模式是想以卖车为主的，但是在行业的高速发展过程中，他们发现核心技术始终在厂家手中，而且厂家有钱有资源，他们在未来的博弈中未必占优势，所以他们将核心业务转向去做旅行体验。游牧者在行业中已经初露头角，各种很有故事、会玩的人群，如年轻企业家、纹身师、DJ、音乐人都纷纷加入他们的房车路线中。

第三种，给房车露营营地做配套。比如提供装备、帐篷、木屋、集装箱等，这块做得比较有代表性的有“猎户座”，提供各种野营帐篷。

第四种，相应的营地管理公司。随着行业的发展，这些营地管理公司就像酒店管理公司一样，专门帮一些营地项目做运营，做人才培训等。这块目前在中国应该是没有的。

❖ 房车营地的软实力

保守估计，2020年的房车旅游会变成旅游形式的常态，以后还会带动其他的相关产业，甚至是营地房地产。不过，目前困难也非常多，人才少，资金少，产品和服务还不到位，车、营地、服务等还做得很初期，最多只是硬件上的发展，很多软件上的发展还需要很长的时间来沉淀。

比如美国的 KOA 还有自己的 KOA 大学，所有的员工都是从那里毕业的，KOA 每年会有 6 次将各营地员工集中到一起来学习关于露营的知识。他们的毕业证就是一件 KOA 黄色 T 恤。他们经验丰富，可以帮助顾客规划目的地和路线。

看到穿着印有 KOA logo 黄 T 恤的人，你就会知道：KOA 就在附近。每个营地的工作人员大多是当地人，如果露营客想知道当地一些不出名、但是非常值得一去的地方，问工作人员就可以。比如：城镇某个角落里的小店，那里的甜甜圈非常好吃，或者某家汽车维修店的修车师傅很可靠，找他修车。重要的是，如果游客们因为工作人员的错误信息而受到损失，可以投诉。这些软实力部分的服务是中国房车行业需要走很多年才能沉淀下来的东西。

总之，房车露营行业是未来几年必定会站上风口的行业，资本已经开始往这个行业下注了，依托于这个行业，会出现很多的商业机会，如果你的企业有相关的基因，可以关注一下。

6.3 未来教育的潜在商业机会

❖ 这是一个开卷考试的时代

不知道你发现了一个现象没有？为什么在学校里的墙壁上大多数挂的都是年代久远的科学家的照片，比如牛顿、爱因斯坦。

不对啊，现在发明的新东西应该更多才是，但是却没有挂现代的科学家，比如发明了互联网的人，发明了人工智能的人。因为很多时候根本说不清楚到底是谁发明了这些东西。现在很多新发明、新发现都是很多跨行业知识的综合运用，不懂不会的知识点，有垂直的专业的人才，有百度，其实反映了背后的一个现象——现在是一个“开卷考试”的时代。

我未必需要掌握特别专业的单一技能，但是需要具备整合各种知识点或者是整合人才的技能。

比如说现在我们崇拜的乔布斯，iPhone是他发明的吗？肯定不是，他只是一个牵头人，整合了各种技术、人才资源才做出了iPhone。所以，牛顿、爱因斯坦这些科学家只能出现在以前的“闭卷考试”时代。相应地，未来时代对知识、信息整合能力的人才的需求必定会慢慢改变现在和未来的教育形态，不需要你死记硬背了，不懂可以随时百度，上数学课也可以带计算器了，关键的是要具备综合的处理问题的能力，那现在以及未来的学校是什么样子的呢？

❖ 现在的教育体系已经太老

其实全世界的教育体系都已经太老了，老到可能不适合现在和未来的发展了，现在全世界都还在沿用几百年前的教育体系——普鲁士教育。

早在1717年，普鲁士帝国国王弗里德里希·威廉一世颁布了一项《义务教育规定》：“所有未成年人，不分男女和贵贱，都必须接受教育”，从此开始了现代教育。关于义务教育，我们教什么、讲什么，怎么分学科，其实也是100多年前哈佛大学的十人委员会确定的，所以我们的教育已经走了100多年了。

以前这一套是可以的，因为都是为了给工业时代服务，属于标准化教学，就像高考，可能筛不出金子，但是可以筛出沙子，只要基本及格就够了。而现在和未来的时代变了，变得更需要个性化教育，因为基础的、标准的工作都可以由机器人完成了，不需要人了，所以未来需要更有创造力、个性化的人才。

❖ 翻转式课堂

2000年的时候，美国的教育学家提出了一个教学理念叫翻转式课堂，主要理念是把以前学校的“以老师教为主”变成“以学生学为主”，学生自已学知识点，而课堂上主要是讨论和交流，甚至让学会了的学生教不会的学生。

这里有一个案例特别有意思——可汗学院，他们提前录制很多知识点的短视频，然后让学生自学。这个短视频一定要短，符合学生的注意力曲线，另外，没有讲台，没有老师出镜等分散学生注意力。特别是在自学的场景下，只有一个黑板。比如讲勾股定律的，讲三角函数的。自学的过程中每一个知识点又有关联，哪一点不懂就自己查，最后直到掌握所有的知识。

通过这个案例可以想象未来的学校就是一个课件的采购场所，向全社会采购科学知识、先进的教学器材、课件，比如VR课件，所以以后就不存在教育资源发展不均衡这样的情况了。

课件是开放式的，就像以前我们要参加辩论会一样，会自主地查阅很多资料，其实这种学习是最有效的，也是最积极的，学习结果靠知识点举一反三来测试。

就像打游戏，如果不能通关，那么就无法进入下一个章节的学习。所以对于技能、知识点这一块，应该是每个能毕业的学生都是差不多的。那么这里就会出现一个很有意思的地方，因为是电子化的教学，那么就可以根据每个人学习花的时间、轨迹沉淀出大数据，每个人的数据都是不一样的。其实，这样可以更好地指导学生分专业、分学校，真正发现和引导学生的天赋。

比如，学习数学特别快的学生可以去某个学校读书，而不是现在这样通过一次高考来定终身。这些个人的大数据可能沉淀了10多年，更科学，更准确。而且未来的学生作业也不会那么多了，因为不是干苦力式的标准教育了。一个早就会的题，让你无聊地做10次，完全没有必要，更多的时间用来发展自己的兴趣，比如参加研究植物的、做机器人的、研究历史的各种各样的兴趣小组。

美国现在的一些学校也很有意思，比如它们不分年龄的混班制，其实这样是有好处的，可以让小孩子学会和各种年龄层次的人打交道，知道求助和帮助别人，让小孩在未来的社会中可以更好地适应。这种教育模式也没有班级概念，而是各种各样的兴趣小组，是为了完成某个任务而临时组建的团队（班级）。也没有寒暑假，只要完成了小组的任务和基础的课程学习，就可以根据自己的时间选择别的活动，比如外出看世界。有一个学校已经这样做了几十年了，效果非常好，叫瑟谷学校，该校的学生大半考上了名校。

未来的教育和现在的教育最大的区别就是现在的教育以老师为主，是填鸭式的教学，而未来的教育是以学生为主，以不同的学生个体为主，充分地调动学生的自学能力，老师只是辅助角色。

其实就像今天的脑细胞，我就像一名学生，因为现在的好几百位会员群里的老板们每天都在逼着我学习、进步，所以我就必须自己想方设法地对整个商业世界充满好奇心，“兴趣＋责任”变成了我最大的动力。

我不仅要去自学，去体验，去实操，而且还需要随时随地做分享，所以我会理解得更深刻，记得更牢固。只是输入而不输出，和又要输入又要输出的学习效果是完全不一样的，所以我才是脑细胞节目最大的受益者！

对于我的女儿，以后我会让她每个月进行一次演讲，观众可能只有我一个人。我会跟她一起商量题目方向，比如长颈鹿有叫声吗？为什么？比如商场里捐款箱是放到手扶电梯的入口收钱多还是放到出口收钱多？为什么？然后让她自己去查资料，去现场观察，找到问题答案，最后再讲给我听，甚至让她自己出题目，这种教育方式将变得特别有趣和有意义。

国内如今也有很多搞翻转式课堂的成功案例。比如，山东茌平县的杜郎口中学，因为学校的师资严重匮乏，校长不得已出“奇招”，干脆让学生自己当老师，让成绩好的学生给成绩差的讲，学生自己出考题、批改考卷，没想到还真起到了奇效。

以前每年毕业测试，这所学校在全县15所学校中，排名连年倒数。但3年后，杜郎口中学连续名列前茅。中国教育学会常务副会长郭振有也称杜郎口中学：“课堂模式的革命性变革，教育创新的原创性典范，素质教育的希望之路”。

所谓“三三六”之类，是专家们提炼出来的，而杜郎口中学的老师们最初的想法没那么“深刻”和“复杂”，他们无非就是遵循常识而已。让学生学会学习，并不停地讲，教学质量自然提升。最好的学习，就是给别人讲，这是个常识。这个常识很深刻，也很朴素。多年来我们把这个常识给忘记了，不停地给学生讲，却不让学生讲。于是，知识在教师头脑里记得越来越深刻，学生却什么都没记住。杜郎口中学的老师们相信这个常识，并利用了这个常识，让学生在课堂上不停地给别人讲，成绩当然就提升了。就这么简单。

杜郎口中学课堂模式的精髓，是让学生成为学习的主人，这个原则是“普世”的，但这一原则的呈现方式则应该因校而异，因师而异，因生而异，因科而异。

比如，所谓因科而异就是根据不同的学科采用不同的教学方式体现“学生主体”的教学理念。

由于现在大部分学科都遵守统一的流程、步骤，因此学校行政人员和老师们要探索如何在不同学科的课堂上呈现出课堂改革的基本理念，让不同的学科根据自己的特点以不同的方式呈现这些理念。比如，把学科大体分为人文类（比如语文）、知识类（比如数学）、技能类（比如体育）、综合类（比如外语）……

这些不同类型的课应该有着富有个性的操作流程，同时又紧扣“让学生成为学习的主人”这个根本理念。

不过从整体上来说，要在短时间内让全国都采用翻转式课堂的教学模式是不现实的，学校会担心有风险而不敢尝试，对教师的要求也特别高，必须要随时临场发挥回答学生的问题，学生家长也不敢轻易尝试，但是这种翻转式课堂的教育理念必定是未来，而且蕴含了不少潜在的商业机会。

❖ 未来教育的潜在商业机会

虽然翻转式课堂一时之间很难在全国范围内瞬间铺开，但是这个漫长的过程不代表现在没有商业机会。

就算 K12（注：K12 教育是指小学一年级到高中三年级的这 12 年的教育）很难做这种素质教育，但是 K12 以外的市场是有可能的。比如学前教育的演讲班，就跟我前面讲的我想让我女儿给我演讲类似，这个演讲班给小朋友布置演讲任务，然后让小朋友自己查资料，采访大人。这种教育理念对小孩的思考习惯培养是非常有用的，而且教育成果也很容易显性化，让家长特别喜欢。比如在商场里租一个门面，搭建一个面向外面的讲台，小孩子可以面向路人和同学去讲故事等。

另外，包括 K12 教育在内，翻转式课堂的老师租赁业务也是可以去尝试的，虽然不能全面改成翻转式课堂，但是局部地小范围地作为课外活动的形式出现，那还是有可能成功的。

比如，脑细胞付费社群里有一位会员做了一个幼儿园男老师租赁的业务就很有意思。因为现在的幼儿园老师都是以女性为主，教育环境中非常缺乏男性形象，这对幼儿园的小孩的成长是不利的。然而，幼儿园招男老师是非常难的，对于这个职业，很多男生不愿意去。

所以，他的项目专门租赁男老师给幼儿园，每位男老师每周给一个幼儿园上 2 次体育课或者男性色彩强一些的课，结果几年下来发展相当好，覆盖了城市里的好几十家幼儿园。

对于幼儿园来说，相当于一个外部课程的采购；对家长来说，这是幼儿园的一个卖点；对男老师来说，也不会感觉到是窝在幼儿园里当稀有的男护理。所以，这个项目很不错，达到了三赢。

同理，翻转式课堂是完全有可能作为外部教学资源被幼儿园或者学校引进的，而且这种教学的尝试，可以培养出很多优秀的适应翻转式课堂的老师，未来时机到了，再着手开一所真正的翻转式课堂的学校也是一个很好的过渡。

之前，我说过未来学校会变成一个教育资源的采购市场，那么给这些学校或者家庭提供有效的翻转式课堂的视频课件或者是电子化的教学工具也是很有前途的。

比如，脑细胞团队可能会和一位非常资深的美国人工智能博士合作一个教育类产品。其实这个产品的第一版雏形已经出来了，是一个APP，叫小勾学习圈。它的厉害之处是可以做主观的数学题，不管你有怎么样的解题逻辑，它都可以告诉你：你的思路是哪一步出错的，正确的思考方向是什么。而且，它还可以挖掘出导致你出错的原因是哪一个知识点掌握不牢靠，然后还会举一反三地提供不同的题型来检验这个知识点的掌握程度。APP不仅可以做代数题，而且还可以做几何证明题的逻辑批阅和指导。

因为他们是做技术出身，不懂市场，所以只是简单地把APP放到APP Store上去供大家免费下载。短短几个月时间，有500多所学校都在用这个APP，甚至很多老师用这个APP来布置作业。这个APP现在是免费的，但是一旦这个APP开始做增值服务，那盈利是非常可观的。

教育这个范畴，可以做的东西真的太多了，我在这里只是抛砖引玉，把一些未来可能出现的一些理念、方向分享给大家。

6.4 线下刚需新风口：餐饮行业的内容创业

一说到内容创业，很多人就想到做微信公众号，或者是拍小视频，但是下面我分享的内容不是这些，而是以餐饮为例讲线下视角的“内容创业”。

现在各种商业综合体之间的竞争越来越激烈，很多商场门可罗雀，它们急需有流量吸引能力的品牌入驻来增加人流量。特别是现在的商场的餐饮板块越来越重要了，急需有号召力的餐饮品牌入驻，但是哪些餐饮有实力、有潜力、有号召力？怎么去找到它们？对于一般的开发商来说，完全是不懂的。所以，这个切入点存在着巨大的商业机会。商场就像是一个类似于淘宝、微信公众号的平台，它们是非常需要优质内容的，比如优质的餐饮品牌就是优质的内容，而在线下寻找和整合这种优质内容是非常有市场的。这里我就以餐饮为例来分享线下视角的内容创业——如何帮商场做内容。

我之前一直有一个观点，绝对不碰餐饮项目，甚至我之前还录了一期脑细胞的节目，叫《这几年千万别做餐饮》。因为餐饮行业门槛低，竞争激烈，房租、人工等各种成本越来越高。但是，现在我的想法有了些改变，特别是遇到了一位投资人老前辈，他说未来3年以内，他是非常看好餐饮行业的。因为餐饮行业是一个很特殊的行业，是可以“成本转移”的行业，什么意思呢？意思就是未来几年很多商品的原材料价格会上涨，但是零售价不敢涨，但是餐饮行业随着原材料的上涨，售价是可以水涨船高的，消费者是理解的，所以餐饮行业可以更好地转移成本上涨的压力。为了应对通货膨胀，投资大型连锁餐饮可能会变成投资者重点关注的行业。

我有一个朋友，他做了10多年的餐饮了，各种餐饮业态都有尝试，综合餐饮、小吃餐饮、夜宵餐饮等都亲力亲为地做过。他前段时间告诉我，他在3年前就做了一个9年的规划，分为1年、3年、5年的计划：第一年，凭借着在餐饮行业的十多年的人际交往社交圈众筹一家高端的烧烤店。虽然现在生意非常火爆，但是他告诉我做这个目的不是单纯的赚钱，而是想通过股份“圈人”，众筹股东里都是各大新式餐饮的老板、媒体人、互联网人，第一年众筹开店聚集人气，这样做的目的就是为了给接下来想干的商业综合体招商；接下来的3年，主要是在本地搭建招商团队和进行实操；最后的5年，在全国开始复制，开花结果，甚至上市。

目前，餐饮圈子里有人听说他想干这个事情，不少商业综合体的招商部管理人员都慕名来拜访他，请他来规划商场的业态。很多商业地产都是开发商的商品房项目的配套项目，重视程度不够，总体来说，房地产企业很多现在还是“快速卖完房子走人”的思维，所以在商业地产上的精细化运作还不够，并且对于招商部，不仅要关注餐饮行业的招商，还要关注服装、烘焙、儿童教育、电影等很多业态，所以专业度、精力和人手肯定是不够的。

从北上广商业综合体发展的情况来看，以前去商场是为了买衣服，现在去商场是为了带孩子，是为了去吃饭，餐饮在商场里是越来越重要的一个板块。但是开发商的招商能力有限，往往很多时候招不到厉害的餐饮品牌，要不然就是清一色的火锅、串串，品类单一。甚至很多时候招的都是从来没有做过餐饮的人来开店，对商场的引流完全没有正向的溢出，没有人流量，商场的商铺就卖不出去，或者租不出去，也就不能快速地回收资金，最后不得不向第三方寻求餐饮招商和规划的帮助。

不仅如此，为了满足用户的需求，开发商修房子，必须得修一些商业配套设施，所以每个楼盘下面都有自己的商业街，导致各个楼盘商业板块的竞争越来越激烈，僧多粥少。所以，历史赐予的机会点来了。

我朋友尝试着给几家商业综合体做餐饮规划，让商场方真的是大开眼界，喜欢得不得了。他根据商场的位置来梳理哪里该放地方餐饮，比如自贡美蛙；哪里又该按照食材划分来放餐饮，比如现在比较火的潮汕牛肉；哪里该放快速餐饮、休闲餐饮、综合餐饮、特色餐饮。

并且，他会按照开发商熟悉的面积逻辑来规划，比如 $15m^2$ 的简铺可以放老枝花卤、串串这样的小吃餐饮；60 ～ $80m^2$ 可以做放小而美的快速餐饮；120 ～ $180m^2$ 可以放特色餐饮；$300m^2$ 可以放综合餐饮，比如湘菜、川菜这种。之后，他还帮商场方找到行业里最具人流量号召力的餐饮品牌来入驻，真的是实实在在地帮开发商解决了招商难的问题。但是如果他只是按照引进一家家的商家来收取开发商的服务费，那这个生意就太简单、低级了，所以我给他引进了资本方，来了个升维玩法。

首先，资本方会成立一个基金，向社会募资。之后，这些钱会直接以低价来购买房地产商的商铺。因为有招商和规划的软实力，所以价格会被压得很低，甚至可以以 6 折、7 折的房价来买。此外，不仅有买的部分，还会有租的部分，尽可能压低开发商的租金和延长免租期，这样就可以以比较低的租金吸引餐饮商家入驻，餐饮商家也会非常乐意。即便是这样，我们仍然有利润。因为这是整体的、统一的规划招商思路，所以餐饮商家肯定比以前的散户招商更容易存活，竞争力更强。

这样，房地产方也会非常高兴，因为这些餐饮会带来大量的人流量，会导致房价和租金上涨。这样的做法让房地产方、餐饮品牌方、餐饮招商方实现了三赢。同时，这种轻资产运作方式也符合脑细胞的经营理念。

在国外也有类似的成功案例，比如美国的 WeWork。WeWork 专门做共享、联合办公的业务，四分之一的场地都是它自有的，这是通过房地产信托投资基金买的。除了表面上的租金收入，WeWork 更大的收入是几年以后卖房子的资本升值的收益，收入极为可观。商业地产的价值直接取决于租赁收入，租赁价值提升的同时，物业价值同样会提升，所以这家公司的估值在 2016 年 3 月就已经达到了 160 亿美元。

上面的餐饮例子仅仅是一个例子，在我看来，内容创业远远不止写文章、拍视频、打造 IP，线下的内容创业才是一块市场巨大的蛋糕。内容能引来流量，引来人气，你能自己做或者整合资源做吸引人流量的“磁铁石”，那你就可能获得“头部内容”的商业回报。

内容创业的本质是爆款思维，通过差异化的爆款内容来吸引人流量，人流量大了，平台的商业价值就提升了，你也就可以获得商业回报了。

这种思维方式在很多行业、很多业态里都可以体现，不分微观还是宏观。比如我之前分享的老枝花卤，破天荒地在别人卤鸡脚、鸭脖的时候卤鲍鱼、卤核桃，就是这种“做内容”的思维。

再比如，很多房地产商都会花高价找一个知名的国际五星级酒店管理公司来冠名，因为有五星级酒店和没有五星级酒店，房产的价格是天壤之别。再比如，一些上市公司会收购一些互联网公司，因为这种收购会让这家上市公司简单粗暴地拥有互联网基因，有拥抱互联网的题材，股价就会上涨，有了钱，再有底气更好地拥抱互联网不是挺好的吗，现在太多的商业、产品、公司都太需要内容了。

上面的例子只是给大家一个启发，希望大家能结合自己的行业和情况，看是否具备成为“头部内容”的机会。另外，我还有一个建议，现在是新时代了，无论什么行业，有机会有必要的话可以多了解如何运用资本的力量，资本是这个时代一个很有力量的杠杆工具。

6.5 旅游行业升级的历史机会点来了

❖ 传统旅行社存在很多问题

估计很多人都很看好旅游行业，但是传统的旅行社却有很多问题，甚至越来越难做了，究其源头，就是因为“包机业务”的业务模式惹的祸。最早的时候，旅行社确实在这一块尝到了甜头，真的是躺着赚钱，但是现在越来越难做了。

由于中国的节假日分散，导致旅游有淡旺季之分，包机业务在旺季的时候当然是业务繁忙，但是在淡季时，飞机经常坐不满人，但是旅行社把钱早就给了航空公司。例如，原价3000多元的泰国团，在淡季的时候可能几百块也会接，然后就引发了后面的一连串的连锁反应，特别是价格战，所以包机业务巨大的、无底线的价格差是后面产生不良后果的导火索。

旅行社的产品就是搭积木，无非是住宿、景点门票、餐饮、交通、导游，每家的线路基本上差不多，拼的仅仅是硬实力，所以产品同质化非常严重，这一点和国外的旅行社区别很大，后面我会专门说。

旅行社“船大难掉头”，目的地也就那么几个，因为去开发一条新的线路成本是很高的，所以很多旅行社不愿去开发，更喜欢互相借鉴，看着这家旅行社某个线路比较火，马上就去经营，导致很多旅行社老板更不愿意去开发新路线。特别是上面的包机业务吸引的都是价格敏感型的客人，原本利润就薄，整个行业开始恶性循环了，低价最终导致很多恶性的连锁反应。

一个巴掌拍不响，上面发生的那么多的问题，跟游客对旅游的认识层次低、需求低有很大关系。也许我们年轻人认为只有熟练掌握OTA（Online Travel Agent，在线旅行社），运用各种旅游APP，全程自己掌握行程节奏的才叫旅行。然而，有许多退休的老年人，他们忙了一辈子，好不容易手上有些闲钱，可能这辈子是第一次出省、出国旅游，他们用来旅游的钱不足以支付高昂的团费，也不认可咨询服务的价值，只以价格作为选择的标准，不考虑实际旅行成本，侥幸认为低于成本的团费也能享受到“应有的服务”。

其实，上面的各种现状是旅游市场初级阶段常见的问题。现在，正处于初级阶段，接下来会走向中级、高级市场，中间的过渡阶段正是历史的缝隙，有大量的商业机会存在。等到行业洗牌以后，自然会留下优秀的旅行社，目前也是有想法、有能力的旅游行业创业者进入的最好时间点。

❖ 旅游行业如何寻找新的商业机会

中国的旅游市场正处于初级阶段，目前大部分的市场仅仅属于观光旅游，其实一味地归罪于旅行社是不对的。旅游行业是一个很大、很长的产业链，旅行社只是一个中间角色，只是一个服务员色。国内景点的问题比旅行社大多了，当然有那么多问题，也意味着有很多的机会。

目前来看，旅游市场必须有特色才能吸引游客。我国台湾地区有一条铁路线叫平溪线，我第一次乘坐时真的把我震撼到了，每一站之间的距离不是太远，可能也就几千米，但是每一站的村庄都完全拥有自己的主题风格。比如，猴硐是一个著名的“猫村”，到处都是猫，每只猫身上都有一个牌子，写着猫的名字，到处都能看到猫的元素，如图 6-7 所示。

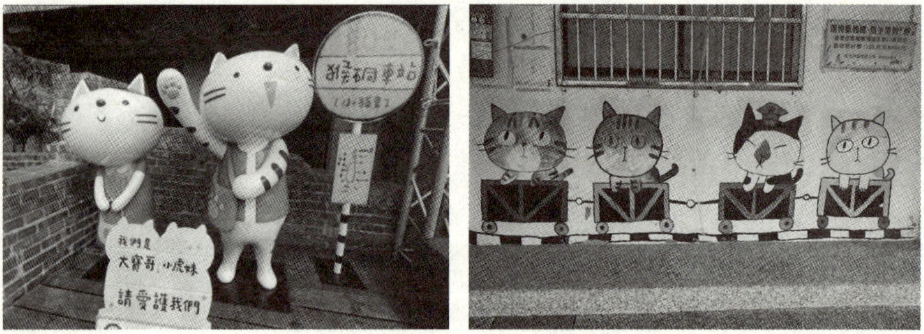

图 6-7　著名的“猫村”猴硐

比如，在车站旁边就有一个卡通猫咪萌萌地站在那里，拿着一个牌子，上面写着：不建议带狗来访。还有猫咪散步地图，猫咪造型的商店里也是各种猫咪造型的商品。还有流浪猫的收容所等。太有特色了。继续坐火车往前走，平溪的主题是天灯，也就是孔明灯，基本所有元素又围绕着天灯来展开。

接下来再说国外的旅行社。跟国内的旅行社不太一样，国外旅行社除了基本的机票和旅行团服务，他们很大一块业务是帮助客人在安排与策划自由行行程。自由行的行程若自己做，那是又费时间又费精力，尤其是那种很复杂的欧洲行程。对于游客从来没有去过的地方，虽说网上有论坛、有资料可以查，可有的时候很容易被误导，所以这个时候有一个好的旅游咨询师就特别重要，甚至一些国外的大型旅行社只做咨询，然后帮忙预定机票、酒店，不带团。

举个具体的例子，一位网友是学旅游的，想去体验一下外国团的活动，所以报了一个英国旅行社的泰国 8 天的旅行团。相比中国的泰国团，这个团的团费是很高的，差不多 4500 元人民币一个人，而且还不包括往返机票和保险，这和国内 2000 ～ 3000 元人民币的团价格差了快一倍了。和中国旅行社的泰国团相比，英国旅行社的泰国团的活动内容非常丰富，有泰式按摩、学习泰拳、做泰国菜、河上的 cruise 派对等。中国旅行社的泰国团旅游主要偏观光游、休闲游，对于深度体验以及社会活动要求不多，或者是很多人不了解，所以中国旅行社的泰国团主要偏观光和购物。

其中，最让这位网友惊讶的是这个 8 天的团居然不去看表演，貌似中国的团更喜欢看山、看水、看别人，而外国人更喜欢自己玩，让自己深入其中，深度体验。这位网友在出发前的一个月就在 Facebook 上和导游取得了联系，同时在 Facebook 上也有世界各地同一天出发的游客一起留言讨论、加好友，这可能和国内不太一样。

导游会主动分享一些照片，同时旅行社也会给游客图文、视频等详细的旅行介绍，让游客消除恐惧，对旅行也做好准备。国外的导游非常热爱他们的职业，他们薪资稳定，不需要回扣也能有稳定的收入，他们也更愿意把游客当作朋友，带着游客一起玩。国外的团虽然贵点，但是特别实在，比如在冰岛，你选择了极光团，如果你没有看到极光，第二天可以免费再参加一次。图 6-8 所示是冰岛的极光团的特色：看极光。而国内的导游只能说："不好意思，你没这个运气，我们还要赶下一个行程，所以没办法了，以后有机会再来吧。"

从前面的例子可以看到，国外的旅行社在旅游咨询和旅游体验上做的比国内的旅行社要好，但是这种转型对于传统的旅行社，特别是一些比较大的旅行社还是很困难、很花时间的。他们目前还可以接一些老年旅行团，但再过几年，当主要消费群体都变成现在的"90 后""00 后"时，传统旅游社将面临生死存亡的大冲击，就不得不转变模式以及产品的结构了。

图 6-8 冰岛极光团的特色：看极光

未来，传统旅游业将在夹缝中挣扎。所以，对于大部分普通人来说，机会来了，旅游的风口到了。可以通过在旅游产业链上做一个小景点，比如通过旅游达人、摄影大V打造IP的方式来吸引粉丝游客；可以和国际义工组织合作，带领年轻人去泰国给大象、给海龟洗澡；还可以去某些国家的山区支教。旅游行业在当下这个历史转型期，可以通过跨界的方式抓住大量的商业机会。

6.6 国外旅游市场的创新玩法

其实不仅国内，国外一些大的旅行社现在也遇到了瓶颈，特别是Skyscanner和Airbnb的出现，旅行社的经营似乎越来越难，很多外国人订机票基本用Skyscanner，而订酒店用Airbnb，这对国外的传统的大旅行社冲击也不小，靠信息不对称来提供服务的商业模式正在被互联网颠覆，所以我们的机会来了，机会是属于旅游行业中的内容创造者的。

❖ 以人为切入点的旅游商机

互联网让信息扁平化，更加透明了，所以单纯以酒店、机票、景点的信息不对称作为核心竞争优势的传统旅行社将遇到瓶颈。

然而，高于信息不对称的竞争形态是“人”的竞争，所以现在网红、IP这些概念火了，而当下的旅游行业升级期也出现了一批这样优秀的“网红旅行社”，毕竟，跟着会玩、好玩的人去旅游，体验会好很多。

比如，有一家定位于高端旅行和私人定制的旅行社叫“行之悦”，最近在旅游行业内受关注较高。因为这家旅行社的老板就是一个大V，是知乎等不少平台的旅游达人，平时他在各种互联网平台上展示自己的旅游经历，热心解答网友的旅游问题，吸引了不少粉丝客户，而且基本上所有的路线都是自己去踩点、开发的。每一条线路一年不多卖，就几个团，但是都卖高价，如图6-9所示。

除了因为线路比较特别，他们可以收高价还有一个原因就是定位精准——主要针对高端消费群体。这些人群本身对价格不太敏感，更在乎的是体验，“行之悦”走的线路不是普通旅行社走的地方，很多客人都是回头客。

为了发展新客户，行之悦还有一个 7000 多元的低价团，现在也是他们家的爆款产品。这个团带着客人们去沙漠里看星空，通过低价的线路吸引初次消费的客人进行体验，然后转化为长期的回头客。说到这条线路，还有一个特别令人讨厌的现象，有些传统的旅行社看到这条线路被他们家做火了，立马仿制，就在行之悦发现的观星点旁边设立了自己的观星点，然后价格比行之悦低。

图 6-9 “行之悦”的旅游项目

但是，这些传统的旅行社最后还是没有办法跟行之悦这样的旅行社竞争，因为老板个人无法复制的，稳定的回头客是不可山寨的，口碑势能是不可山寨的。所以，通过“人”来作为新时代的旅游市场切入点是很好的一个点。现在不少手上有很多客源的导游也准备自己接私单这样做，自己开发线路，自己带团，就靠口碑慢慢做，我个人觉得是可行的。

另外，还有一个值得一提的思路。我有一位在广播电台做主持人的朋友，原本兼职做微信群的付费英语培训，专门培训涉外的导游的领队，因为兼职太赚钱，所以他把稳定的主持工作都给辞掉了，专职来做培训，已经做了一年多时间了，竟聚集了5000多个导游。她想整合这些导游资源，做了一个微信公众号叫“走四方旅行”，让这些导游每个人真心推荐一个自认为最漂亮的地方，通过人物和内容来吸引游客，然后每位导游再带人出去旅游。

脑细胞想投资一家旅游公司，这家公司的老板是玩了20年的极限运动的狂热爱好者，开飞机、开坦克、玩滑板、冲浪、玩翼装等他都玩过，而且他跟法国的自行车国际组织也有很好的合作。

我们之所以对他感兴趣是因为他正是未来几年会被市场需要的旅游IP，他本人的人格属性是最大的竞争优势，他可以带着大家一起去世界各地玩极限运动或者干一些有趣的事情。比如，在马来西亚原始森林探险，他还真有这些稀奇古怪的资源和经历。对于普通人来说，去颠覆大旅行社很难，但是寻找到一些有趣的人带着大家去旅行，是一个很取巧的切入旅游市场的办法。

以前的旅行基本上是观光旅游为主，其实现在已经有各种新的旅游动机，比如为了考潜水执照去菲律宾薄荷岛的，比如亲子旅游去黑龙江雪乡的，比如游学旅游去硅谷参观特斯拉、微软、谷歌的，比如摄影旅游去拍火山岩浆的，比如去新西兰的牧场和农场主一起体验干农活、养马的，比如去当国际义工，给泰国的大象、海龟洗澡的，或者去老挝深山支教的。

有一家叫Gapper国际义工旅行的最近就曾召集网友去坦桑尼亚支教，2周的费用为4000元，4周的费用为7200元。美国的一家义工组织更有新意，还组织了很多美国小孩来中国给大熊猫做清洁，他们美国人觉得非常有趣，而且价格非常贵。

这些以前我们从没听说过的旅行方式正是普通人创业的机会。第一步先自己出去走走，总会遇到一些特别的人，特别是有本地资源的外国人，凭借中国人的智慧和勤奋还有对商业的敏锐，很容易就可以做点什么。我来举个具体的例子。

❖ 靠想法做旅游

现在还有一些人，是靠想法做旅游市场的，这对于普通人来说参与的门槛有点高，不过也可以学习学习。

有一个年轻人的旅行潮牌叫GUYS小鲜旅，创始人叫YU大，是一个“90后”的小“海龟”，特别有想法，以前是在新西兰和冰岛等地专做小众特色旅游，最近他又捣腾出一个新玩法——角色扮演旅行，如图 6-10 所示。

图 6-10　角色扮演旅行

他考虑到平日里年轻人在看一些魔幻、科幻的电视剧、电影时常常很激动，想象自己成为了主角，而平日里，却碍于面子，怕被别人笑话，总是不好意思去实现。他现在专门邀请这样的年轻人，一起来“开脑洞”，带年轻游客去风景秀丽的地方旅行，但又不是单纯地旅游，而是一起搞视频、摄影创作。

比如，在雾霾天的屋顶拍寂静岭，在月圆之夜拍美少女战士，在云海上、星空下拍被外星人绑架。听到这里，是不是感觉自己老了？反正我是感觉自己老了，他们的生意非常火爆。说到这里，我还给大家推荐一个比较厉害的人物——“海盗王基德”，他是“80后”冒险摄影师，全世界到处去拍摄星空，同时还是户外极限运动爱好者，有兴趣的读者可以百度一下，看看这些脑洞大开的年轻的旅行冒险家都在做些什么。

由于这个特殊的历史时期，传统的旅行行业还没有快速转型，旅行行业存在大量的商机，我上面所有的案例都只是抛砖引玉，冰山一角而已，建议各位读者在出行时不要只是玩耍，要多观察、多思考，说不定就会发现一些新的商业机会能改变你的命运呢。

第 7 章

模式策略：重构各行业的商业模式

对于企业来说，不创新必死无疑，而盲目创新就等于找死。从制造为王、渠道为王到用户为王，企业的商业模式必须顺应时代的变化。

对于创业者和传统行业来说，在创业或转型前要制定完整的模式策略，一旦发现模式不对，要敢于及时调整。

7.1 模式 1：把产品拆成零件卖，改变原有商业逻辑

有一次，北京的一个朋友拿着他的无人机项目来找我。他的产品是一款用于自拍的 mini 无人机，价格 1500 多元，从表面上看感觉还不错，但是续航能力只有 10 分钟，再仔细想想，用无人机来给自己自拍的场景有多少呢？平时朋友聚会不多，郊游的次数也有限，顿时让我觉得这玩意儿不划算，特别是价格还在 1500 元以上。站在实用的角度，它的性价比太低了，至少我不会买。非要让我买的话，除非价格降到五六百元，我当玩具来买，但是我朋友那边说没有办法降价，生产成本降不下来，那这款无人机该怎么来卖呢？

经济价值的演进分为 4 个阶段：货物、商品、服务与体验。把无人机当成商品，我觉得是贵的，但是若把无人机拆成零件让我拼装，甚至还可以个性化地选择喷漆、翅膀形状等，我觉得 1500 元是值的，因为卖的就不是商品，而是一种体验了。体验能使每个人以个性化的方式参与其中。

体验是顾客的个人心理感受，是顾客参与某个过程受到其中独特或特别的信息刺激而产生的一种响应。比如人们去陶吧，并非自己做的陶器比买的好，

而是他们希望享受整个创作的过程。再比如餐饮的自助餐，之所以让人感觉很实在，消费起来很有安全感，也是因为有体验感。

❖ 卖零件的图书案例

现在这个时代，生活和工作节奏实在是太快了，把很多人搞得很累，所以DIY作为一种低成本健康娱乐的方式得到了快速发展，巨大的生活和工作压力使DIY的娱乐性比以往更加强烈。

比如，《秘密花园》这本勾线的图书在朋友圈里超级火，对于宅男宅女来说是非常好的减压神器。从某种意义上来说，它也是半成品的书，需要通过后期和读者一起互动DIY最终完成一本书。它卖的不是书，而是体验，是现代生活中所需的镇定剂。《秘密花园》图书的封面如图7-1所示。

图7-1 《秘密花园》图书的封面

脑细胞团队曾去过一家叫方所的书店，发现了一本很有趣的书叫《The Book of answers》（如图7-2所示），中文翻译过来叫《答案之书》，书里面是各种很奇葩的答案。当你有心事的时候，可以在心里默念问题，然后随机翻开一页，它将给你一个答案。比如我在心里默念："我长得帅吗？"随机翻开一页后，答案是："还好，比很多人强了"。然后我又在心里默念："今天晚上我是吃楼下的饺子还是在饿了么点盒饭？"打开一页，答案居然是："ask your mother（问你妈妈）"。

图 7-2 《The Book of answers》

还有一本书也特别有意思，叫《做了这本书》(如图 7-3 所示)。这本书完全是给读者布置任务，比如第一页就让读者填空：本书的主人是谁？请用白色的笔写下你的名字。后面更有趣，比如让读者站起来，用这页擦脚，再在另外一页泼上咖啡。难道它卖的真的是传统意义上的书吗？

❖ 把驾校拆分成“零件”

在很多人的思维里驾校就是一个程序化的整体，先考科目一，再考科目二、科目三，最后拿到驾照。

但是人和人是有差异的，有的人就是不擅长倒车入库，有的人只是不擅长路考，既然这样，那为什么不能把驾校产品拆分成零件来卖呢？

我有一个多年的朋友，就把驾校产品给拆分了，不仅拆分了，还把驾校产品放到了淘宝上卖。每个淘宝宝贝就是一个驾校的零件，倒车入库学半天多少钱，侧方停车学半天多少钱，开半天山路多少钱等，甚至还有针对外国人考驾照的英文服务和针对大学生的按揭学车的淘宝宝贝。

所以，传统企业转电商不是简单地开一个淘宝店、搞点团购就完了，一定要到产品层面去重构产品形态，把驾校拆分成零件不仅增加了学员的下单频次、利润，还使用户获得了良好的体验感。

❖ 把手串拆分成零件

我有个朋友是卖手串、手链的，专门在三线、四线城市的商场里开实体店，生意还不错，看着现在互联网那么火热，想转型电商。然而手串这东西放到淘宝上卖不到高价，大部分热销的也就几十元到一百多元。

图 7-3 《做了这本书》

但是我朋友的货是真品，不能定那么低的价格，这样一来就无法和同行竞争，所以他只有想办法做微商，卖下家。但是又有一个问题，手串这个产品很难有复购，没有复购，微商代理就不好招，所以他决定把他的产品拆分了，拆分成珠子，顾客购买了基础款以后，微商代理可以提供手串 DIY 指导服务，如图 7-4 所示。

微商代理们每天就在朋友圈里发消息，比如今天又到了几颗什么样的珠子，然后再把搭配示意图展示给消费者，据说他们家现在做得还不错。

❖ 最好的玩具就拼装零件

我小的时候最喜欢的玩具是积木，积木的排列、拼接对小孩的智力发展有很多好处。积木应该是模块化玩具的雏形，而乐高可以称得上是模块化玩具的鼻祖，是大家公认最成功的模块玩具。

图 7-4　DIY 手串指导服务

从 1949 年第一块乐高塑料积木问世以来，乐高经历了 60 年的发展，乐高代表的是快乐和无限的想象。这几年乐高紧随时代的脚步，不断创新，还开发出了智能机器人玩具、PC 游戏，甚至发展到服装领域，这些成果无疑增加了乐高的国际影响力。

一个个经典的几何模块，可以搭建房子，也可以拼装成结构复杂的机器人，如图 7-5 所示。这些创意除了有玩具设计师的精心设计之外，更多的是由于孩子们在模块上赋予的智慧力量，两者结合使得玩具设计变得更加有意义，所以，对于玩具，卖成品还不如卖零件。

图 7-5　乐高塑料积木

❖ 把衣服变成零件

三宅一生是日本著名服装设计师，乔布斯就穿过他设计的衣服，他有一个概念品牌店 A-POC，即一块布系列（A-Piece Of Cloth），这个品牌可以看作是 DIY 理念下绿色服装设计的典范，其设计理念是利用绿色的天然材质的伸缩性针织物，用先进计算机计算，再用工业用编织机织物织成筒状单品，强调边缘绝不脱线。上下身几乎连在一起，但是衣服上画了虚线，消费者买回家后需要自己动手照着虚线剪裁，然后才能变成一件新的衣服，如图 7-6 所示。

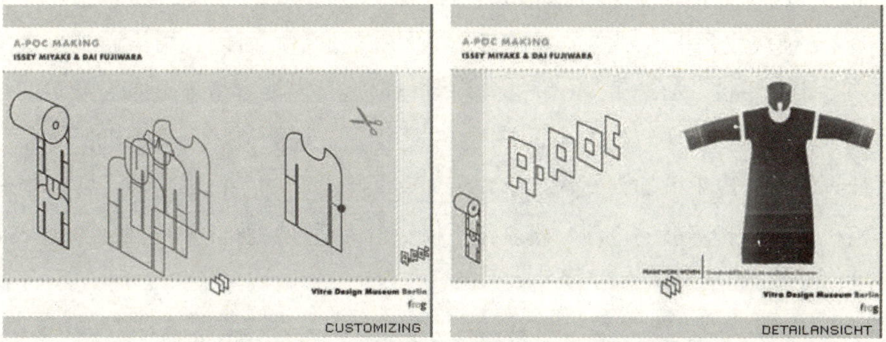

图 7-6 一块布系列（A-Piece Of Cloth）

消费者能参与一件衣服的制成过程，在参与过程中，消费者依据喜好，可以把高领变成圆领、U 领或是 V 领，甚至可以把一件衣服剪成迷你裙。普通的服装消费者可以参与服装二次设计、服装处置、服装及面料的回收和再使用等环节，这种自己动手的绿色服装设计体现了人们的绿色环保意识、公众责任心，主动参与服装设计也满足了消费者追求情感和内心满足的需求，它反映了一种新的生活方式和着装需求，这种思维确实开脑洞，把衣服都变成了零件来卖。

记得之前有一个卖童装的老板问我怎么做营销，我当时建议他把衣服做成零件。因为服装这个行当很难有竞争壁垒，山寨起来太容易，从精神层面、认知层面开始打造品牌才有可能建立自己的产品壁垒。

最后我给这个卖童装的老板的建议是：一定要在衣服上做一些识别度高的设计，让别人一看就知道是你们家的产品，比如每一件衣服上都有一个《奔跑吧兄弟》那样撕名牌的东西，然后设计各种可以更换的名牌，家长根据需要可以单独购买。

名牌上的文字可以写："我今天看了1小时书，妈妈表扬了我""我今天第一次洗衣服啦"等。以前，大人们表扬小孩子是贴小红花，但是现在表扬孩子用名牌，不仅对小孩是一种激励，更重要的是可以满足妈妈们在小区里炫耀自己宝宝的心理需求，那么这样的衣服，已经和常规的衣服完全拉开差异化了，都不是一个维度。

❖ 把手机变成零件

现在的手机品牌有很多，型号则更多，但是基本都是大同小异，而谷歌有一个跨时代的手机项目叫 Project Ara，就是把手机模块化，变成零件来卖。

Ara 模块化手机展现的是一种与众不同的视觉，它可以让用户通过交换硬件来自定义手机。Ara 模块化手机允许用户自定义电池容量、摄像头模组、处理器以及内存、存储容量大小，如图 7-7 所示。这样能自定义的手机使得那些本计划淘汰报废手机的人感到兴奋，因为购买一个新的手机也是为了得到更好的相机或者更长寿命的电池。模块化手机廉价、适应性强，并且符合当代产品标准。

图 7-7　Ara 模块化手机

Ara 模块化手机在硬件上的优势是消费者具有自主选择权，因为消费者很难碰到一款完全中意的手机，经常会忍受一些小缺陷，而在 Project Ara，你觉得哪里不中意就可以更换哪里。很多人有手机跌落碎屏的经历，如果是使用模块化手机，只需要取下破碎的屏幕，更换新的就行，这样既节约成本还避免浪费，如图 7-8 所示。

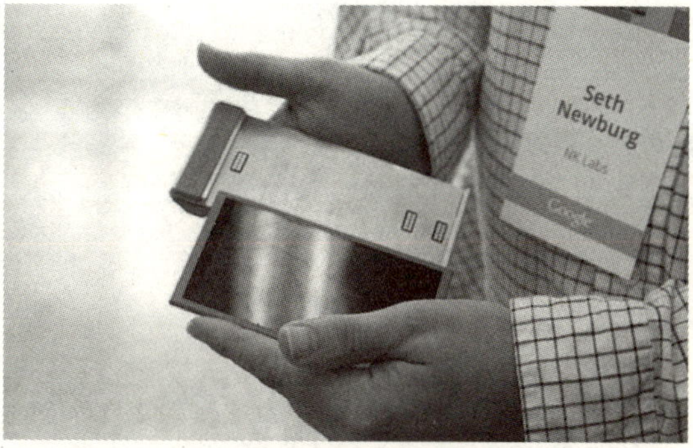

图 7-8 模块化手机可以快速换屏

但是很不幸的是，因为谷歌战略调整，暂停了 Project Ara 项目，不过我相信总有一天，时机成熟了，一定还是会出现模块化的卖零件的电子产品。

❖ 自助餐其实也用了“零件卖法”

其实大家熟悉的自助餐也用了一种衍生的零件卖法。自助餐起源于公元 8 ～ 11 世纪北欧的“斯堪的纳维亚的餐前冷食”和“亨联早餐（Hunt breakfast）”。

相传这是当时海盗最先采用的一种进餐方式，至今世界各地仍有许多自助餐厅以“海盗”命名。海盗们性格粗犷，放荡不羁，以至于用餐时讨厌那些用餐礼节和规矩，只要求餐馆把各种饭菜、酒水准备好，然后他们就可以肆无忌惮地畅饮豪吃了，吃完不够还可以再加。

海盗们这种特殊的就餐形式，起初被人们视为是不文明的现象，但久而久之，人们觉得这种方式也有很多好处，对顾客来说，用餐时不受任何约束，随心所欲，想吃什么菜就取什么菜，吃多少取多少；对餐厅老板来说，由于省去了很多提供给顾客的服务，自然就省去了许多劳动力，可减少服务生的使用，为餐厅降低了人工成本。后来，这种自助式服务的用餐方式很快在欧美各国流行起来，并且随着人们对美食的不断追求，自助餐的形式也由餐前冷食、早餐逐渐发展成为午餐、晚餐。

自助餐其实也是用了一种零件卖法，卖的更多的是体验和自由，所以很多人吃自助餐比吃点餐更愉悦。还有很多行业和产品其实都是可以改进成零件卖法的，比如可更换内饰的箱包，门禁系统拆分卖功能等，把整体拆分为零件是一种思考角度，非常值得创业者们好好琢磨。

【冷启动案例】卖零件的四驱车

我们小的时候玩的四驱车，大家还记得吧，写完作业后，一边拿着自己心爱的四驱车，一边看着当时火爆的动画片《四驱小子》，那种幸福感比现在拥有几套房子还要好。

我当时有 3 辆赛车，还有数不清的零件，有 4 个四驱车的心脏马达，有 6.5 万转的猎豹马达，还有龙头凤尾。以当时父母的收入水平，其实这些东西还挺贵的，特别是一些昂贵的零件，可能比四驱车本身都还贵很多。

据悉，由田宫二次加工后的龙头凤尾价格可以卖到 500 多元，可能有些人不知道龙头凤尾是什么，其实就是手掌大小的四驱车玩具的前后保险杠，如图 7-9 所示。一个零件卖那么贵，比起总价 1500 元的无人机真的是贵多了，但是

图 7-9　四驱车的保险杠

为什么还要买，就是因为自己DIY四驱车更有体验感。商家卖的不是四驱车本身，而是体验感、成就感，卖的是顾客拼装出一个很强大的四驱车以后，向周围的朋友显摆自己是一个“四驱车达人”的自我标签感，所以，买个500多元的龙头凤尾不算贵。不仅如此，田宫还举办各种四驱车比赛，甚至是世界级的四驱车比赛，有了这种国家荣誉感的体验，我估计如果是你参加决赛，让你花5000元买个龙头凤尾都不贵了，所以有的时候把产品拆成零件，更有体验感，总体利润会更高。

【冷启动案例】烘焙的卖零件思路

2014 年，有一个烘焙行业知名品牌的老总找到我，想和我合作做一款蛋糕，当时正是蛋糕外送品牌 21cake 这种新模式非常火的时候，各地都出现了特别多类似的蛋糕外卖品牌，如 Hibake、5cake。

这种蛋糕销量上升很快，但是竞争门槛低，很容易在一两年后出现红海竞争的局面。这不，回头看看，现在人人快递、闪送这样的本地“跑腿”公司现在单量较大的就是鲜花和蛋糕配送，可想而知，竞争有多激烈。

我跟他说，咱们要做就做点不一样的蛋糕出来。我想到一个外送蛋糕品牌的薄弱点——很难跨时间、跨地域，必须依赖本地配送，我们要做一个淘宝、异地微商都可以卖，普通快递都可以送的蛋糕。

和他商量了技术的可行性以后，我们决定，这个蛋糕产品不做成一般的生日蛋糕的样子，也就是下面是蛋糕胚体，上面是奶油的成品，因为这样无法快递。而我们只卖蛋糕胚体，方方正正的，方便抽真空，也非常好快递，而上面的奶油呢，装在像牙膏包装一样的管子里，让顾客收到以后可以自己 DIY 图案，如图 7-10 所示。

而且我还为这个产品想了一个可以创造出新品类的名字——“牙糕”。基础款“牙糕”的价格很便宜，只卖 99 元，包括一个蛋糕胚体加三管不同颜色的奶油。

好了，接下来是重点，基础款那么便宜，怎么突破客单价的天花板？卖零件。什么零件？首先多买一种颜色的奶油要 30 元，如果想多买几种颜色，只是奶油就很容易消费过百，还可以提供大量的翻糖饼干的道具。

在淘宝上搜一下，翻糖饼干的卖价几元一个，成本更低，如图 7-11 所示。

但是在 DIY 蛋糕场景下，翻糖饼干道具平均卖 10 元、20 元一个不成问题。比如，要自己 DIY 一个叮当猫的蛋糕，需要加一个 30 元的房子，15 元的叮当猫，15 元的康夫，20 元的秋千等，客单价在不知不觉中可以做到 200 元以上，而且消费者还觉得很幸福。因为他们心目中期望的已经不是蛋糕本身了，而是可以和男朋友或者自己的小孩幸福地 DIY 蛋糕了。只可惜当时是我做老枝花卤的发力期，最终因为精力问题放弃了这个项目，若大家感兴趣的话，可以去尝试。

图 7-10　DIY 蛋糕

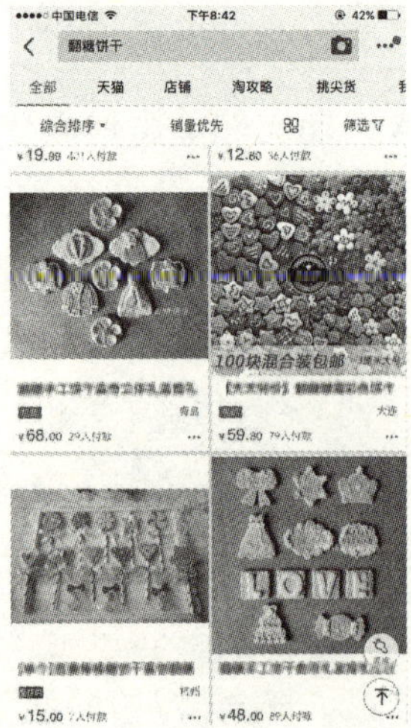

图 7-11　翻糖饼干的道具

❖ 总结：剖析消费者选择 DIY 的动机

让我们先暂停举例，更多的案例会放到下一章分享，我们先来说一说消费者喜欢 DIY 的动机都有哪些。

（1）表达心意：指的是消费者在自己动手制造中的情感投入，比如前几年特别火的十字绣。亲手制作的礼物会使人感到更加亲切，更能表达对特殊人物的特殊心意，因为最终的产品融入了自己的情感。

（2）提升功效：指的是消费者从解决问题的角度，使产品更符合自身的要求，更好地满足功能上的需要，从而选择 DIY 的方式，比如以前 PC 电脑的时代，消费者会自己组装电脑。

（3）娱乐休闲：指的是消费者希望从自己动手的过程中得到快乐的感受，放松心情，这是现代 DIY 行为的一个重要动机，比如之前讲过的《秘密花园》案例。

（4）独特性产品需求：指的是消费者希望通过 DIY 来制作个性化或定制化的产品，比如汽车改装提升性能。

（5）提升形象：指的是消费者希望通过 DIY 来体现创造能力，获得成就感和他人的关注，提升自己在该领域的专业形象，比如 DIY 做模型、买 iPhone 选比较独特的手机壳的都是这种动机。

最近在日本，一股 DIY iPhone 手机壳的风潮流行了起来，而这个手机壳也很简单，就是将依云矿泉水瓶裁剪之后，装饰到 iPhone 的机身上。最初，只是个别的日本网友将依云的标志从矿泉水瓶上剪下来之后粘贴在 iPhone 背面。照片在社交网络曝光之后，引起网友跟风，于是各种各样的“依云 iPhone 手机壳”出现了，如图 7-12 所示。日本网友在做出各种各样的“依云 iPhone 手机壳”后，也有部分网友在网上售卖手机壳，有些手机壳的要价甚至在 500 日元以上（约合 32.4 元人民币）。

图 7-12 “依云 iPhone 手机壳”

（6）顺应环境：指的是消费者因为外部媒介或相关群体的影响开始尝试 DIY 行为，外界传播的 DIY 信息促使消费者参与 DIY，比如电视里经常播放的那种废物利用的节目，如用雪碧的瓶子做花瓶就会促使消费者自己去 DIY 花瓶。

（7）独特性体验需求：消费者想通过亲自参与，体验制作过程，获得某种感受，而不是以获得最终产品或者满足物质需求为目的。比如去钓鱼，有些人钓到了鱼后又把鱼给放回去，还比如家长周末带着孩子摘草莓。

总体上，关于 DIY 的动机，上面总结得算比较全面了，大家可以“依着葫芦画瓢”，看看自己的产品或服务是否可以拆分为“零件”，把卖产品过渡到卖服务、卖体验。

7.2 模式 2：做农村电商，可以采用不一样的计价方式

买农产品，是用什么来计算价格呢？重量！

以重量计算价格，就有可能导致严重的健康问题。为了赚钱，在农产品链条上的人都在想方设法地增加农产品的重量，重量越重价格越高。

要真正带来新的健康大格局唯有改变计价方式，图 7-13 所示的农产品不以重量计价，改变了农产品的计价方式。

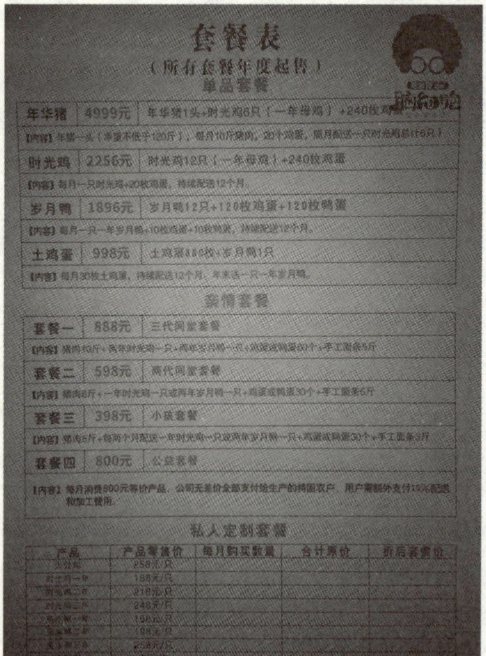

农村电商品牌“一品一家”改变了度量衡的菜单

图 7-13 改变了农产品的计价方式

比如，卖猪不按重量计价了，而是按照喂养时间的长短来定价，超过一年的猪会比四月肥的猪贵。

【冷启动案例】玩法 1：村官的农村电商玩法

让我们做猪肉的品牌策略的这家客户叫“一品一家”，老板在大学里是风云人物，创业先锋，毕业后去了农村当村官，做了八年的村支书。他特别了解农民朋友，现在特别想做连接城市和农村的事情，一方面能够提供健康的农产品，另一方面又能帮助村民走向小康。

我之前是不认识他的，当有人说他特别有情怀，在做绿色猪肉的时候，我第一感觉就是又出现一个过度包装、忽悠人的概念。

但是，到了他的体验店，吃了第一块猪肉，让我感觉很久没吃到这种味道的猪肉，肥而不腻，有猪肉的香味，而且很糯。

他跟我说他这个项目做了一年了，以前跟别人说，他们的猪都是他们那儿的村民散养的，肉如何如何好，但是大多数人都不信。说得再多，还不如让人尝一块更有说服力，所以才开了这家体验店。

我觉得，这才是真正的体验经济，表面上开餐馆，但是不靠餐馆赚钱，而是通过体验，沉淀长期的年费客户来实现盈利，客人在餐厅吃了肉，感觉味道不错，马上就下单订一年的猪肉。这个生意简直就是“超级现金奶牛”，每周猪肉会送到消费者家里，价格还不贵，20 多元一斤，只比市场上普通猪肉贵几元。

【冷启动案例】玩法 2：通过人来建立信任

上面说了开体验店做农村电商的玩法，这里再说另外一种可行的玩法：“卖农产品不如卖‘生产者’”。

因为农产品一般情况下是很难做自己的品牌，农产品一般都是地缘品牌，比如龙泉山的桃子、汉源的花椒、阳澄湖的大闸蟹、泰国的香米，没有竞争壁垒，谁都可以打这个牌子，谁都可以找到货源。目前，我知道的能够称为品牌的也只有“褚橙”“柳桃”。

农产品没有办法通过品牌建立信任，那就只有通过人来建立信任。中国几千年来都是血缘和地缘社会，即使到了现在，若有老家的老乡能顺便帮你带点土鸡蛋，你还是很开心的。特别是每年车厘子上市的时候，若你认识几个山里种车厘子的村民，能够通过一个电话就快递点车厘子过来还是很不错的。所以，城市里的一些年轻人，还是很想认识几个山里的老乡的。

有一次，我开车去很远的一个乡下买樱桃，买完樱桃，顺便加了老板的微信，老板也很乐意。现在，我可以直接给樱桃老板发微信红包，他就会快递樱桃给我。

我们猜想一下，若一个农产品销售平台卖的不是农产品，而卖的是农民们的联系方式，那该是多有意思的事情。这个农民隔三差五地自己或者通过农产品平台方或是农民，在平台发点“种植日记”“饲养视频”，平台售卖农民的联系方式，让消费者和农民联系购买农产品，那可能还真是农村电商发展的一种新思路。对农产品的不信任平滑过渡到了对农民个人的信任，若真有那么一天，过年的时候，老家三叔会直接说一句：“我也是网红！”

不过，目前好像还没有做农村电商“卖联系方式”的平台，但是可以找一个卖大咖微信号的平台。如“贵人铺”就是这样的平台，只要购买，平台方会建群介绍双方认识。

有一次，我去四川阿坝，很惊喜地发现，现在很多农民朋友已经有一些互联网意识了，他们已经和城市里的客人建立了微信联系，我借宿的那家农家乐的老板王叔，通过微信朋友圈的宣传卖车厘子，随时随地地分享他的种植照片，据说在车厘子还没有上市的时候，预售款都收了 10 多万元。

说句真心话，食品安全不是销售员、生产某一方的责任，这需要全社会、全体系共同努力，才能带来真正的健康、安全。消费者需要健康，种植者需要小康，最重要的一句：“便宜无好货，价廉物美是不存在的，特别是在吃这方面！”

❖ 我亲身接触过的形形色色的新农业

这三年，来找我问农村电商的人很多，我总结一下遇到的各种形态，不见得正确，仅代表我个人的看法。

（1）以天猫、淘宝、京东为平台切入农产品电商的，最大的问题就是打价格战和品质控制难度大。

（2）以微信微商切入做农产品电商的，通过阵发性的活动推动，最大的问题是没有流量入口和品质控制，一般难以形成销售规模。

（3）和机构合作，以开发硬件切入农村电商，比如远程视频监控，一个类似 pH 值等很多指标检测的硬件，插入土地就可以检测出土地的有机等级、农药含量，这种硬件提供给农民，政府会提供一些农资支持。

（4）有些农业生态园，每周末吸引小孩过来做摘草莓等活动，顺便卖一些农产品。

（5）以给农民贷款为切入点，比如给内蒙古养羊、牛的农户提供贷款，贷款方会有金融收益。为了让农民更好地还贷和扩大融资规模，贷款方会帮农民卖农产品。

（6）为农产品进驻城市 的准备的公司，比如帮农民完成品牌的包装、物料的设计等中间服务环节的公司。

（7）打造以实体店为主、配合 O2O 的生鲜平台，切入农村电商，比如成都的尚作有机。

（8）以 O2O 为主，然后粗加工切入农村电商的（更准确一点可能叫生鲜电商），比如北京的甜心摇滚沙拉，2016 年的时候就能达到一天一万多单的销量，每单 30 多元，一天流水 30 万元以上。

（9）改变农业生产模式的，比如渔耕田这个品牌就从澳大利亚引进鱼菜共生体系，一边是水，一边是菜，最后通过微商进行售卖，产品特点很突出，辨识度很强。

（10）升级原有农业的，依然不打农药，没有工业药剂，通过物理的方式提升农产品质量的，比如给葡萄搭只有顶没有墙的透风大棚。因为不避雨，雨水量大的话很可能会远远超过葡萄本身的需水量，阳光太强时，高湿环境将导致葡萄产生病虫害。最后通过电商或微商的形式售卖这种“良心”农产品。另外还可以通过给其他农场提供技术、设备支持为盈利点，比如：成都的蒲伯伯农场。

（11）村干部整合农村散户，然后开实体体验店，最后以电商方式提供服务的，比如上文中提到的一品一家

（12）其他各显神通的模式和形式。

❖ 对于农村电商的一点个人感悟

农村电商的路相当长，相当广，相当复杂，只能因地制宜地发展产业链集群。不像工业品那么容易标准化，自然环境因素影响很大，比如下雨摘水果和不下雨摘水果都有很大区别，而且还有保质期、物流环境等很多不确定因素，所以品控难度相当大。目前市场还是百家争鸣的状态，没有哪家可以瞬间独大，

所以到现在也没有出现一个农产品，甚至只是水果的垂直类的“聚美优品”。

各种形式、模式互为补充，个人感觉可能最后会变成两个极端：一个是大众新农业，比以前的种植更科学、更安全、更绿色，农业工业化，主要特点是量大，比以前稍微更绿色一些，主要解决大众温饱；一种是小众新农业，主要满足的是对健康要求较高的人群的需求，比如年轻妈妈给婴幼儿的辅食、孕妇食物等。

农业电商，前途是光明的，但是道路可能非常坎坷，核心的核心在于：品质控制。

7.3 模式 3：现在还可以开始做微商吗

微商一直以来是我最不敢讲的话题，但经过了很长时间的实操和接触，现在，我终于觉得可以讲了，我接下来会分享为什么微商还没有死，而且活得还不错的原因微商到底有哪些成熟的做法？哪些产品更适合做微商等内容？

❖ 微商存在的积极意义

很多人觉得微商就是传销，其实不对，只是有的微商借鉴了传销当中的一些做法而已。

有人觉得微商是反互联网的，因为微商是多层级，不仅没有符合互联网时代的去中间商，反而增加了中间环节。其实不然，就算微商再层层加价也比某些传统实体店渠道便宜，比如某些商超产品的进场费、店庆费、节日费、促销费、堆头费、条码费等导致最终零售价比出厂价高得离谱。

有人说微商没有未来，我们暂且不说有没有未来，对于很多普通的年轻创业者来说，他们就连“现在”都没有，实体店创业成本高、风险大；淘宝创业已经不是十年前随便到批发市场进点货就可以赚钱了，现在开始做淘宝店需要懂供应链、品牌营销、美工、写文案、流量获取等很多技能，从业门槛非常高。既然实体店、淘宝店都不适合小成本的从 0 到 1 的创业，那接下来就只剩微商这一条路了，因为确实门槛低，随便在桌子上放几件产品，拍张照片发朋友圈，就有把东西卖出去的可能性。

再说，微商创业总比当网红创业更靠谱吧，而且在众多兼职工作选择中，

微商是最轻、最容易上手的一种。所以，存在即是合理，微商也有存在的积极意义，不然也不会被质疑多年仍存在。

❖ 微商的两个关键词

那到底什么才算是微商呢？有些人说微商是一种移动社交的商业模式，有些人说微商是一类群体或者组织，是基于移动互联网的微小商人或者说是创业群体。我们先不管这些具体的概念，微商有两个特别重要的关键词：圈子生意、批发生意。

（1）圈子生意

圈子生意的意思是微商的本质是人，东西是否卖得出去取决于人的信用、价值观是否能够被别人认可。当你想买一个东西，却无法判断这个东西的好坏的时候，可以判断卖这个东西的人是否靠谱来决策是否购买，微商便是这样，与其说是在卖产品，不如说是在“卖自己的信用、价值观”。

（2）批发生意

微商的另外一个关键词是批发生意。通常微商是以量来计价的，买得越多越便宜，它是传统线下代理模式的演变，区别在于，线下有区域保护，代理数量有限。而微商以人为载体，不设区域保护，代理数量可无限增长，这也是为什么很多圈外人认为微商就是靠下家囤货赚钱的原因。

但是，野蛮囤货只是早期微商的极端情况，这种不可持续的微商势必会被市场淘汰。所以，经过 2015 年央视对微商大曝光以后，还活下来的微商品牌多多少少还是在可持续性发展上有一定的考虑的，整个微商行业也正在从以前的野蛮粗旷型的发展变得逐渐规范化、市场化。

另外，可能有人说微商就是一个伪需求的行业，因为自己从来都没有在朋友圈里买过东西，或者从来没有看到过身边的朋友买过，那你多半是我的同龄人，因为我听说过一句特别狠的话：“如果说，实体是“60 后”“70 后”的，电商是“80 后”的，微商则是属于泛“90 后”的世界。如果微商是一个伪需求的行业，那也不会持续那么多年，而且年销售额上千万、过亿元的微商品牌还不少。”

❖ 微商的几种格式和玩法

第一类：代理批发模式微商。

代理批发模式也是现在主流微商采用的模式，代理批发模式一般分 4 ～ 7 级，有董事（合伙人）、总代理（官方）、一级代理、二级代理等。代理之间层层赚取批发的差价，以及少量零售差价。

代理批发模式的第一个特点是裂变，人越多，裂变越快；第二个特点是以量计价，以量决定层级，拿货越多，价格越低，层级越高。通过晋升制度，层级之间可以互相超越。但是每家都有不同的代理制度，有的为了保证自下而上的良性发展，代理升级要通过业绩以及发展代理数量的双重考核，只有两者达标，再加大拿货量，才能授权升级。

科学、合理的微商代理格式是微商品牌成败的关键。从 0 到 1 自创一个微商品牌需要在初期投入多少钱呢？我问了不少做长线的微商的操盘人，他们说除货品成本以外，比较宽裕的话初期最好有 100 万元左右，主要投入是用于团队建设、广告宣传等。

比如需要找到一个微商的操盘手，他的主要工作是寻找到合适的产品、做营销布局、制定代理商制度，知道怎么起盘，懂一定的财务知识，知道微商前端销售和后端供应链之间的压款节奏，特别是要了解微商的各种返点玩法。又如销售经理，主要是给代理商们讲解销售技巧，做产品支持，随时和代理们保持沟通。此外还需要文案、美工、知道怎么获取流量的推广运营人员等。

微商选品非常考究。微商有一个 5 倍原则，就是最好的微商产品零售价是生产成本的 5 倍，也就是说，毛利率是 70% 以上的产品更适合做层级式的微商。而且选品尽量要选择受众广、复购率高、易用方便的产品，比如现在市场上卖得比较好的微商产品有护肤品、洗衣片、卫生巾、漱口水、眼贴膜、黑糖、衣服或者代餐食品等，所以也不是所有的产品都适合微商这种销售模式。

上面讲的是自己要做品牌微商的。那对于大多数没有那么多的本钱，也没有那么多人才储备的人想介入微商怎么办？只有做微商代理了，在选择做代理的时候，也有很多门道在里面。

第一，要结合自己的社交圈，不要选择自己卖起来难度很大的微商产品。

第二，要考察微商品牌是准备做长线还是只想囤货赚钱，其中有一个很重要的原则就是看该品牌的最高级别的代理的囤货金额是多少。如果最高级别代理门槛不高于 30 万元，然后下一级别 5 万～ 8 万元，然后再下一级别是 1 万～ 2 万元或者只要几千元，那么代理压力不大。这种品牌又能做零售又能做代理，这种模式才是健康的。

第三，看是否有微商代理的培训，有无品牌的宣传推广，有没有终端的促销活动，如果都没有或者很敷衍，那就有可能是一个短线的微商项目，就要慎重选择做它的代理了。

第二类：平台模式微商。

平台模式微商借鉴了直销多层返利机制，本质上是多级分销电商。它们一般以微商城或APP形式出现，类似电商平台，汇集各种商品品类。消费者购买后分享链接，其他人通过链接达成交易，则分享者获得一定返点。

第三类：自营零售模式微商。

这个模式说简单点，就是相当于自己在微信上开了个淘宝店，然后自己到外部去找流量来变现，以深圳禾葡兰、兰亭为代表。

禾葡兰有强大的前端资源——“有点牛”网络科技有限公司，该公司为其源源不断输送流量。“有点牛”在全国有100多个分公司，通过运营本地生活指南类自媒体引流，同时在线下有3万多台照片打印机，通过扫码免费打印，将流量引到销售人员微信上，而这些销售人员差不多每个人有4台手机，每个手机号微信都是美妆老师。

我认识一家在重庆做教育培训的公司就是通过公众号、今日头条来做宣传、引流，比如各种大V的软文广告等，每个月花200万元广告费，但是一个月能做700万元左右的销售额。这些从外部找流量，然后实现销售的方式都是这类自营零售模式的微商。

第四类：淘宝转过来的微商。

现在淘宝系很多商家盈利状况不理想，主要是因为淘宝太容易比价，商家之间的竞争很容易变为价格战，而且淘宝还会频繁让商家降价参加淘宝官方的活动，再加上开直通车、钻展等广告投入的成本越来越高，使得不少淘宝卖家都从淘宝转出来做微商或者是淘宝、微商并行。他们有传统电商运营经验，有现成的团队，一般来说起点会比普通商家要高，所以可以很快地转为微商。

比如有一家叫“百分之一”的卖女装的淘宝金冠店，在鼎盛时期，他们家一年的销量两三个亿，有400多人的团队，但是现在成功“出淘”了。他们让以前淘宝的老客户加微信个人号，慢慢转型做了微商，一年总的销量没有太大变化，但是员工从以前淘宝的400人降到了40人，团队效率大大提高。

第五类：爆款微商。

这类微商一般是以个人为主，专门卖一些奇特的产品。

这类微商比较特别，擅长打游击战，专门选一些独特的产品，快速打造成爆款，不求可持续性发展，卖一段时间就换产品，求的是赚快钱。

第六类：其他微商。

虽然这里叫其他微商，但是在数量上也绝对不少，而且是百花齐放。比如做各种培训的微商，通过微信群给涉外导游、领队培训英语的，培训瑜伽的，教怎么做 PPT 的，教怎么写文案的，大学里还有在付费群里随时发布各种学习资料的。脑细胞的付费社群从某种意义上讲也算培训微商。

总有一些实体店微商，比如做微整形的，由于利润够大，甚至还分层级，只要交 10 个人的整形美容的钱，就可以成为它的代理，就可以拿到 5 折的折扣，交 5 个人的钱可以打 7 折，微整形代理们就会像业务员一样疯狂给实体店导流。

❖ 微商的支撑产业

据说现在微商的从业人员有好几千万人，厉害的微商品牌一年也是好几亿元，甚至几十亿元的流水，所以也催生出了各种微商支撑产业。比如，微信群控系统，可以依靠程序自动帮微商加微信好友，帮微商聊天，帮微商卖东西，帮微商在多个群里聊天，自动把文字、图片、语音同步到几十个、上百个群中去，这些系统付费使用。

表 7-1 为传统企业进入微商的优势与劣势分析。

表 7-1　传统企业进入微商的优势与劣势

优势	劣势
品牌背书好 产品质量过硬 团队资金雄厚 渠道资源多	很多传统企业不愿意打破分配机制，固守传统线下品牌思维 过分强调自身产品方面的优势，没有深刻理解微商行业“以人为核心”的本质 找不到好的微商操盘手和团队 决策反应机制太慢，决策程序僵化，不敢冒险，担心会出问题，传统品牌不适应微商要求的快速反应，微商更多是在动态中优化

最后，我再分析一下微商未来的趋势。虽然代理式微商通过裂变的方式可以快速发展市场，但是未来我更看好平台式微商和直营式微商，因为如果一个行业的竞争重点不再是产品创新、服务升级或终端零售，而是所有人都在暗中火拼更多优惠政策与返点回扣，以及谁的代理制度更厉害，那么只能说明这个行业早就没有新鲜血液了，只不过是老代理们被挖来挖去。

我们以直销为例，同样以模式与制度驱动的直销行业，其代理模式与奖励制度堪称完美，但64家拿牌直销企业整整用了22年才做到1600亿元，只占社会消费总额的0.3%，22年了仍被主流社会拒之门外，现在的代理制微商形同直销。从长远看令人堪忧，所以找到符合自己团队基因、产品形态的微商模式才是属于自己的最完美的商业模式。

每一代人都有自己的梦想和实现梦想的舞台。实体是“60后”“70后”的，电商是“80后”的，微商则是属于泛“90后”的。那么，为什么“90后”做微商更有优势？

首先是由微商的性质所决定的。微商的本质是社交电商，主要通过微信等移动社交工具进行沟通和销售，而“90后”是互联网世界的“原住民”，天生具备很强的移动互联网社交能力。他们喜欢聊天、喜欢分享、喜欢自拍。

过去我们拥有实体和电商两种主流零售模式，但二者各有痛点。实体可感可触却不够便捷，商业效率低；电商低价便捷，却不能让消费者看到实物，无法使其产生信任。微商的出现，解决了二者的痛点。

微商利用社交网络，做的是圈子生意，它具备天然的信任基础。最关键的是，它能产生指数级裂变，爆发式提升商业效率。以化妆品为例，从零到十亿元，一个传统线下企业至少需要10年，而微商只需要1年或者更快。

例如，立白净博士进军微商，首日招募总代理2000个，进账近2亿元。这在线下是天方夜谭，但在微商却真实上演。而微商群体中众多的“宝妈”，创造了无数的励志故事，让她们实现了另一种人生价值。

2016年10月，马化腾在深圳双创周上提到，腾讯公司通过支持小团队（微商）创业，解决了2000多万人的就业问题，受到各界肯定。

门店只能作为流量入口，不能作为销售战场。把门店作为销售路径是行不通的，还会影响门店传统生意。例如，去理发店理发，关注微信免费得护发素；去餐厅吃饭，关注微信可以免费送一包纸巾或一瓶可乐。这样的情况，消费者一般都会去关注。

我们来看一组数据。2016年12月，云集微店宣布完成2.28亿元A轮融资，本轮融资由凯欣资本领投，钟鼎创投跟投。这是资本寒冬下，社交电商领域最大的一笔A轮融资。

2016年微商领域有6笔大宗投资，除云集融资2.28亿外，青葱获得IDG资本数百万美元投资；微谷获得A轮投资1050万元；微盟完成C轮5亿元人民币融资等。

资本的进入，通常意味着一个行业的风口已来。风投机构敢于进入微商，说明微商行业越来越靠谱，未来或将有更多的资金进入微商领域，甚至有专家表示，2016年是微商元年。资本投资的微商多为平台微商，也说明平台模式或将成为微商发展主流。总之，微商终于获得了资本的认可。

7.4 模式4：想做大餐饮，目前比较流行的玩法有哪些

餐饮要想做大的话，一定要想明白赚钱的点在哪里，有四种玩法可以借鉴。

（1）投资玩法

实实在在地选一个好的商铺，例如：太古里房租现在是底层每平米每月800元，一层每平米每月1600元。我有个朋友在太古里开了家百年川菜馆叫“马旺子”，他们找了麦当劳的投资顾问，挑了个位置很好的商铺，离太古里只有10米的距离，但是每平米每月只要150元，如图7-14所示。宣传推广完全可以写成川菜馆“马旺子”太古里店，同时定价水平也可以跟着太古里的消费水平走。这种选址方法很容易赚钱。所以说，科学合理地找一个商铺是王道。不要凭感觉跟着疯狂的房地产商玩。

图7-14 川菜馆“马旺子”

（2）**小日子玩法**

若把自己的餐饮项目定义为做买卖，那开分店就全部做直营，虽然慢点，但能保证在有足够的利润改善老板生活的同时，也有足够的闲钱投入新店，一个月能有几万元到十多万元的利润。

这条路赚的是产品自身的进销之间的差价，但是困难在于一个餐饮品牌风光的赚钱时间也就两三年，品牌红利期一过，就要另谋出路了。

（3）**系统玩法**

若定义为做生意，那赚的是加盟费。传统的加盟方式可以在短时间内积累大量的资金。

成都某知名火锅店就是这样做的，前三年只开了 4 家直营店，生意看着很火热，但其实也不赚钱，他们用这三年时间和精力来做品牌与供应链建设，随后放开加盟，瞬间收了 1 个多亿的加盟费。同时供应链也建设好了，他们只需要几个月时间给加盟的 100 多家店供应原材料就可以赚钱。

加盟模式其实管理的是人，加盟商是形形色色的，生意好还好，生意不好就麻烦了。某家餐饮开始做加盟，基本上品牌离“死”也就不远了。老板辛辛苦苦做火一家店，是他在全职的状态下做的，甚至全家老小全部全职拼命做起来的第一家店，懂餐饮的人未必会去加盟别人，不懂餐饮的人加盟很多是想当跷脚老板赚外快，这种心态很不利于加盟店。当然，区域加盟要好点，毕竟投入大，压力大，更上心，但也不是那么好做的。

当然，还有加盟反托管等很多升级了的加盟方式，还是要根据项目本身来看加盟方式，也不是所有加盟都有问题。总的原则：加盟管理水平、平台、系统能力不足，甚至都没有市场部、营销部、数据部的母公司是很容易出问题的。

（4）**资本玩法**

若定义为做事业，那就引入风投，争取全部直营。当然中间也可以灵活一些，比如总公司占一部分股份，剩余股价可以由当地的媒体人、生意人等拥有，这种方式赚的是资本经营的钱，B 轮、C 轮时一部分股份套现，或者被并购，或者是上市后套现。

这种方式资本回报很大，基本一次性可以赚够 10 年、30 年经营的利润。缺点就是现在餐饮找风投是相对有点难的事情，因为现在资本市场不太看好传统餐饮。

A股发展20多年，几千家上市公司，餐饮企业却仅有几家，还仅仅只剩下了团餐业务，新三板发展两年多达8000多家企业，餐饮企业仅有十几家，可以看到，餐饮企业占中国上市公司的总比例才有0.1%，新三板企业餐饮占比0.16%。

这也不代表餐饮就没有未来资本化的机会，因为目前餐饮行业正在发生巨大的结构性变化。给要走这条路的朋友三条建议：一是财务规范，餐饮企业为什么不能上市，很大的原因就是财务不规范，有大量的现金收入，却无法核实收入的真实性；二是控制成本；三是扩大规模。

总体来讲，资本目前对餐饮业的投入依然很谨慎，餐厅老板前期还是需要自身投入，做大一些后，可以寻求资本的进入。

当然还有一些花式的互联网玩法，如餐饮众筹等。这种看起来很美好，但我是心存疑虑的，因为大部分众筹的项目是无法保证前期开的店赚钱的。后来的人在圈子里一打听，发现之前开的店没赚钱，就不会再去众筹入股了，这个模式一般是开始很快，后面会越来越慢，甚至死亡。这个时代不缺钱，也不缺项目，最缺的是人才，而股权众筹的很多项目是“乌合之众”（产品众筹会好很多，本质其实是产品预售），项目分裂得太快，管理、人才跟不上，店越多，会越变成总公司的负担。

做餐饮真的是很难的，所以，对餐饮老板最好的建议就是在玩之前就要想清楚自己要什么，要赚哪一块的钱，是赚产品的差价，还是加盟费，还是资本的钱。

有一次和一位出生在餐饮世家的朋友聊天，我问他现在有做餐饮百年老店的可能性吗，他说没有。因为人群变得很快，特别是现在的互联网，加速了项目、人群的进化，餐饮项目几年就是一种新业态、新变化，某个餐饮项目被淘汰的可能性比较大。但是他积累了很多做餐饮的经验和数据化运作、餐饮管理的人才，一个餐饮品牌经过两三年的生命周期以后，该淘汰就淘汰，同样的团队，再孵化新的符合当时消费者需求的餐饮品牌就好。但千万不能盲目，老的餐饮老板一定要明白自己的核心竞争力是什么，擅长做什么，不要看了太多“黄太吉”的微博，就认为自己一定要玩微博、要讲故事、要讲情怀。“黄太吉”真的不可复制。

这里诚心奉劝餐饮老板们，踏踏实实做好自己擅长的事。

❖ 已经在餐饮这条船上的人怎么办

办法一：骑驴找马。在赚今天的钱的同时，做好明天随时转行的准备。

办法二：骑驴找驴。在餐饮两三年生命周期结束之前，找好或者开始做下一个更符合当时潮流的餐饮项目。

办法三：开始卖马鞍。从餐饮前端慢慢过渡到后端，进行供应链支持，但是这个办法不适用于所有人。比如在O2O外卖火的时候，包装公司、餐盒公司的生意肯定好。比如，未来的餐饮应该有一部分会逐渐“料包化”，从工厂里生产出来半成品，直接用微波炉热一下，放点葱花就可以直接给客人上菜了。这样的出品方式更标准，成本更低，利润更大，餐饮老板也不怕厨师突然辞职。有一家餐厅叫“芭夯兔”就在做后端供应链，联合工厂生产出凉拌兔子的半成品，第三方餐厅直接简单加工成盘就可以出品了，现在光这个项目一个月的销售额就有好几百万元，他们给全国的餐馆供货。

现在的餐饮行业是一个很有意思的行业，特别是融入互联网以后，以前做餐饮做得特明白的，现在是越来越弄不明白了。对于广大的传统中小餐饮老板来说，我真心地建议他们一定要坚定自己的立场，不要被互联网的各种花式烧脑，迷失了自我。你可以不用做团购，不用做微信公众号，可以不通过互联网卖外卖，但是有两点做好了，比很多互联网营销技巧都厉害：“厨师好好做菜，老板好好做人”，老板每天在自己的小店里多交朋友就好，做好客户关系管理。

互联网时代，咱们要拥抱，但是一定也要回归真服务！

7.5 模式5：把事业做大不一定赚钱，做小才赚钱

❖ 我身边的真实案例

十多年前，我做了当时成都最大的BBS社区。由于工作的关系，我接触到了不少传统老板，发现成都老板和江浙老板的差别好大。做整形美容的江浙老板一看就没睡好，很重的黑眼圈，经常跟我说明年还要再开三家医院。而成都老板拉着我到府南河边晒太阳、喝茶、聊八卦。当时我还年轻气盛，虽然自己

也是土生土长的成都人，但是从内心有点不认可这些成都老板做生意的方式，觉得他们没有上进心。

其中，我记得最清楚的是巴蜀味苑的老板李总，人称“李老鬼”。十年前，我问他：“李总，你准不准备开分店或者是做加盟？”李总回答说：“为什么要开分店啊？累，开一个店，够了！”其实，他不仅拒绝扩张，甚至每天只开张几个小时，中午几个小时，下午几个小时，来晚了有钱赚也不卖。

然而十年后，那位江浙老板的医院已经关门了，而李总的巴蜀味苑依然生意火爆，开了 20 年，火了 20 年，成为全国坪效最高的餐馆之一，带上厨房才 120 平方米，十年前一年的流水就过百万了。车辐、流沙河、李济生、熊四智等很多名人都对这家餐馆赞赏有加，甚至连巴金老先生都去他们家吃饭，就连《舌尖上的中国》的导演陈晓卿都发微博说这家餐馆好，如图 7-15 所示。

图 7-15　陈晓卿在微博称赞巴蜀味苑

其实，不光是巴蜀味苑的李总，还有被无数人仿照的牛王庙怪味面的真正创始人吴三哥等也是这样。他们拒绝开分店，拒绝规模化、工业化，全国仅此一家。所以我在思考一个问题：很多人说成都老板们很休闲很幸福，我觉得这正是成都老板们的大智慧，一旦李总开了很多分店，那么管理难度大了，各种隐性成本增加了，产品质量降低了，很可能品牌都不在了。像现在这样，悠闲地做生意，像匠人一样集中精力把产品做好，反而企业的生命周期更长，而且对于个人和家庭来说，一年几十万上百万的纯利润真的够了，有大把的时间陪家人和孩子，不是很幸福吗？

再看那些所谓的“互联网 +”的项目，拿风投的项目，其实很多只是表面风光，可能公司几年都没有分一次红，甚至连老板自己的工资都不敢发，也可能欠了很多债务，努力奋斗给员工们打工，不但忙，每天还担惊受怕，不知道公司能不能撑得过下个月。

还有一些做得好的企业老板也说，随着企业规模的做大，特别是做了跨区域扩张以后，要经常出差，到处奔波，个人与家人的生活空间受到了极大的挤压，感觉自己反而不开心了。随着业务做大，管理事务变繁杂，常常疲于应付，甚至一想到要去公司上班就浑身难受。所以，老板们一定要想清楚一个问题：自己是为了什么要开公司？开公司的意义是什么？是为了改善自己的生活，为了自由，还是为了创立一个属于自己的商业帝国？

❖ 德国公司为什么不喜欢上市

国内企业这三十多年以来都是一味做大做强：“融资 + 快速扩张”，这一点与美国企业的模式比较类似。其实还有另一种欧洲模式，追求稳定的长远发展，以家族企业居多。德国的中小企业、隐形冠军们，不少都不想上市。美国企业是做全产业链，德国企业是在某个领域做隐形冠军，各有利弊。

股市概念横飞，新三板上，只要沾上“工业 4.0”“互联网 +”，股价立马被炒上数十倍甚至百倍。因此，建议中小企业、初创企业应该好好借鉴一下德国模式：做强不做大，不上市又怎么了？

德国这样的隐形冠军企业确实太多了，多到很多公司可能大家都没有听说过，我讲个大家都知道的保时捷，它也是个家族企业，1936 年成立，已传至第三代。保时捷有这样三条哲学：

第一，品质精神。

保持捷工厂组装一部车只需 9 个小时，但出厂则需要数月。保时捷的订单最快也需 3 个月，有些配置高的甚至需要提前一年预订。尽管需求旺盛，但该企业并不急于扩张。保时捷并非拒绝机械化。在那里，工人负责组装，机器人负责搬运，全场通过 Wi-Fi 遥控和联络，井然有序。

第二，不盲目扩张。

保时捷保持着细水长流的生产节奏，从未有过淡季，即便金融危机时也如此。由于受厂房大小限制，又处于市区，保时捷每天只能生产 200 辆车，年产不过 6 万辆，仅两三百亿元的产值，和其他汽车巨头动辄上千亿元的产值无法类比。不轻易急速扩张，与其说是德国家族企业的特点，不如说是德国企业的普遍特点。

第三，传承精神。

保时捷每辆售价 12 万欧元起，属汽车中的奢侈品。保时捷的技工至少要培训 3 年以上，上岗前还要集训两三个月。那里上年纪的熟练工不少，他们一般干到老，老技工的技艺才是核心竞争力。是工匠精神、家族传承和现代科技形成的铁三角让保时捷这样的德国制造立于不败之地，凭互联网的风口怎么吹就是不动摇。

德国 92% 都是中小企业，德国中小企业比较“一根筋”，信奉世世代代流传下来的经营哲学——“活下去”比什么都重要，因此他们不会单纯地追求利润，也不擅长资本运作，也不热衷上市。因为“资本来了，麻烦和谣言就来了”，就像我的一位公司做得非常好的朋友跟我抱怨：“以前只是想拿点投资去山顶看看风景，结果没想到，资本天天“逼着”我攀登珠穆朗玛峰。”

我们经常听到一些创始人被风投玩出局就是这个道理，公司、资本、市场超出了自己的掌控，就会失控。作为创始人的老板，一定要清楚自己的初心，不要盲目地扩大。有可能公司初期几个人的时候还赚钱，但是由于市场不好，管理水平跟不上，人多了，公司大了反而老板不赚钱了。

德国还有一个做玻璃的隐形冠军企业，埃及国家博物馆、法国卢浮宫、我国故宫博物院等世界顶级博物馆都是用他们家的玻璃。这家百年企业坚决不上市，甚至刻意把规模控制在 150 人以内。因为超过 150 人的熟人圈非常容易叫不上名字，叫不上名字，就必须聘请职业经理人来管理公司，老板和员工之间的关系就会逐渐疏远，于是员工或许就不那么卖力地工作，或许会离职，原本那种“以公司为家”的气氛也就不存在了。而企业一上市，一切都会为之改变，为业绩而扩张，为业绩而迁厂，为业绩而裁人。

这几年由于互联网时代的来临，媒体、身边同行都吵着要向互联网转型，拥抱互联网，这是老板的初衷吗？互联网是一个非常讲规模、讲资本的行业，因为互联网一般来说只有第一没有第二，一旦习惯了用QQ，还会用第二个聊天软件吗？所以互联网企业必须借助资本的力量在细分领域快速做到绝对垄断，但是非互联网的某些行业，完全没有必要跟着互联网人凑热闹，除了规模盈利还可以匠人盈利。

❖ **匠人**

我有一个非常懂古董的朋友，有一次拿了一块玉给我看，我没看出什么门道，只是觉得这块玉应该是古代的。一问价格，令我大吃一惊，一千多万元！我问为什么那么贵啊。他说一是因为年代久远，二是因为古时候工具有限，要人工磨出这样的玉器可能需要几代人的努力，也就是说爷爷磨完交给爸爸磨，爸爸磨完交给儿子磨。我也终于切身理解了“价值是由社会必要劳动时间决定的”这句话的含义，匠人出品是需要靠时间来沉淀的。

成都有一个很有名的小吃叫“钟水饺”，从清朝光绪年间就开始卖了，但是本地人很少去吃，觉得味道一般。有一次一位朋友请我去吃饺子，说非常好吃。原来卖饺子的奶奶年轻的时候在钟水饺当学徒，她现在做的饺子就是正宗的钟水饺。我问她为什么这里的饺子跟外面店里卖的味道不一样，这里的钟水饺好吃太多。她说肯定不一样啊，以前她当学徒的时候光是打饺子的蘸碟就学了3年，现在外面店里的服务员学打蘸碟也就花3分钟。说实话，这种味道，这种匠人精神，就算客单价是100元，我都是愿意去反复消费的。

日本的匠人文化浓厚。比如，专门给人定制家具的秋山木工，只有34名员工，但是年销售额达到了10亿日元，相当于人民币6000多万元。

他们做的家具可以使用一百年甚至两百年，全部由拥有可靠技术的一流家具工匠亲手打造、为了把年轻学徒培养成一流的工匠，秋山木工制定了一套长达8年的人才培养制度，年轻学徒要在8年的时间里，做好成为一名工匠的心理建设，培养正确的生活态度、工作规划，掌握知识和技术等才能成为一名合格的工匠，从第9年开始才能独立出去做家具。

日本匠人文化的可贵之处是沉静以及务实的自我定位和企业定位。这种淡泊明志、宁静致远的企业家心态，可以让企业走得更稳、更远。在20世纪80年代中后期，日本经济泡沫破灭后，那些拥有核心技术的中小企业基本上都存活下来，而且发展得依旧不错。

❖ 做强不做大

现阶段，现有商品已经满足了消费者的物质需求，但是随着人们的见识增加，经济实力增加，消费升级这波浪潮正在慢慢涌来。

在以前的商品时代，肯定是渠道为王，规模为王，企业越大越好。但是在接下来消费升级的精细化时代，正是“小生意”的匠人天下，若让我个人选择做企业，我会选择“做强不做大”。若非要做大，那我可能会把非核心业务交给第三方去完成，“木匠不赚漆匠钱”。

第8章

产品策略：互联网时代的产品套路

在互联网时代，消费者生活方式发生了根本性变化，如果我们还用传统营销方法就无法与当今消费者沟通。本章首先介绍使用大数据分析市场、寻找爆款的方法，然后介绍另类的产品“升维创新”方法，帮助大家打下新市场，最后介绍各种产品包装技巧。对于大部分产品来说，“颜值”是消费者决定是否购买的主要因素之一。

8.1 市场定位：线下企业怎么通过网上数据寻找空白市场

其实，中国的统计、数据分析思想很早就有了。早在商、周时代就已萌芽，已经有3000多年的历史了，甚至从唐代到宋代这段时间里，科举考试的科目里都有明算科，也就是数学，凡是想考取功名的士子无不通读《算经十书》。但是，重文轻理的传统儒家思想以及数学等自然科学的落后使得中国统计、数据分析思想在长期的发展过程中缺乏对数理方面的探索、创新，导致现在很多人不会做数据分析。

在商业上的表现就是大部分老板的决策基本靠拍脑袋：“我觉得这个产品定价应该处在这个价位。我觉得我们现在应该研发这样的产品。唯一用得到数据分析的地方，就是在给投资人写商业计划书的时候。

以上是很多企业决策者的思维。现在说咨询公司，咨询行业内部广为流传着这样一个故事。

一个农民赶着羊群在草原上走，碰到一个人对他说：“我可以告诉你，你的羊群有几只羊。”然后，他用卫星定位技术和网络技术将请求和基本信息发到总部的数据库。几分钟后他获得了答案，随后告诉农民羊群共有1460只羊，他要求农民给他一只羊作为报酬，农民答应了。随后，农民对他讲：“如果我能说出你是干嘛的，你能否把羊还给我？”那人说：“行。”农民说：“你是一个咨询顾问。”那人很惊讶，问农民是怎么知道的。农民说：“有三个理由足以让我知道：1. 我没有请你，你自己主动提供服务；2. 你告诉了我一个我早已知道的答案，还要向我收费；3. 一看就知道你不懂我们这一行，你抱的根本不是羊，而是一只牧羊犬。”

很多资深咨询顾问看到这个笑话并不感到恼怒，而是会心地一笑。公开场合下，他们一定会非常自信地说，咨询非常深刻地影响企业的战略，因此具有非常重要的价值。不过私底下，他们对于是否真的能“改变世界”这一点并不够自信，咨询师尚且如此，那么很多写微信公众号的人的数据分析就更不靠谱了。

8.2 产品定位：通过数据打造好卖产品

所以，有的时候自己分析数据就显得特别重要了，下面我就用具体案例来讲讲。

❖ 通过数据来看什么产品未来好卖

首先，要分析数据肯定要有数据，哪些地方有数据呢？百度、阿里、腾讯平台等。我选择离消费品交易最近的淘宝的生意参谋来举例，生意参谋在哪呢？你可以免费注册一个淘宝卖家，然后就能看到后台里有一个数据分析用的生意参谋，打开生意参谋后，选择你所处的行业，比如我这里举例用的是“鱿鱼丝 / 鱼干 / 海味即食”行业。为什么选这个行业呢？因为我目前只有老枝花卤的淘宝账号，所以只能看到零食这个大行业下的数据，如图8-1所示。其实其他行业也是一样的分析方法。

1. 大家可以看到，2015～2016年，线上海味零食市场处于较高增速增长的时期，其中访客数上涨了84.10%，交易指数上涨了40.39%。

普及一下什么是交易指数。交易指数是指根据商品交易中的核心指标，如订单数、买家数、支付件数等，综合计算得出的数值，数值越大反映交易的热度越大。图 8-1 中，交易指数的增幅小于访客数的增幅，说明该行业还是一个处于上升期的非成熟市场。

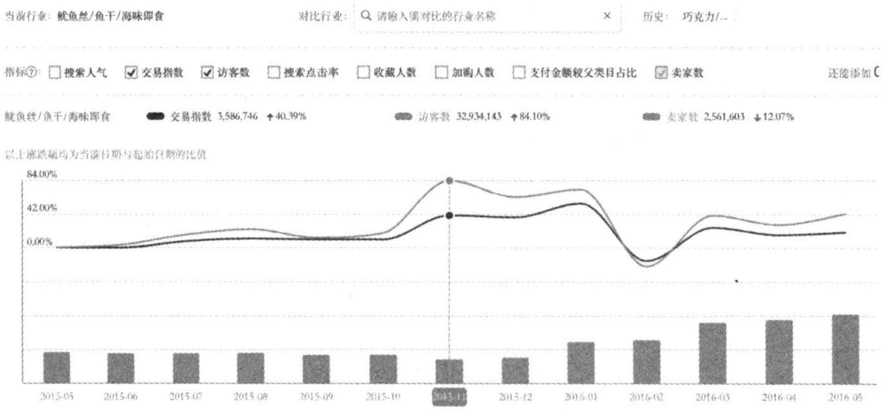

图 8-1 “鱿鱼丝 / 鱼干 / 海味即食”行业的数据

2. 在此期间，卖家数不仅没有增加，反而在减少，说明带动行业增长的因素是消费者自发的需求，不是渠道的新增。

3. 通过上面的数据，我们基本可以判断，线上海味零食市场处于蓄势待发的阶段，未来几年很有可能会保持 50% 甚至更高的增长率。

海味零食市场未来将高速发展，那是不是就可以投身海味零食市场了呢？还需要看另外一个指标，看这个行业的竞争格局，判断是否还有机会。我们打开生意参谋的品牌分析，热销品牌的集中度还好，尚未形成寡头竞争格局，那么就可以考虑投入海味零食行业了。

这里，我们再来看看另外一个坚果炒货行业的品牌竞争格局，如图 8-2 所示。分析这幅图可以看出，基本上三只松鼠、百草味、良品铺子就占领了半壁江山，像这种竞争格局，即使市场份额整体处在上升期，我仍建议不要进入。

好了，我们已确定了可以做海味零食行业，那能否再具体点呢？生意参谋下面还有一个子行业分析，其中即食鱼零食在交易金额中的占比达到了 37.55%，如图 8-3 所示，那么即食鱼零食就是第一个必须要做的产品方向。

那还有没有更细致的分析呢？

当然有，现在只知道做即食鱼零食，那到底哪种鱼在市场上是消费者最喜欢的呢？生意参谋给出了产品属性分析，如图 8-4 所示。通过数据，大家可以看到小黄鱼、鳕鱼、鳗鱼的交易排名位列前三，那么这三种鱼肯定是首选的鱼类了。

热销排名	品牌名称	交易指数	交易增长幅度	支付商品数	支付转化率
1	Three Squirrels/三…	2,936,595	↑66.48%	32,054	14.27%
2	BE&CHEERY/百…	1,889,930	↑37.86%	28,737	16.79%
3	良品铺子	1,032,657	↑3.00%	22,320	12.08%
4	沃隆	869,827	↑40.60%	6,107	9.82%
5	Kirkland Signature	703,342	↑14.63%	6,696	5.87%
6	ChaCheer/洽洽	673,885	↓12.20%	20,708	19.48%
7	KAM YUEN/甘源	629,437	↑2.52%	19,716	16.51%
8	童年记	614,516	↑11.89%	6,541	13.58%
9	新农哥	602,384	↑35.04%	10,912	9.61%
10	楼兰蜜语	571,084	↑7.16%	6,634	15.58%

图 8-2 坚果炒货行业的品牌竞争格局

不仅可以确定用什么类的鱼做食材，还可以通过数据分析出消费者最喜欢的口味，如图 8-5 所示。从图中可以看出香辣味的销量几乎是第二、三名原味和麻辣味的销量的 4 倍，那么香辣这种味型肯定是产品研发的重点。

此外，通过数据分析还可以知道消费者喜欢吃鱼干，如图 8-6 所示，因为鱼干的销量是第二、三名鱼片、鱼排销量的五倍以上。

行业名称	支付金额较父类目占比	支付金额较上一周期	卖家数占比
即食鱼零食	37.55%	↑50.13%	65.27%
即食鱿鱼零食	25.14%	↑48.48%	46.74%
海苔系列	25.00%	↑63.71%	24.76%
海带零食	4.01%	↑38.18%	9.31%
即食虾零食	3.73%	↑32.62%	10.84%
蟹系列	1.60%	↑158.40%	2.17%
贝系列	1.29%	↑6.60%	3.89%
其他系列	1.10%	↑11.07%	10.71%
海参即食	0.60%	↓47.18%	1.72%

图 8-3　海味零食行业的子行业分析

排名	属性值	交易指数	支付件数
1	小黄鱼	74,257	9,376
2	鳕鱼	57,834	7,992
3	鳗鱼	43,625	4,544
4	东江鱼	31,015	2,654
5	明太鱼	25,766	2,116
6	马面鱼	17,324	703
7	带鱼	15,941	853
8	金枪鱼	14,050	824
9	沙丁鱼	12,100	536
10	红娘鱼	11,819	445

图 8-4　产品属性分析

排名	属性值	交易指数	支付件数
1	香辣味	89,968	19,872
2	原味	66,019	5,507
3	麻辣味	27,800	5,318
4	综合口味	20,383	802
5	酱汁味	17,597	2,454
6	烧烤	15,915	1,399
7	咸味	15,868	557
8	泡椒味	15,414	1,735
9	香辣	13,552	411
10	混合口味	12,389	410

图 8-5　消费者最喜欢的口味分析

另外，还可以从数据中看到对包装有参考价值的数据，是 100 克的小包装好卖还是 500 克的大包装好卖等很多维度的数据，通过这些数据你就可以比较科学地确定自己产品的口味、口感、工艺、包装、规格和价格了，这样比之前的凭经验，拍脑袋定产品可靠多了。

排名	属性值	交易指数	支付件数
1	鱼干	161,255	53,886
2	鱼片	85,989	11,087
3	鱼排	62,095	7,315
4	鱼丝	42,651	4,812
5	鱼肉肠	40,380	3,948
6	鱼骨头	18,714	838

图 8-6 细分产品的属性分析

可能你会说这只是电商的销量数据统计，是的，数据确实是电商的，但是对很多线下的商家同样有参考价值。因为电商的销量主要是来自于年轻人，数据代表了年轻人的产品偏好。就算你不搞电商，也可以开开脑洞："哦，原来现在年轻人比较喜欢东江鱼、红娘鱼，我是不是也可以用这些食材开发一道新菜呢？"

甚至可以再往远想，是否可以包装出一个全新的概念餐厅，叫大数据餐厅呢？所有选择味道、食材的依据全部都来自这个月的互联网数据。

其他行业也是同样的。比如卖电冰箱的经销商：我进货是以三开门的冰箱为主呢？还是以两开门的冰箱为主呢？再比如脑细胞会员群里有一位代理坚果投影仪的经销商，通过这样的数据分析就能知道他是代理坚果品牌好还是代理竞争对手的品牌好。

甚至有些行业可以反过来思考，这个品牌在网络上这么火，消费者肯定都到线上去购买了，所以我去代理一个线上不火的品牌。因为线上不火说明这个厂家暂时还不擅长做线上营销，利润更多来自线下，那么该厂家就会更重视线下渠道，可能更有前景。

❖ **通过数据怎么来创新新品**

还是用上面即食鱼零食的数据，我们可以做一张表格，横向列出味道，比如香辣味、原味、麻辣味、酱汁味等，纵向列出鱼的种类，比如小黄鱼、鳕鱼、鳗鱼、东江鱼等，如图 8-7 所示。

	香辣味	原味	麻辣味	酱汁味	烧烤味	咸味	泡椒味
小黄鱼							
鳕鱼							
鳗鱼							
东江鱼							
明太鱼							
马面鱼							
带鱼							
金枪鱼							
沙丁鱼							
红娘鱼							

图 8-7　统计产品与相关口味的数据表格

这个时候就可以进行各种排列组合了。既然香辣味的小黄鱼好吃，那么烧烤味的小黄鱼好吃吗？这样就可以进行科学的、数据化的创新了，说不定可以开发出一款以前没有的爆款产品呢？大家应该都知道一年卖几十个亿的零食泡椒凤爪吧？他们家的产品是不是就是这样排列组合出来的呢？

8.3　市场突围：产品的双向“升维创新法”

前些年，刘慈欣的《三体》特别火，给互联网创业带来了一个新的理论——

降维攻击。如果降维是一种破坏，那升维就是一种创造。下面我将分享一下脑细胞团队曾遇到的或者是亲自实践的“升维创新”的案例，希望对大家能够有所启发。

说到“维度”这个词语，感觉挺高深的，其实就是“思维角度”的意思。为什么我们讲升维或降维，而不是升级或降级呢？因为升级和降级只是量变，而升维和降维是质变。试想一下，如果没有立交桥，没有下穿隧道，仅仅是用平面上的公路来解决交通拥堵的问题，那将是一个非常头疼的问题。从平面上的公路到立交桥、隧道，这就是一种升维的创新，是质的改变。交通拥堵问题靠多修路、修更好的路的升级方法是永远无法解决的。同理，要摆脱和同行之间的“量”的竞争，比如价格战，最好的办法就是做质的升维创新。

升维创新有一个关键的表现：升维创新的企业向下兼容，它可以做别的企业的业务，但是别的企业很难做它的业务。比如，滴滴和出租车之间的关系，滴滴可以和出租车一样载人，但是出租车很难像滴滴那样用算法接单，无法拼车，无法根据某个区域的供需关系来定制车费，这就叫升维创新，这是增加出租车数量和培训司机业务能力永远做不到的事情。

❖ **纵向升维创新**

纵向升维创新是升维创新思路中非常重要的一种创新方法，也是最容易掌握的一种方法，很简单，就是“抬起头往上看”，看看行业里最高级的业务形态是什么样的，直接跟着它学就好。

比如，“天真蓝”是一个拍证件照的连锁品牌。按照惯性思维，拍证件照一般是去街边复印店那样的小店里拍。但是“天真蓝”直接对标的是影楼模式，它把小小的拍证件照的生意升维到了影楼维度，有化妆师、衣服可以选，还有微表情的设计。“天真蓝”的这种升维还经受住了市场的检验，因为很多人觉得证件照是要长期用的，而且对于求职的毕业生来说，好的照片还可能有助他们找到更好的工作，多花点钱去拍照还是值得的。所以，“天真蓝”现在生意很好，顾客必须通过微信预约才能去拍照。

如果让现有的影楼降维去拍证件照，估计他们不会愿意，因为他们会觉得大材小用，成本也不好控制；相反，如果让一般拍证件照的小店升维到影楼服务那样去拍证件照，估计很多小老板又勇气不足，不敢尝试，提高了价格，万一没有人来拍照怎么办呢。然而，“天真蓝”去做了，而且还做得很好，火得

“一塌糊涂”，目前在上海、西安、南京、广州等很多城市都有了分店。

我在前文提到过，脑细胞的重点项目是空岛计划，简单一句话来概括就是在全世界风景最漂亮的地方，甚至是无人区建造非常概念版的目的地型营地，目前已经在很多地区和国家开始了第一期工程。

我们先不说其他的概念，我们就先简单地把空岛看作是一个酒店项目，怎么突出酒店的创新之处呢？其实可以用升维的思路。

• 第一代的酒店，解决的是基本的住宿问题。

• 第二代的酒店，也叫精致酒店，为消费升级以后的顾客提供良好的住宿环境和用餐环境，比如这几年特别火的民宿行业就算是第二代酒店。

但是以上两种酒店都仅仅是在硬件上竞争，换句话说，只要有钱都可以做到。空岛的酒店属于第三代酒店，不仅向下兼容前面两种酒店，还在硬件上有优势，它请的是美国纽约的知名设计师来亲自操刀设计，更重要的是空岛的软优势，脑细胞团队是空岛项目的操盘团队，和其他传统酒店操盘团队本质上最大的区别是脑细胞团队拥有互联网基因和媒体基因。所以，空岛在酒店这个维度最大的差异化是旅游体验上的玩法，第一代、第二代的酒店是“人玩景”，而空岛代表的第三代酒店是“人玩人”。

从上面的案例中，大家应该可以体会到什么叫纵向升维创新了吧。纵向升维创新就是在原有行业的纵向寻找更加高级的业态。几乎所有的行业、产品都可以实现纵向的升维创新，就看各位老板能否跳出惯性思维去寻找自己行业的高维参照物。

• 比如卖洗发水的，高维的参照物就是高端理发店里的高端洗发水，如果高端洗发店都使用了，那普通的大众市场就很容易拓展了。

• 比如卖卤味的老枝花卤，各种像鲍鱼这样的高端海鲜产品都在卤，那普通食材就更容易操作了。

• 再比如传统的素食餐厅，喜欢吃肉的我，去的欲望是非常低的。这种餐厅无非就是炒素菜，用豆腐做点回锅肉，但是如果向高维度的火锅借鉴，打造素食火锅的概念，还可以吃一些罕见稀有的蔬菜、水果，我是有兴趣的，而且现在也已经有这样的成功案例了，比如一叶一世界藏茶素火锅、阿心萨。

❖ 横向升维创新

横向升维创新相对来说对普通老板就要难一些了，意思就是从其他行业中借鉴升维创新的方法，但是一旦找到，那将是颠覆性的创新。

曾经有一个房地产的老总来找脑细胞咨询。他有一栋商业综合体，想让我们在里面做一个地标性业态，然后可以让整个商业综合体房价升值。在实地考察了以后，我们给他的建议是做一个颠覆式的健身房。

怎么创新呢？传统的健身房很多人交了费，但是只有一部分人能够长期坚持去健身，因为去健身房很辛苦，他们内心常常对自己说："加油，再坚持 5 分钟，再坚持 10 分钟"，从体验上来说是非常无趣的，顾客一直做着各种重复运动，所以这里就有一个很大的可以用作创新切入点的痛点，然而在健身房行业这个维度去找解决办法是很困难的，所以我们跨界想到了游戏行业。

我们给这家健身房引进了类似游戏练级的成就系统。顾客一进健身房就会有一个手环，手环和健身房所有的设备进行联通，比如你去练习弹跳，根据你跳起来的高度，系统就会自动记录和排名，并且把 top10 顾客的姓名和弹跳高度长期显示在 LED 上做成就展示。

我们还帮他们引进了西班牙的健身器材。在一个专门的房间，有很多灯泡一样的按钮，只要灯一亮，你就必须跳起来或者跑过去用身体把它按灭，就像 360 度的打地鼠一样。当然手环也会做好成就记录，并且整个健身房的健身器材就像游戏里的副本一样，是分层级的，你只有达到了某个分数才能去另一个新区健身，如果你执意要去，也可以，那就是人民币玩家，单独付费。

而且他们的健身设备除了传统的器材以外，还有很多从全世界各地引进的 VR 健身器材，如图 8-8 所示。比如 VR 划船机，你带上 VR 眼镜以后，就像是在水面上划船，还要及时躲避水中的鳄鱼。还有 VR 飞行器，你要四肢悬空，通过控制身体平衡来完成健身游戏里的任务。

我们做这个健身房的核心就是让年轻人可以娱乐化、游戏化地健身，并且时时激发年轻人的挑战欲望。所以，我们给这个健身房取名叫 UP，不仅有成人版，还有儿童版的 UP KIDS。

另外，脑细胞还曾接触到了一个卖电动口罩的企业，专门做户外的雾霾过滤口罩。如果按照口罩行业里的惯性思维，那肯定是拼品牌、拼技术、拼价格，我们当时给他的建议是跳出口罩行业做升维创新，怎么做呢？

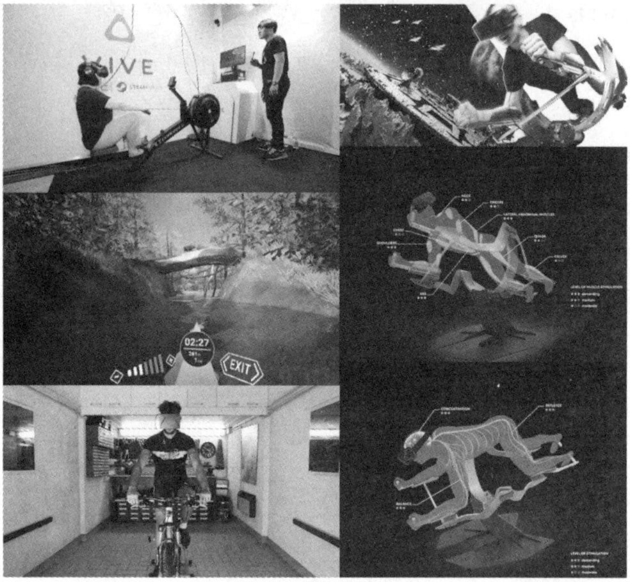

图 8-8　VR 健身器材

我们想一想，口罩是要在外面戴的，其实不只具备医疗器材的属性，还应该具备时尚属性。比如设计得更酷，更有时代感，让这个电动口罩变成时尚极客人群的首选。甚至在口罩外面专门做一个 LED 的显示屏，就像我们经常看到夜场里工作人员的电子工作牌一样。这个屏幕通过蓝牙和手机联通，你可以自己编辑文字或者自动显示文字，比如显示当天所处区域的 PM2.5 的数值。当你骑车的时候，戴着这个口罩还是相当酷的。而且品牌可以迅速和传统电动口罩产品差异化，甚至和 3M 口罩这样的大品牌 PK。脑细胞还有大量的明星资源，可以把口罩免费送给明星，先让一部分人时尚起来，这样做，这个市场就会非常容易打开了。这个就是一个典型的医疗行业跨界到时尚行业的升维创新的案例。

有的时候真的不能只关注自己的行业，要尽可能地多关注一些别的行业，如果发现一个可以使用的维度，那可能带来的创新是颠覆性的。就拿我们经常旅行、出差用的拉杆箱来说，零件轮子几千年前就有了，箱子也是几千年前就有了，但是轮子 + 箱子 + 拉杆的拉杆箱直到 1991 年才被创造出来。

再比如，以前的手机是没有 GPS 定位的，但是当手机定位出现以后，出现了很多基于 LBS 的 APP 新场景的应用。我们再拿微信来说吧，最早的时候，微信仅仅是一对一或者是群聊的手机短信的替代品，但是出现了朋友圈这个新维度以后，微信从通信工具变成了媒体工具，甚至创造出了微商这个大行业。多一个维度，多一个参数，哪怕多了一个小工具，那就有可能出现颠覆性的创新，所以要特别关注其他行业的创新，随时准备着为我所用。

最后我用一句话来总结升维创新方法的核心：要寻找到更高维度业态的参照物。

❖ 如果降维是破坏，那么升维便是创造

刘慈欣笔下的降维打击几乎是宇宙当中的“终极杀器”。一切三维的物质都被投射到了二维的面上，失去了原本的一切活性。降维剥夺了物质与时空原本的一些性质，使得它们不再是原本的模样。

但是，换一个角度来思考，如果赋予一个低维物质以新的维度，那么不就能焕发出新的活力么！

互联网时代带来的是一个变化越来越快的世界，有些积累了多年的知识和逻辑，也许一下子就不能用了。就如出租车司机电台收听率下降，因为司机都用滴滴接单而不听广播了。也就是说现有的盈利、成就，很可能不知不觉间就消失了。

在我们的现实世界中，经常会有在平面难以理解的问题，增加看问题的维度，问题便迎刃而解。比如交通领域的十字路口方式与立交桥方式，就是用立体思维解决平面思维难以提高的交通效率问题。

举个例子，淘宝商家低价竞争模式，打的是价格战，你家优惠5元，我家优惠10元；你送1件礼物，我就送2件礼物。这种亏本的“烧钱”玩法，在本质上和别人做的事情并没有什么区别。

再举个例子，滴滴出行的模式相对于出租车行业来说，是处在高维度位置，因为它能做出租车能做的事情，但出租车做不了它能做的事情。

那么怎样才能在高维做降维转型？别人在做的模式我是不是就可以不再重复了？如果你想做的别人也在做，有没有可能在纵深上进行拓展，做得更有深度，或者说在另外一个维度上，在人群的广度上，涉及更多类型的用户，产生更大的影响力。

如果大家都在做的模式，你也在做，那么很有可能就是用一个低维的思路在跟风。倒不是说大家都不应该去做这个模式，而是大家都在做的模式，你再做的话会很容易陷入红海竞争之中，大量“烧钱”，钱“烧”完了，项目也就玩完了。

还记得当年的团购模式吗？一夜之间，成千上万的团购网站出现，现在呢，

就剩下来那么几家了，其他的大部分死在“烧钱”的路上。当然，你钱多的话，可以去“秒杀”他们，这也可以算你多了一个维度。

【冷启动案例】HelloAngel 深入场景的心理

新生儿妈妈产后因为体内荷尔蒙的剧烈变化，容易有波动的情绪，这种轻微的产后情绪低潮类似星期一症候群的 Monday blue，因此又称为 baby blue，是正常的生理现象，一般在几周内会逐渐缓和，但有 20% 的妈妈会由产后情绪低落发展成为产后抑郁症。

为了解决这种问题，香港尿布品牌 HelloAngel 推出了一款特殊的尿布。这款尿布结合了温度检测技术，当婴儿尿尿或是拉粑粑的时候，尿布温度会上升，随着温度的上升，尿布的底部会出现有爱的文字“妈妈，我爱你”，有效的提醒，可以让情绪低落的妈妈感受到有人在关注她，她会更加容易从困境中走出来。

很多健身房都极力向顾客推销年卡，但是我听说有一家生意非常好的健身房却另辟蹊径，他们开创了一种新的营销方法：你不用着急办年卡，若你能连续坚持 21 天，那再来办卡，到时候给你打 8 折。

之所以这么做是因为不是每个人都能坚持来健身，很多健身房赚的就是健身年卡的残值。现在的人都不傻，这样有态度、真诚、有口碑的健身房反而客人不断。

8.4 包装设计：好的包装不是画几幅漫画而已

这几年可能受动漫的影响，把产品包装设计成卡通版包装的企业越来越多，如图 8-9 所示。

不仅如此，还有很多企业喜欢用四格漫画当产品说明书（如图 8-10 所示），似乎只有“萌”才能获取年轻人的心。

“萌萌哒”成为年轻人经常说的一句口头禅，不少商家也借此推出了不少与此风格有关的营销活动。

这里讲的包装暂时不讲设计这个维度，因为我个人认为包装还有更高的维度，下面先讲几个案例。

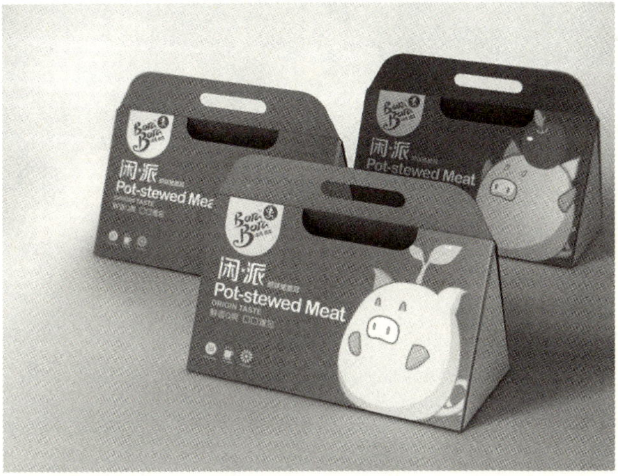

图 8-9　卡通版包装

图 8-10　四格漫画产品设计比较火

【冷启动案例】沉浸式包装：瓶盖升级

有一份数据统计，滑板选手 50% 的时间在玩滑板，50% 的时间在修理弄坏的滑板，而 Mountain Dew 这款百事可乐旗下的饮料品牌就利用了这个用户场景。该品牌把汽水瓶盖做成修滑板的工具，让他们买水的同时就获得了修滑板的工具，一举两得，非常方便，如图 8-11 所示。

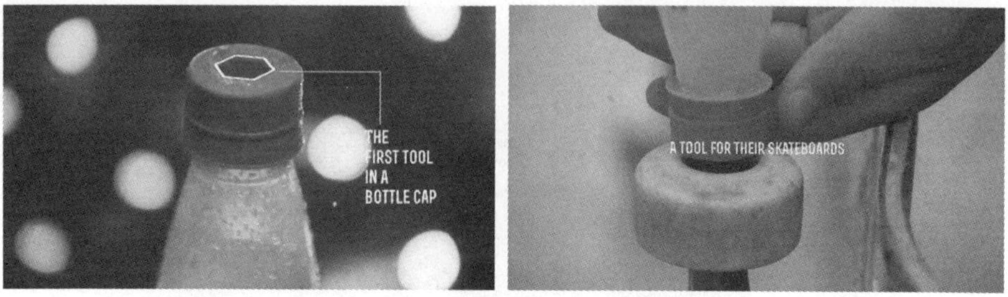

图 8-11　把汽水瓶盖做成修滑板的工具

这款产品一上市，便迅速受到滑板人群关注。比如你玩滑板，若在超市里看到这个瓶子，你会购买吗？会拍照分享吗？所以，一款好的产品包装不仅仅是美工漂亮而已，若创新得当，包装还可以引爆目标人群。

有的时候种子用户很重要，先引爆具有意见领袖特质的群体，由他们来影响大众。就像小米手机，“为发烧而生”，最早是发烧友在用，现在也大众化了。所以，真不要觉得自己定位的目标人群太窄，很多时候先关注小众群体，反而可能通过小众影响大众。就像 Mountain Dew 这款饮料一样，从滑板人群开始扩散，形成口碑，影响大众。

我们把话题引回来，是不是这种包装跟我们惯性思维里的包装不一样啊？所以，包装不是只有设计、美工这些维度，好的包装还可以满足目标消费者的刚性需求，实用性强。

还有一个类似的沉浸式的包装案例。2015 年，新希望集团的一位老总找到我，让我给他们的椰子牛奶想营销方案。我当时第一反应就想到椰子、沙滩、阳光，对了，为什么不能在椰子牛奶饮料的外包装上安装一个给手机充电的太阳能板呢，如图 8-12 所示。这个时代什么东西最宝贵啊？手机的电最宝贵啊！

每当手机快没电的时候又没有充电器、充电宝的时候，是让人很没有安全感的。若有这个可以给手机充电的饮料，那真的是非常了不起的一件事情，而且买得多了，还可以将电池并联、串联，让手机充电更快。这款椰子牛奶的广告语也有了：新希望椰子牛奶，给你和你的手机充满阳光。

不要觉得我在这里是天马行空，完全瞎说，我的这个想法来源于我很多年前看到的一个成功案例。妮维雅在宣传一款防晒霜的时候，就利用太阳能贴片做了一个广告单，广告单夹在杂志里一起发行，于是用户就可以边晒太阳，边玩手机了，活动宣传语：妮维雅为生活添加正能量。

图 8-12 给手机充电的太阳能板

所以，相信新希望和其他商家也可以安装这样的装置，一个太阳能贴片几毛钱的成本，但是可能让原本卖 3 元的饮料直接提高卖价到 6 元，甚至可能做到单品好几亿元的年销售额，因为这样的产品自带媒体、口碑势能，会被网友免费传遍大江南北。

【冷启动案例】障碍式包装：让消费者必读

我有一个加拿大的朋友，有一次和他聊天，发现了中国人和欧美人的一个差异，很多欧美人每买一个东西，都会仔细阅读产品说明，而很多中国人不会，不少人都先拆开包装，先用、先吃。

我当时还在笑他们外国人太死板，怪不得听说在欧美很多人开车非常依赖手机导航，经常开车开到迷路，而在国内基本上没有听说过这样的事情。回过头想想，很多企业把包装搞得特别高大上，赠品一大堆，甚至还手写留言放进包裹里，对用户来说，真的有那么多人看吗?

所以，我建议在产品的关键部位做障碍式包装，让消费者不得不阅读，体会商家的用心。比如，脑细胞有一位做美式家具的客户叫“巢趣”，他们家的老板是一对夫妻，老公特别爱自己的老婆。比如，有的时候老婆穿拖鞋，在床尾不小心踢一脚，脚趾就会踢进床底部的缝隙，老公心疼老婆，就会让全公司的家具的底部和地面之间留一定的间距，免得让老婆再次受到伤害。

很多贴心的设计都来源于他们的生活，特别有爱，但是两口子又特别实诚，卖家具就老老实实地卖，也不告诉消费者他们设计的理念和卖点。他们后来找到脑细胞，我们给他们的建议是在关键部位做障碍式包装，如图 8-13 所示。

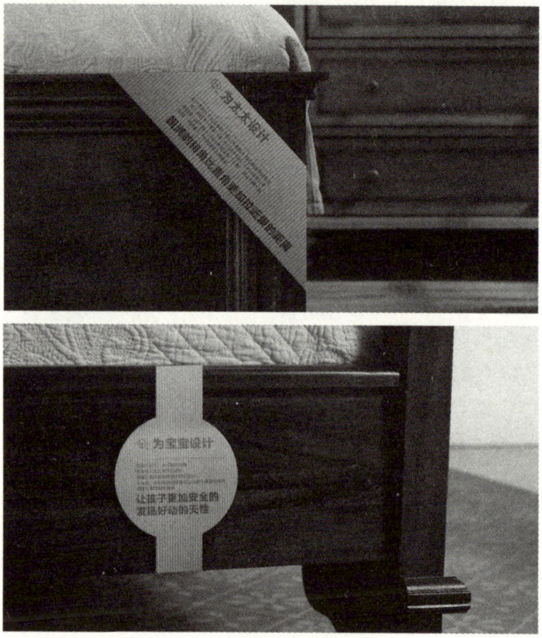

图 8-13　在产品的关键部位做障碍式包装

比如，在特别贴心设计的部分用硬纸壳套把家具包起来，并且写上文案：这里是专门为太太设计。然后在下面附上一段设计师设计时发生的小故事，为什么要这样设计等。消费者要拼装这个床，就必须把这些硬纸壳套拆下来，此时醒目的大字会增加消费者阅读的可能性，会极大地增加消费者对这个品牌的美誉度。

【冷启动案例】功能式包装：附加功能

让我们再来看一个防晒霜的包装案例。有一个历史非常悠久的防晒霜品牌叫 Coppertone。可能很多人不知道这个品牌所属的公司，但说到他们旗下的另一个防晒霜系列“水宝宝”，应该就有很多人知道了。

其实防晒霜有一个痛点，就是一般防晒效果只能维持一个小时左右。对于孩子来说皮肤曝露在阳光下会比大人更容易受伤，而大人去海滩就是要尽情享受阳光，忘了时间很容易使孩子晒伤。

于是他们家推出了一个闹钟罐的包装，在防晒霜的瓶盖上加了一个小闹钟，如图 8-14 所示。注意，不是送一个闹钟或做一个 APP 来提醒，那样消费者还是会忘记，而且体验感完全没有把盖子改造成闹钟好。涂完防晒霜后用这个闹钟设定好时间，就可以安心地晒太阳了，时间一到就给小孩补涂防晒霜。

图 8-14　在防晒霜的瓶盖上加一个小闹钟

真正的包装创新就应该是这样的，融入场景，而不是仅仅画点漫画，做点好设计就够了。再比如，三只松鼠或其他的电商品牌，在包装外面送开箱器（如图 8-15 所示），成本仅仅 1 分钱一个，但是消费者收到包裹时不用去找剪刀或者钥匙开包裹，给消费者的感觉是贴心，这会大幅提升消费者对这些品牌的好感。

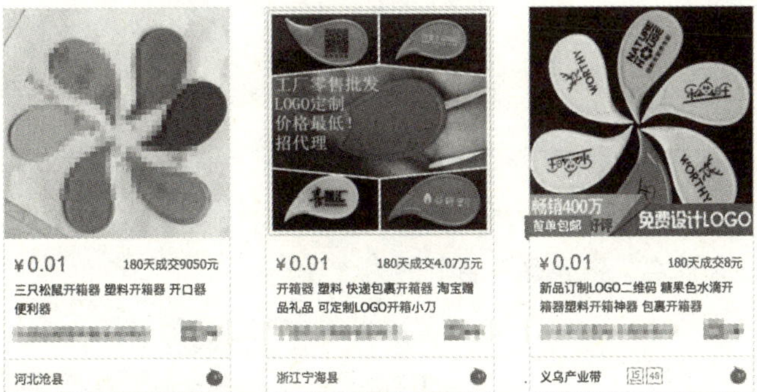

图 8-15　包装外面送的开箱器

真正的好包装是基于产品基因层面的设计，不浮夸，不浪费，不多余，又有口碑效应，还贴心、实用，而不是画几幅漫画就是好包装了。包装设计可以多维度创意，而不仅仅是视觉设计，更不是单纯满足老板个人喜好。

8.5 命名原则：品牌和产品名称一定不能乱取

品牌最重要的部分就是名字，一个好名字不仅可以节约大量的营销费用，还可以快速打开市场，“入侵”消费者的大脑。

“品牌”一词起源于西班牙的游牧民族，是为了在交换牲畜时与他人的牲畜相区别，因此，品牌最早就是烙印的意思。品牌大师艾·里斯说过品牌名的重要性：“实际上，灌输到顾客心目中的根本不是产品，而是产品名称，它成了潜在顾客亲近产品的挂钩。”

“可口可乐”这个名字是个很有趣的案例。1927 年，上海街头悄然出现了一种饮料——“蝌蝌啃蜡”（可口可乐的英文名称“Coca Cola”直接音译），奇怪的名字再加上在当时看来奇怪的颜色和味道，销量自然很差。

第二年，这家饮料公司公开登报，用 350 英镑的奖金悬赏征求译名。最终，身在英国的一位上海教授蒋彝击败了所有对手，拿走了奖金。

而这家饮料公司也获得了迄今为止被广告界公认为翻译得最好的品牌名——可口可乐。它不但保持了英文的音译，还比英文更有寓意。更关键的一点是，无论书面还是口头，都易于传诵。可口可乐步入中国市场的第一步就是从名字开始的。

大家闭上眼睛感受一下，是不是觉得“可口可乐”这个名字还是很接地气的，也是很有“中国属性”的？就跟“家乐福”一样，感觉就像是一个中国的企业取的名字。这些品牌又接地气，又有西洋的风格。

❖“成也品牌名，败也品牌名”的力士

接下来，让我们说一说“成也品牌名，败也品牌名”的香皂品牌“力士”。力士最早开始卖香皂是在 19 世纪 80 年代，一年中先后采用过猴牌（Monkey）与阳光牌（Sunlight）作为品牌名，前者与香皂没有任何联系，显得不伦不类，且使消费者有不干净的联想；后者虽有改进，但仍落俗套。

第一年，香皂的市场销量一直不好。直到 1900 年，公司在利物浦的一位专利代理人的建议下更改品牌名为 Lux，产品销量大增，并很快风靡世界，如图 8-16 所示。

图 8-16 “力士”将名字更改为 Lux

首先它只有三个字母，易读易记，简洁明了，在大部分国家语言中发音类似，易于在全世界传播。其次它在拉丁语中是“阳光”的意思，用作香皂产品，令人联想到明媚的阳光和健康的皮肤。另外，它的读音和拼写令人潜意识地联想到另外两个英文单词 Luckys（幸运）和 Luxury（豪华、精美华贵）。这个品牌名称对产品的优良品质起到了很好的宣传作用，它本身就是一句绝妙的广告词。

然而，它败也败在了名字上，因为它来到了中国。力士是 1986 年进入中国市场的，并很快牢牢地占据了市场。舒肤佳是 6 年以后的 1992 年 3 月才进入中国市场的，却硬生生地把力士从霸主的宝座上掀了下来。

舒肤佳之所以能异军突起、后来居上，很大程度上得益于品牌名称的亲和力。力士这个名字虽然传播力强，但在亲和力上却远不如舒肤佳来得更直接。

力士给人的感觉生硬、男性化。在家庭中买香皂的大多是女性，力士这个名字和目标消费者的喜好显然不协调。而舒肤佳却不同，给人的感觉很中性化，它不但更广泛地迎合了目标消费者的偏好，而且通过强调“舒”和“佳”两大焦点，给人一种舒爽的感觉。

我查了力士的官网。如图 8-17 所示，产品列表里，已经不再主推香皂了（也有可能现在香皂不是主流，也不是力士的主打产品，所以不陈列）。

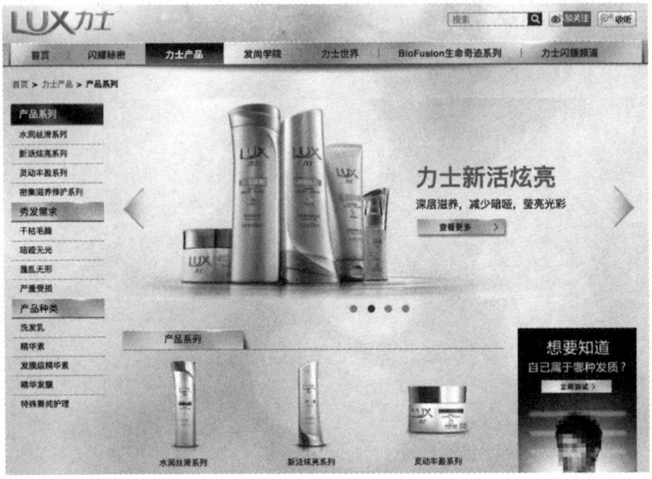

图 8-17 “力士”官网

所以，名字对品牌和产品来说真是太重要了。各位老板一定要慎重，最好在选名字之前请有营销经验的朋友帮忙看看，取名字是一个专业、系统的工作，靠数据，也靠感觉。

我现在在做《高臻臻的脑细胞》这档节目，很想给自己取个英文名字叫：“computer”。我自己感觉特别应景，不过我也有些担心，因为我有个初中同学给自己取了个英文名叫 Astroboy（阿童木），我们中国人看上去感觉还好，不过在老外看来，感觉却是这样的：“你好，我的名字叫葫芦娃”。

第9章

营销策略：互联网时代的思维脑操

互联网不仅极大地影响着我们的日常沟通方式，而且影响着我们与他人以及各类组织的交流和联系。如何在互联网上推广和销售自己的产品？如何通过互联网为顾客提供服务？如何在互联网上树立和传播自己的品牌？

这些问题几乎是当下所有互联网企业和传统企业都在思考的问题，企业要想在互联网时代立于不败之地，就必须拥抱互联网，在互联网上发挥自己的优势。

9.1 营销思维 1：做地推发广告单的思路很实用

首先，我给那些生活在“水深火热”之中的传统实体老板一个忠告：别整天听互联网人高谈大论：做互联网宣传比线下宣传成本更低，效果更好，赶紧去做一个 APP、H5 宣传页或者微信公众号。

然而，很多互联网公司自己却在做地推，滴滴、美团、饿了么，地推对成就他们的项目可谓是功不可没。根据统计为据，发广告单地推的转化率只有 0.5% ～ 1%，没有做的必要。我个人不认可这种观点，我们站在更高的维度来看待这个问题，其实地推和发广告单是很有用的，只是很多老板在惯性思维里，没有用对发广告单的方式。我接下来就来分享一下我眼中的高维度发传单是怎么做的。

第一，我们要明确一件事情，地推发广告单的作用是什么？如果你是想靠它做品牌，做陌生人的销售转化，很遗憾，我明确地告诉你，你想多了。发广告单的主要目的是“通知”，比如通知大家有一家火锅店开业了，通知现在可以用饿了么订餐了，至于转化，通常来讲是非常少的，一般低于 1%。也就是说，

100个人里可能不到一个人会被转化去消费或者是安装APP。只是福利的力度大一些，产品吸引人一些，转化会高一些而已，但是发广告单的核心目的是通知。

所以，如果有一个和你不相关的陌生人给你通知一件事，你第一反应会觉得很奇怪，觉得和自己不相干，就跟我们在大街上被发广告单的感觉是一样的。广告单一定要系统地配合其他的事情一起做才会有更好的效果，比如滴滴，一定要配合新闻媒体、线上的舆论同步一起推才有可能有好的转化。

所谓通知，一定是要认识或者有关系的人或给你发，你才会有所反应，如果没关系或不认识，那你只会觉得突兀。再比如我们公司楼下的火锅店，如果单纯地把广告单塞给我们，一般效果是很差的，但是能笑脸相迎地说一句："我们火锅店就在你们公司楼下，有空过来坐坐。"那效果会好很多，因为我们会觉得这事和自己有关系，并且这句简单的建立关系的话会比直接告诉你打几折的效果会更好。

第二，要明白发广告单的地方其实是一个秀场，你发广告单的氛围营造比单纯的发广告单重要多了。我之前看到过一张发广告单的图片，是一个穿着史努比卡通装的人，头靠着电线杆，看上去很无奈，又很累的样子。只要有人经过他身边，史努比立刻拿一张广告单给路人。试想，如果是你从那里路过，你会看广告单吗？你肯定会比平时更仔细地看，你会觉得广告单发得都那么有创意，肯定卖的东西也不差。甚至我们再试想一下，如果找来十个人穿史努比的衣服，在连续的十棵树下整齐地排一排，一边做QQ表情，一边发广告单，那效果肯定会非常好，肯定会有很多人会主动拍照发朋友圈，说不定还可以上新闻头条，这种方式比把广告单硬塞到路人的手上效果好太多了。所以，发广告单是一个秀，而不是广告单本身。

例如，安徽合肥一家店前面，一位穿着白色礼服的女孩，悬在一根三公尺高的竿子上，来回晃，把手中的广告单递给路人。路人们突然看到天降广告单，第一反应都是吓得措手不及，然后就接下来了。

我们再来举个例子，现在的教育培训行业竞争越来越激烈，大家都站在门口发广告单，每个家长手上都有一大摞。即使你把广告单设计得再精美，折扣做得再吸引人，家长们也不会仔细看。而大的教育培训机构往往有很强的市场能力和品牌影响力，比如车体广告、豪华装修的实体店、长期的口碑积累，他们发广告单就能起到相对比较好的通知作用，通知家长他们现在有新课程可以来试试。小机构就比较惨了，市场能力几乎为零，所以广告单往往只能被家长扔进垃圾桶。所以对于小机构，这种情况下需要突出的是现场咨询，把现场咨询的这个秀场给发挥好，而广告单仅仅只是配角。

既然是秀场，那肯定阵势越大越好，所以与其大量、长期地发广告单，还不如集中精力大做一次。比如用大型展台或改装过的高大上的广告车等，大张旗鼓地发广告单，因为阵势大会在一定程度上降低家长的戒备心，让他们觉得这家教育机构有实力。

所以，小做还不如大做，小做没效果，反而浪费时间和金钱，消耗自己的创业信心。

说完了上面两点关于发广告单的整体理念，接下来是发广告单的细节和技巧。我先来说一些基础的技巧，比如微笑、服装的统一，多人共同作战是非常有必要的。你可以脑补一下，一位女生穿着正式，戴着绶带给你发广告单，你是否感觉会更被重视？

发广告单还需要设计一句简短的话术，不能直接硬塞过去，比如像前面讲的，要像老板娘一样地说一句：“我们火锅店今天开业，就在你家楼下，有空过来坐坐”，这样转化率会高很多。另外，发广告单尽量让女生去发，因为在人们的潜意识中，相对于陌生男性，陌生女性危害到自己的可能性更小，更能产生信任感。

接下来是广告单的设计。既然前面说了，发广告单的目的是通知，那设计一定要简单明了，你没见过哪个小区的停水停气的通知是长篇大论，是吧？所以，一份广告单最好只说一件事情，并且最好只有一句话，像图 9-1 所示的这种广告单，又是产品陈列，又是各种复杂的活动规则，肯定效果不好，看着就让人头疼，阅读成本太高。

图 9-1　内容过多的广告单

再让我们来看看大众点评网当年地推用的广告单，如图 9-2 所示。整个广告单非常简单，就只有一句话：五块钱的快乐是什么？然后附一个二维码，扫描二维码揭密答案。

据说这个广告单的转化率高达 22.3%，很多人都因为好奇而去扫描这个二维码，扫了二维码以后会到一个公众号，才告诉大家 5 块钱可以看一场电影。注意，大众点评网的终极诉求肯定是让人下载它的 APP，但是大家并没有扫码以后直接让大家下载，而是先关注它的微信公众号，再在以后的文章推送中慢慢引导大家下载大众点评网的 APP，这种细节设计是非常棒的，因为直接下载 APP 给人的感觉太“重”了，而且又没网，实在不方便。

我们再来说一下老枝花卤。每次新店开业的时候也会地推发广告单，如图 9-3 所示，广告单上也只通知一件事：“老枝花卤在你家楼下开业啦，邻居们凭此单到实体店可以免费领取一份卤鲍鱼。”就是这样，但是每次效果都非常好。

图 9-2 大众点评网地推用的广告单

图 9-3 老枝花卤的地推广告单

除了上面的案例，我还遇到过一次通知感更强的广告单。有一次我回家，在小区门口，一位保安大哥递给了我一张小纸条，上面写着在某个时间将组织业主到哪里去春游，摘樱桃，大人多少钱，小孩多少钱，如图 9-4 所示。

当时，我立马就报名了，后来细想才觉得，这个事情多半是某个农家乐和小区物业的商业合作，不过这种纯通知型的广告单真的是太赞了，没有花里胡哨的东西，甚至都没有任何设计，简单粗暴地告诉大家什么时间、什么地点、会干嘛，效果还非常好。

从这个案例中，我们可以发现，有的时候发广告单的人真的特别重要，比如案例中的保安大哥，因为是借用了目标受众熟悉的人进行了背书。比如某餐饮店，一张只要三人同行就可以免费获得一道菜的优惠卡就让隔壁的美发店来发。理发店的老板跟他的客人说："你是我们的老客户了，隔壁新开了一家餐馆，我团购了些优惠卡，你带上你的朋友去吃还可以有优惠。"理发店和餐馆的老板会双赢，理发店的老板给客户提供了福利，餐馆的老板引来了客人，而且这种场景下，客户的转化率也特别高，所以，谁来发广告单也特别重要。

还有一个在学校做郊游活动的广告单案例，如图 9-5 所示。广告的背景是在新学期开学的时候，很多入学新生都有想集体在第一个国庆出去玩的需求。有一个搞学生聚会的广告单值得大家学习，它也是一句话说清楚了事情："班长，带我们出门去嗨。"但是这句话很有意思，直接暗示了转化动作，当时这个广告单就被很多大学生纷纷以开玩笑的方式交到了班长手上。同理，把广告单交给老婆、老板等都是可以考虑的，因为这已经不是广告单了，而是一种表达需求的媒介，用于表达平时想说，又不敢说，或者是不需要专门说的事情。

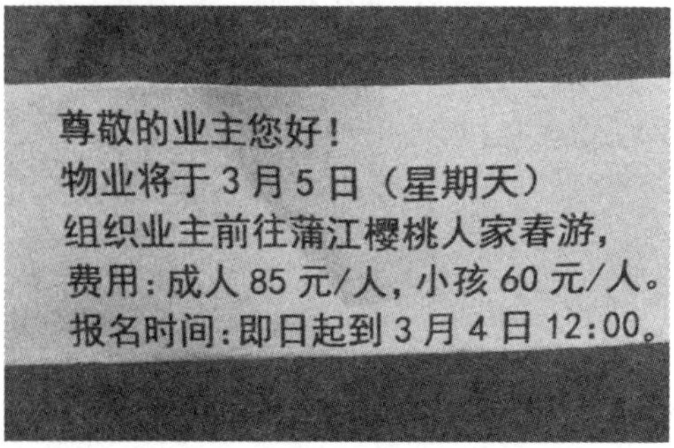
尊敬的业主您好！
物业将于 3 月 5 日（星期天）
组织业主前往蒲江樱桃人家春游，
费用：成人 85 元/人，小孩 60 元/人。
报名时间：即日起到 3 月 4 日 12:00。

图 9-4　通知感更强的广告单

图 9-5　学校做郊游活动的广告单案例

还有一些小技巧，比如在哪里发广告单也很重要。在滴滴发展的初期，要去找司机朋友，而哪里司机最集中呢？当然是火车站、机场这样的地方，而不是满大街地乱发广告单。并且在火车站、机场的司机的等待时间很长，有足够的时间听地推人员宣传。对于传统的口岸型的商家，在哪里发广告单也特别重要，比如，就算是在小区门口，是发给进小区的人还是出小区的人都是有讲究的。按照通常情况，回小区的人一般心态更平和，更有可能关注你的广告单，而出小区的人一般有事，相对来说，效果就要差一些。

最后，还有一点非常重要，就是尽量让自己的员工去发广告单而不是外包，因为外包团队和自己团队的心态是不一样的，效果有天壤之别。甚至在做学校地推的时候，都尽量不要找校团委、学生会的人去组织，而尽量自己招聘学生去做，因为外包的结果很有可能导致执行效果打折，甚至有的人直接会把广告单扔进垃圾桶。

可能你会说，会有考核指标，比如在发广告单的时候收集潜在客户的电话号码。其实这样也不一定靠谱，因为有些兼职的广告单工作者可能会在现场和竞争同行的广告单工作者互换客户电话来偷懒，更重要的是发广告单、做地推是一个秀场，自己团队的人直接面对销售市场，展现自己团队的专业和风采，还可以直接收集市场的反馈和意见，所以，做地推、发广告单尽量用自己团队的人。

9.2 营销思维 2：针对女性用户群体进行推广

女人们经常说一句话："我的是我的，你的也是我的。"这可不是一句玩笑话，从古至今，有不少男人专属的东西最后都变成了女人的专属。比如高跟鞋、丝袜，这些以前都是欧洲贵族男性特有的东西，现在都只有女人才会用，而且这事儿还不可逆。

现在，越野车、zippo 等这些原本专属于男人的东西也正走在"转向"的路上，女性购买的比例正在逐年递增，说不定还会在某个时间点超越男性。从古至今，女性却是消费市场的主力。

❖ 让自己的产品拥有女性基因

关注"泛女性"市场绝对是一个绝妙的商机。女性在社会中的购买力越来越高，一些商家已经推出了针对女性的产品和服务，比如运动产品的女性款和商场新增的母婴室，如图 9-6 所示，但是升级空间还是相当大的。希望大家能够以女性的角度重新思考一下自己的产品和推广方式，说不定会有奇迹出现。

例如，老枝花卤的卤菜，在常规认知里就是一个下饭菜、下酒菜，更偏男性用户。但是，通过品牌的长期沉淀，它已经慢慢变成了一种零食，而且让我之前都想象不到的是，90% 以上的消费者都是女性，而剩下的 10% 的男性估计都是被女性强迫来买的，当跑腿的，如图 9-7 所示。

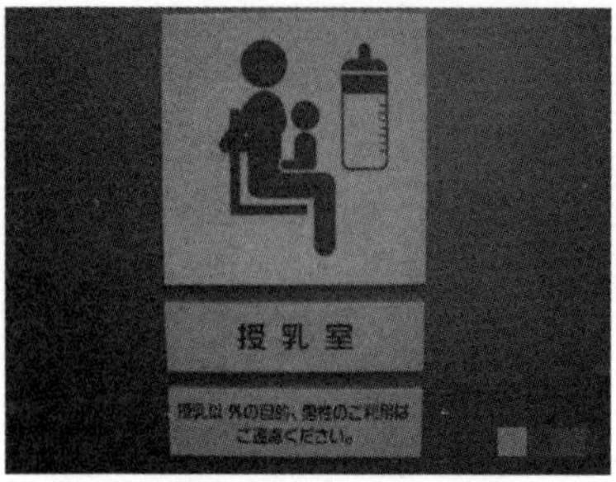

图 9-6　针对女性的产品和服务

❖ 男式西装定制用女性引流

目前买西装的主流人群还是商务人士或者结婚用西装的男士。有一家叫木兰定制的店，它是靠女士西装来引流的。女性天生爱美且喜欢分享，容易使品牌形成口碑，木兰定制经常设计一些女士西装来供女性朋友们试穿，如图 9-8 所示，慢慢地这家店就越来越有名了，男性顾客也越来越高。

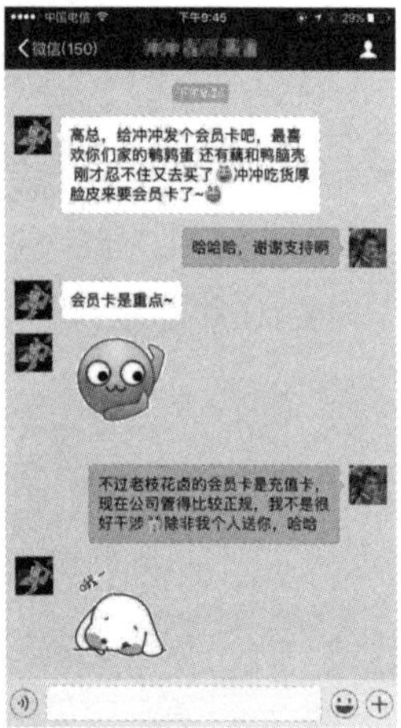

图 9-7　老枝花卤的消费者以女性居多

图 9-8　男式西装定制用女性引流

我个人觉得这种方式，因为男生没有那么大的耐心去试穿衣服，一般购买习惯都是简单粗暴，买了就走，想让他们去体验、去传播口碑是很难的。很多生意即便本质是针对男人的，但也可以通过女性用户来推广，这种反向的营销思维说不定市场更广阔。

❖ 没人做的孕妇时装

不知道哪个人第一个给出“女人怀孕的时候是最美的”这个结论。女人怀孕的时候其实挺辛苦的，护肤品不能用、妆不能化、衣服穿起来不合身、洗澡洗头不方便、重口味的东西不能吃、身材也变形了、脾气也变得很怪。然而，女人是天生爱美的。似乎除了功能性为主的孕妇装以外，在这段特殊的时间里就没有其他的选择。大家都在说消费升级或者细分市场，之前却没有人潜下心来做“孕妇时装”，或者说没有做得特别突出的品牌。

脑细胞社群里有一位美女妈妈目前就在做这个市场，她把时装的概念引入到孕妇装里，这个品牌的名字叫“280 天”。上线不久就已经在孕妇圈造成了轩然大波，特别是捕获了大量“90 后”妈妈的心，谁说孕妇就不能时尚了？

所以，在各种女性商品逐渐在社会上显性化的今天，仍然有大量的女性商品、女版商品的商业处女地有待挖掘。

上面列举了各种案例，其实结论就只有一点：从历史来看，几千年来女性都是主力消费者。无论是依靠女性用户来为商品引流，还是开发女版的商品，一定要在商业当中真正用心地重视女性。大家可以好好思考自己的项目、产品怎么和女性结合。

9.3 营销思维 3：从爱情里悟出的“小聪明”

在结婚以前，我的感情经历还是挺丰富的，这里我可以讲一部分故事。

❖ “满月礼物”，贴心、用心的服务

记得在 1997 年，我要追求我们班的班花。当我知道她的生日是 9 月 1 日的时候，恰好刚刚过了几天，如果我那时补送一个生日礼物，感觉并不是很重视她。而且她的人缘非常不错，过生日时肯定会收到很多礼物。因此，就算我在她生日当天送她礼物，估计也得不到重视。

想了很久，我决定在她生日一个月以后的 10 月 1 日，送她一份特别的“满月礼物”，并且附上了文案：生日往往都是和普通朋友一起过，但是你的 ×× 岁满月，我一人陪你度过。

汇报一下送“满月礼物”的后续“战况”。虽然我们在一个年级不同班，中间只隔了一堵墙，却因为这个“满月礼物”，成为了每天一封书信来往的笔友。另外，这个“满月礼物”是我花了大半个月时间自己用各种废弃的玩具的零件纯手工做的，还是电动的，可以放音乐。

其实我经常在想，不少中小企业老板都是“羊群思维”，同行怎么做，他们也怎么做。比如一旦获得了顾客的电话号码，要么是群发优惠短信，要么是毫不走心地在生日当天发送生日祝福短信，包括电信、银行等都这么做。过生日的人会在当天收到很多短信，看一眼是生日短信，会懒得看是哪个商家发的，转化为实际销售的比例逐年降低。其实稍微转变一下思路，说不定会让客户产生永久的品牌好感，比如生日短信不发了，改为发送“满月短信”，如图 9-9 所示。

我们再来看过节短信，特别是春节，估计大部分的人都是冲着商业目的来发短信的。无论是想混个脸熟，还是想让别人知道你卖的是什么产品。而且不少人都是群发。群发就算了，还特别注明“纯手工”。我才管你是手工还是复制的别人的呢，都一样。我基本上记不住谁发给我了消息，特别是表情一大屏的那种更记不住，更不要说让我记住对方卖的产品了。所以，这几年，我基本不主动发节日祝福，但是我会干一件事：回复他们！而且会在第一时间去回复给我群发祝福的人：“谢谢你啊，收到你的祝福了，你也快乐哦，我是开脑洞的高臻臻。”大家想想这是什么感觉，一般群发都没有人理，但是高臻臻居然那么快就给我回复消息了，肯定会比较感动，如图 9-10 所示。所以，随大流的事情不一定要做，如果非要做，那就在大流上有一小点的不一样，就会产生完全不一样的效果。

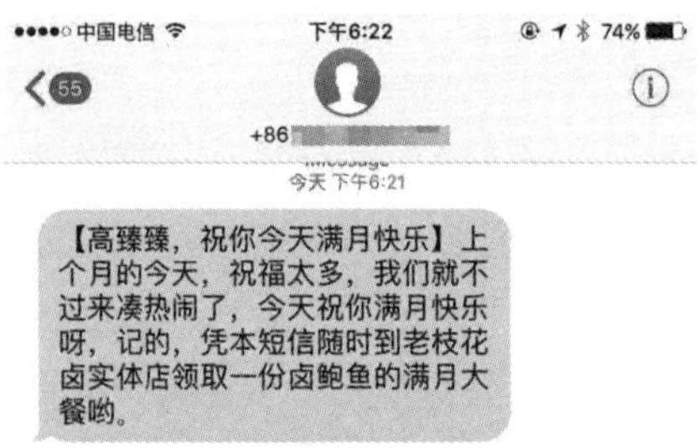

图 9-9 “满月短信”可以让客户产生永久的品牌好感

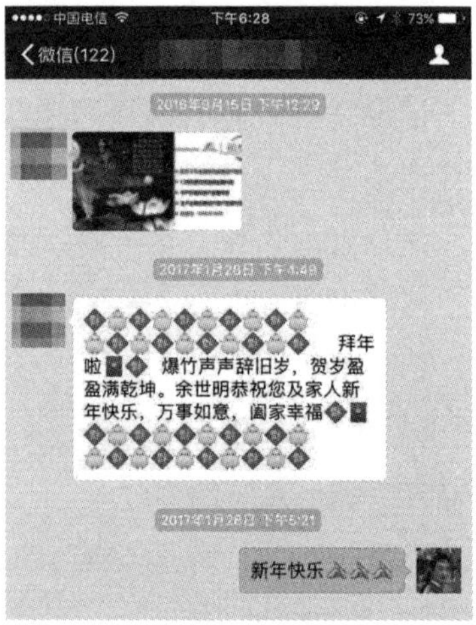

图 9-10 收到节日祝福时第一时间回复消息

其实很多时候，做服务的，稍微做一些简单的小改变，稍微多用一点心，就会获得完全不一样的效果，真正可以做到用心感动客户。比如，脑细胞同事孙权的太太从巴厘岛回来，告诉了我们一件让她特别感动的小故事，是关于宝格丽酒店的。

第一天，她吃房间里的免费水果，水果种类很多，有香蕉、芒果、山竹，但是她只喜欢吃山竹，把山竹给吃完了。结果第二天服务员在打扫房间的时候，就不再放其他的水果，整整放了一大盘的山竹，让她非常感动。回来以后，到处说这家酒店好，酒店口碑也就这样传播出去了。

我再来讲一个让我非常感动的小故事。有一次我必须在24小时之内从成都赶到上海，但是又恰巧遇到了上海台风，到了机场才知道所有的航班都停飞，我马上让老枝花卤的行政人员天天帮我赶紧重新制定行程。

天天曾经在京东工作过，职业素养非常好，最后不知道她通过什么特殊渠道帮我订到了去南京的机票，并且发微信告诉我在什么时间、去哪里坐车，甚至连酒店和吃饭等问题都帮我查好了，这让我非常感动。

我原本只是让她简单地帮我改签机票和订酒店，她却告诉了我一整套的解决方案，如图9-11所示，远远超出了我的预期。她只是行政人员，但是能有这样细腻的心思，服务做得如此到位，真的是非常难得。所以，是人才真的是在哪里都会发光，只要比别人多用心一点点。

❖ 有时间参与的爱情才是故事

我从小特别喜欢做手工，经常把玩具、电器等拆了组合在一起做出一个新东西，如用牙膏盒做有线遥控汽车，用线来控制竹子做挖土机等。在那个物质特别匮乏的年代，我经常自己做礼物，图9-12是用叶子做的情书。

有一次，我用啤酒瓶做了一个装置送给一个心仪的女孩，但是我觉得直接送太没意思了，所以又做了一个“连环藏宝图”。给了这个女孩一张小纸条，小纸条上写着从她家门口出来左转走126步，再往右走3步有一排树，然后再让她做一道简单的数学题，答案就是从左边数的某棵树。树下埋了一把钥匙和接下来需要去寻宝的题目。最终，据说她花了1个多小时的时间终于找到了我送给她的宝藏，虽然她后来有些小埋怨，但是还是特别有成就感，因为虽然“浪费”了她的时间，但是变成了她一辈子的回忆。

我有的时候就在想，如果一些幼儿教育机构把自己的礼品做成藏宝图一样的东西，然后花点时间藏在城市的某个地方，比如某某公园的花盆下面，让幼儿自己去找。虽然确实有点耗费时间，有点麻烦，但是说不定运气好还可以吸引媒体来报道，那样岂不是为自己做了宣传。

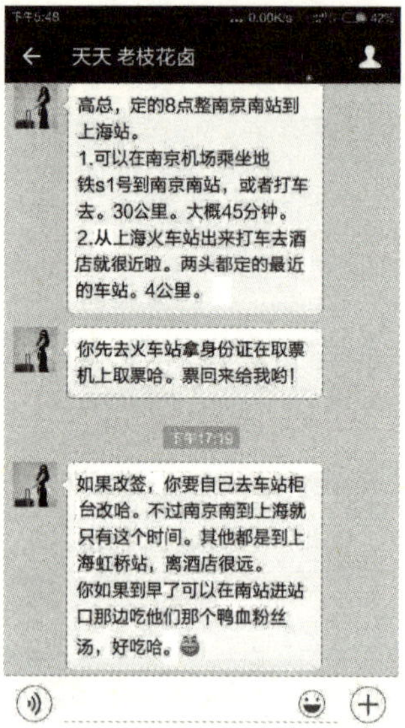

图 9-11　天天很用心的服务

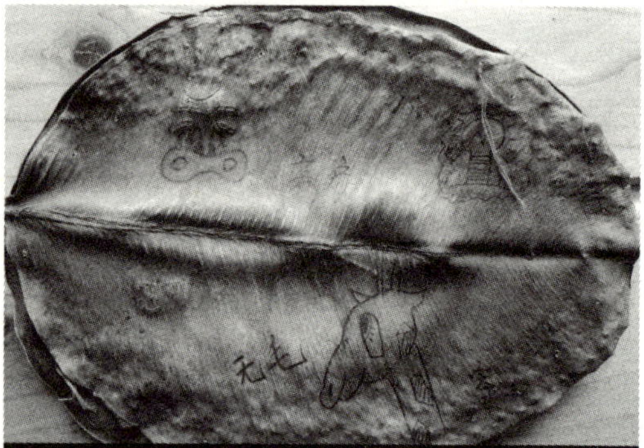

一封叶子写的没有寄出去的情书，已经封沉了20多年

图 9-12　一封叶子做的情书

其实，这种寻宝的体验远远大于礼品本身，因为好的体验就是需要花时间的。对于家长来说，可以拿着藏宝图和自己的孩子度过一个愉快的周末，而且还可以为孩子创造一个有回忆的童年。

现在和未来的商业战争都是时间维度的战争，所有站到风口浪尖的项目都是和时间有关系的项目，有的在节约时间，比如微信，有的是在“浪费”时间，比如网红直播，能够让用户从时间维度去参与的项目才是更符合这个时代的项目。

有一次，我带着孩子去参加某个楼盘的宣传活动，结果去了才知道，居然还可以在现场免费让孩子做手工，比如做可以亮的小兔灯，给石膏娃娃涂色等，我和我太太各花了半个多小时给女儿做了一个手工，她开心得不得了，这种体验让我瞬间觉得这个楼盘的活动做得不错，还为这个活动做了宣传，如图 9-13 所示。

后来我在思考这个活动，觉得还是挺有套路的。专门设置了这样一个“浪费时间”的活动，其实有很多好处：第一，沉淀了客人，让客人可以有更多的停留时间，而不是跟往常一样，拿了礼品就走，可以让整个售楼部人气很旺，有利于销售转化；第二，对于家长和小孩来说，都是满满的回忆，可以增强对这个楼盘的美誉度，而且把石膏娃娃拿回家以后放在书柜上，还长期地给品牌做推广。

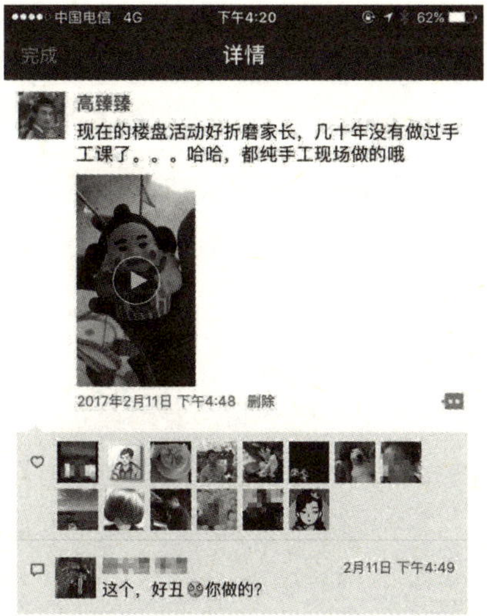

图 9-13　我在朋友圈分享了楼盘售楼部的活动

我非常感谢我的这些爱情经历，不但让我回忆满满，还让我拥有了更细腻的思维方式来做现在的品牌营销工作。其实，很多人和事的逻辑都是相通的，爱情、营销、品牌、生意、事业，仔细观察身边的人和事，总会发现一些商业机会，甚至发现历史的缝隙。任何事情只需要比别人不一样一点点，累积下来，那都将迎来一个不一样的世界。

9.4　营销思维 4：针对高端消费人群的推广

脑细胞接触到几个涉及珠宝、教育和各种定制服务的项目，它们都有一个共性，都针对所谓的高端人群。俗话说：“要做，就做有钱人的生意”，因为有钱人的钱好赚。下面就让我们来分析一下这些高端人群的生活状态、消费心理。

❖ 什么是高端人群

据世界银行定义，高于城镇家庭年人均收入 2.5 倍及以上的人群即可称为高收入人群，也就是高端人群。在国内，这一标准就是个人年收入 150 万元以上，或家庭年收入在 300 万元以上的人。

据统计，高收入人群年龄集中在 25 ～ 50 岁，主要集中于北京、上海和沿海开放城市，人数约占这些城市总人口的 5% ~ 10%。

俗话说，人往高处走，水往低处流。真正的高端人群是少数的，但是向往高端生活的准高端人群的数量是庞大的。高端人群的消费行为受其他人群的关注，在这里，我暂且不讲游艇派对、私人飞机，这些对大多数商家来说都太高寡，但是有必要了解现在的高端人群的消费心理，那将是大众消费者的未来。

❖ **高端人群都在想什么**

（1）高端人群的第一关键词是家庭

据招商银行的《高端人群生活形态和消费习惯报告》数据显示，在高端人群看来，幸福的第一关键词是家庭，在他们眼中，工作不再是重中之重，家庭所占的比重不断上升。这意味着高品质的家居、小孩的教育、家庭旅游等行业都将逐步成为消费的热点，他们更希望在工作之余，和自己的家人待在一起。

脑细胞之前有一个房地产客户，他有一家专门针对年轻潮人的商场。在规划的时候，这位老板非常固执地要在商场楼顶修一个高尔夫球练习场和茶楼。后来我们才理解他的做法，那么做非常有必要，而且事后来看，效果非常好。

因为现在的男人很忙，想在周末休息或者做点自己爱好的事情，但是迫于对家庭的“赎罪心理”，只好陪着老婆孩子一起去逛商场，然后让他们去购物，而自己可以约朋友在楼顶打高尔夫或者喝茶谈事，这样社交家庭两不误。这种一体化设计对商场的引流来说至关重要。

（2）高端人群未必都会选择知名大牌

如今，消费者变得成熟了，他们在追求物质生活丰富的同时，开始注重精神生活的充实。在解决实际需求的同时，开始注重对各方面生活品质的提升。一批先锋型消费者开始带领整个社会消费从品牌化、符号化向品质化、精致化转型。符号型的消费终将逐渐被“返璞归真”的品质型消费所取代，品质型消费将成为下一个消费社会的主流。

高端人群开始热衷于发掘小众、更尊贵或更稀缺的生活方式品牌，他们注意品牌内涵与格调和自己的匹配度，不希望品牌掩盖自己的锋芒，他们排斥张扬的表达，抵制醒目、高调的 logo，偏爱低调、务实的商品。微商这几年这么火，有一部分是这个心理原因，比如一些限量的、高品质的有机蔬菜、土猪肉在圈内热卖，所以这正是高品质小品牌逆势而出的好时机。

比如，在日本，有一款做羽毛项链的品牌叫 Goro's，它就是这样一个商品质小品牌。该品牌由日本人高桥吾郎创立，他采用“纯手工制作 + 精致的银器手艺 + 古印第安传统技术”的款式设计，每天从早到晚都有很多人排着长队购买，Goro's 的所有作品都只有一件，独一无二。

而且不一定有钱就可以买到，那些在排队时戴耳机、嚼口香糖、嬉戏打闹的人是不允许入店的。每次只限 4 名顾客入内挑选。如果有些东西他们觉得不适合你，就算你有再多钱也不会卖给你。挑选完之后，顾客还必须戴着立即离开。据悉，很多人都是这个品牌的粉丝。

（3）高端人群更注重体验

对于高端人群而言，销售渠道的角色不再是简单的交易场所，而是生活方式的场所。数据显示，高端人群在休闲时间中，去的很多场所都是具有时尚的生活方式标志的场所。无论中高端商场、时尚餐厅、咖啡馆、电影院、奢侈品店或者健身会所，都不是简单的“消费”或者“购买”行为的场所，而是代表一种休闲的时尚生活方式的场所，如图 9-14 所示。

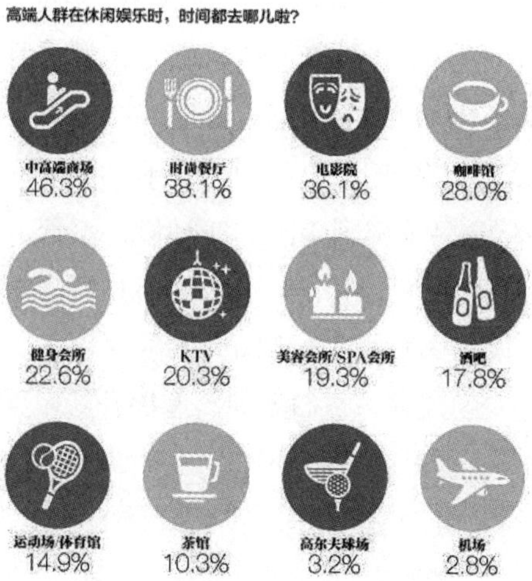

图 9-14 高端人群休闲娱乐时的场所

比如说，以前我们去逛商场，第一目的是买东西，但是现在去逛商场，第一目的很可能是带孩子在那里过周末。以前我们去书店都是去买书，但是现在去方所、西西弗的目的是看书和喝咖啡，度过一个学习知识的下午。

再举个普通一点的例子，之前我讲过有些餐饮创业者做盒饭外卖项目，把盒饭包装做得像月饼包装，既浪费成本，又没有什么实际意义。其实很多人吃中午饭是想度过一个很特别的“自我”时间，可以暂时逃离工作，可以做点自己想做的事情，比如看部微电影或者看手机里的文章。盒饭品牌要做好体验感，就可以用一个成本不高的印刷品，把近期的一些很好看的电影，适合吃盒饭时间看的综艺节目推荐出来，并附二维码观看链接，这比单纯把外包装搞得高大上好太多，因为电影推荐建立了“休闲场景”，提升了真正的体验感。

❖ 方法论：如何针对高端消费人群进行推广

（1）制造高端市场氛围

高端人群在做购买决策时，某些时候是选择在高端市场或海外市场热销过的品牌，特别是国外热销品牌。当该品牌在国内暂时还只是小众品牌时，就更加有“成就感”了。就像上文讲到的日本 Goro's 案例。据一份调研数据显示，70% 的高净值人群（高端人群），过去一年在海外购买过奢侈品，其中 22% 只在海外购买奢侈品，65% 在海外购买的金额占旅游总金额的 40% 以上。

就像诺基亚旗下的专门给世界富豪打造的 Vertu 手机，价格几万元到十万元人民币一部，虽然贵，但是也曾在新加坡热销，获得了很多媒体的关注和网友的自发式传播，导致品牌认知度大幅提升。

要想占领国内市场，有的时候从国外市场切入也是一个可以考虑的思路。最简单的做法，比如将产品上架到美国的亚马逊，不管是采用低价促销还是别的什么办法，做出一定的销量，再联合国内的相关媒体分析这墙内开花墙外香的现象，品牌也就实现了一次由国外到国内的降维攻击。比如老干妈的辣椒酱（如图 9-15 所示）、卫龙的辣条。它们品牌高度提升就用到了这种“国外包围国内的战术”。

（2）借力更高端的人物

人都是往高处走的，高端人群向往更高端的人群，他们更喜欢追随更高端的名人、大咖的同款产品。为什么特斯拉在初期宣传时定价非常高，主打名人市场？为什么巴黎欧莱雅满世界签一线明星代言？都是这个道理。

正规签约的名人做宣传效果很好，但很多创业者没有这样的资金实力，不过他们也在努力找机会让自己的产品和名人同框合影，把这些照片放在实体店里，或放在电商平台的宝贝详情页里，还是会起到很好的品牌背书的效果。

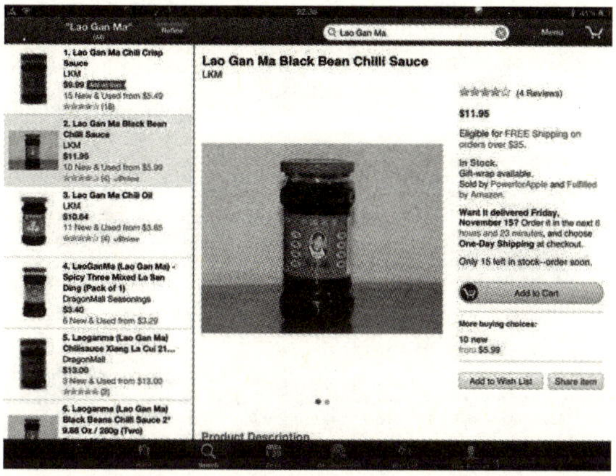

图 9-15 老干妈的辣椒酱在国外热销

比如有些人想办法说服一线明星化妆师，让明星自拍中出现他们的产品。比如搞定明星粉丝团，将产品作为生日礼物送给明星。比如成都的大龙燚通过一些媒体朋友，把娱乐明星邀请到火锅店就餐合影。但是，无论如何都没有办法找到这种“套路”渠道该怎么办呢？以前老枝花卤的摄影师就考过我这个问题，他问我怎么可以低成本地让卤菜产品给人的感觉更高端。我说不知道。他说：“很简单，在拍产品照片的时候，旁边放一个苹果的 iPad 就可以了。”

（3）赋予高端价值感

高端人群也同样关心性价比，但是碰到无从比价的时候，他们反而更喜欢尝试一些“高价”产品，也就是我们经常听到的，只选贵的，不选对的。以国内鲜花的高端市场为例，roseonly 野兽派就是一个“高价值感”的代表作，虽然他们的价格超级贵，但是销量超级好。他们给传统的花艺重新设计包装，开通电商渠道，通过一句极具营销点的“一生只送一人”的口号形成自己的“特有价值感”。随后，通过他们强大的资本和社交关系进行宣传。在微博还很火的时候，数个微博大号为其转发宣传，在情人节红遍网络。

roseonly 顺势而起，成为了一个轻度的奢侈品牌，图 9-16 所示是 roseonly 的产品。凭借这句价值感超强的“一生只送一人”口号，无数的年轻女性争相转发。

（4）用电商弯道超车

我以前和一些大老板接触，发现他们内心或多或少有些排斥电商：“我从来不在网上买东西，要买也是去实体店或者国外买。”甚至有的家庭买菜都不去菜市场，而是开车十多公里去藤洋华堂买食材。

图 9-16　roseonly 的产品

而这几年，出现了一个很有意思的现象，有钱人从实体店转到了电商平台购买东西，但是他们只买电商平台里贵的、有品牌的。而以前的普通消费群体在网店购买产品，会尽量买便宜的产品或通过降低购买频次来节约开支。所以，这个时候在电商平台上某些高价产品成为了高端人群的首选。

淘宝上有家卖桌旗的品牌叫“蜡笔派”，桌旗就是很多家庭的茶几、餐桌上铺的一条比较窄的餐布。他们家的价格不便宜，是同行价格的 2 ～ 3 倍，当然桌旗的质量也非常好。他们的销量是桌旗品类里的第一名，销量甚至是第二名销量的 7 倍。他们正是通过弯道超车成功拿下高端人群。

（5）通过艺术家找到高端人群

艺术家群体是一个很奇特的人群，他们的追捧者大多非富即贵。所以有的时候通过古董鉴定专家、茶艺师、画家等往往可以拓展到高端圈层，若有机会能够跟“大师”们合作出产品，那会是更好的选择。比如，“蜡笔派”通过和画家合作，出一款画家风格的桌旗等。

抓住高端人群其实是一种降维的思维方式，三线城市的人觉得二线城市的人高端，二线城市的人觉得一线城市的人高端，一线城市的人觉得国外的人高端。通过高维度的人群当意见领袖，做背书获取低维度的消费者是最省力的办法。

9.5 营销思维5：流量思维 + 客户共享 + 会议营销

有一个脑细胞会员做的是建材团购的中间公司，他告诉我一些建材团购市场的信息。作为一个第三方公司，他组织了很多建材企业来给消费者提供团购活动（会议营销）。消费者想要的是便宜的建材，而建材厂商因为获客成本高，而且基本都是一次性消费，所以总成本很高。消费者集中时间段采购不同的建材，比如瓷砖、地板等。若把所有的建材消费者集中起来共享客户，实际就能取得“1+1 ＞ 2”的效果了，这个是做建材团购生意可行的基础背景。

在建材团购会上商家一般会给很低的价格，甚至通过亏本来吸引客户，再加上舞台效果渲染的氛围，现场的转化率很高。2009年左右，一场活动可能会产生几百上千个订单，获客难的建材商家搞一次活动，这半年的客户都有了。但是商家也不傻，为什么有的时候亏本也会来参加建材团购呢？对于他们来讲最大的需求是客户，只有有了客户，一切才有可能，建材活动的组织者还会深度培训建材商家的落地销售。比如，团购来的订单客户来提马桶的时候，他们会在客户订的马桶旁边放一个比团购款价格稍微贵点的、但是有利润的马桶，引导消费者购买另外一个马桶，或者买了马桶，店里还有橱柜，一并推荐购买，商家的利润也就有了。

第三方的团购活动组织者除了收取每个商家1000～2000元的基础团购费以外，每一个订单还会抽取100元左右的提成。这个商业模式还是很不错的，只是这几年随着团购活动的增加，竞争的激烈，这种没有商业门槛的商业模式已经普及到了三四线城市，市场越来越难做了。

不过这件事情本身有亮点，值得我们学习和体会：

第一，流量思维，先把人引流进来再说。

第二，客户共享：像建材这种低频次消费的行业内部是有客户共享的机会的。

第三，会议营销：虽然这块有点偏“套路”，但是通过会议营销带来的情感铺垫是很容易现场转化客户的，其实这跟淘宝的一千零一夜的视频场景导购是一个道理，通过场景的方式将理性消费转化为感性消费，大幅提升转化率。

9.6 内容营销：原来年轻人看网红直播的点在这里

很多人来问脑细胞团队："我的品牌是不是要直播，怎么播？是否可以靠直播引流来卖东西？"朋友圈中也有很多开直播的。脑细胞的孙权和芭蕉也都是直播的重度用户。说实话，一开始我真的不太懂直播为什么这么火，直到我和脑细胞的同事外加几个"90后"一起讨论直播的事情之后才明白。晚上回家我打开了斗鱼，打开了熊猫TV，因为有他们这群年轻人的"开导"，我打开了几个主播的直播房间，之后我就沉迷了，居然从晚上10点看到了夜里4点，第二天早上6点又爬起来继续看，而且有的时候居然看得我热血沸腾，我终于明白直播为什么这么火了，也终于明白一些"90后"为什么会通宵看直播！

❖ 直播行业的驱动力

我在APP Store搜索"直播"，结果找到300多个关联应用，可见直播有多火。

直播行业的火热，主要是由以下四个方面的因素驱动的：

第一，用户需求升级换代，高互动性、强社交性的直播成为新型娱乐主流。

第二，4G网络的便利、内容生产工具的升级，让"随时、随地、碎片化"地看直播成为可能。

第三，消费习惯的养成和移动支付的普及，催熟直播的盈利模式。

第四，资本热浪助力直播升温，直播品类及受众不断扩大。

现在，互联网人、机构投资者，甚至是小散户，都在盯着直播行业，试图寻找自己能把握的机会。

❖ 都是谁在看直播

目前，直播平台用户超过2亿，看上去好夸张的数据，2亿人口相当于350个冰岛的人口！主要用户年龄为15～30岁，过了30岁，真没多少人看直播。

根据国家统计局数据，15～30岁大约有3亿人，所以说直播覆盖了15～30岁中65%的人。对于品牌，这是多么诱人和具有想象力的普及度啊。这些人中最老的一群人，恰好就是互联网的"原住民"，从小就在玩电脑，也正是游戏产业的第一批用户。

❖ 直播平台的两大梯队

直播平台分为两个梯队。第一梯队：YY、斗鱼、熊猫、虎牙；第二梯队：全民、龙珠、花椒等。如果有想做主播生意的可以考虑第一梯队，第二梯队和其他的，我个人觉得可以不考虑。

❖ 直播的内容

从现在的市场来看，直播行业之所以那么火，还要归功于游戏电竞行业的爆发。

直播内容占比：英雄联盟 33.50%，泛娱乐 13.26%，单机游戏 12.61%，其他网游 10.24%，穿越火线 7.97%，剩下的都是游戏。

收视率就更能说明问题了：英雄联盟 53.62%，泛娱乐 9.39%，单机游戏 7.09%，炉石传说 6.85%，制作的也都是游戏了。

主播热度也能说明问题：top20 中，非游戏类只有极少数是特别红的。

综合来看，直播内容中，非游戏类的好的内容很少，只占到了 13%，收视率就更低了，只有 9%。

现在直播行业，内容还是以游戏电竞为主，如图 9-17 所示。所以直播行业的资金也都在投在个方向。

大多数非游戏类的直播也是游戏直播的衍生品，很多人在喜欢的游戏主播还没开播的时候，才会去选择看其他有趣的直播。但是从泛娱乐的秀场直播的人数来看，该板块的数量也很大，因为门槛低，而游戏直播、娱乐内容直播的门槛相对较高。而且对于大多数网红经纪公司和个人来说，泛娱乐的秀场是可以快速盈利的。

图 9-17 直播行业的内容以游戏电竞为主

❖ 直播未来还是内容为王

那是不是，跟游戏无关的直播就没有发展了呢？

当然不是，我是个不懂游戏，也不玩游戏的人，我会被各种户外、娱乐的直播吸引。

其实，直播未来发展的核心驱动力还是“内容”，“内容为王”。这让我想到了电视节目，其实是一样的，好的内容自然有收视率，比如《极限挑战》《太子妃》等。

大家可能会说，这些我们是在电脑上、手机上看的，这不算电视节目。不是！其实，从互联网的发展来看，消费者的喜好始终没有变，大家还是喜欢优质的、好的内容！改变的是消费者的观看习惯而已。以前只有电视，所以观看时间集中在电视上，我们都有小的时候守着某个时间段等着看某个节目的经历。而现在，大家看电脑、看手机的时间已经远远超过看电视。所以，结论是，好的内容，大众依旧喜欢，没有变，变的是大众观看屏幕的习惯。所以好的内容才是核心驱动力！

❖ 直播的魅力

直播相对于传统视频内容的差别和魅力是什么？

（1）超高的互动性

所有让我沉迷的直播内容，基本上都有一个套路，“观看者决定剧情走向”。这种即时互动的反馈，是传统视频节目无法做到的。

（2）强社交性

主播不仅是在播一个“节目”，更是在组织一个“派对”。一群兴趣相同的人，可以在一个直播房间内完全互动起来，接下来又会延伸到微信群、QQ 群和贴吧，形成社群，大家继续互动交流。

综合来看，游戏电竞确实是一个适合直播的行业。如果你把游戏当成比赛，当成球赛，在传统的电视节目里，直播比赛也是一种非常热门的形式。

由于游戏电竞的特殊性，主播每一天、每一场游戏的内容都是新的，甚至有非常多的不确定因素，加上主播和观众的互动，因此每天内容都是新的、都是有趣的。游戏行业的草根视频的发展本来就快于其他行业，直播没火的时候，游戏视频的流量就已经非常大了。所以，游戏电竞一定是现在这个阶段直播行业的驱动力。

但是，我们观察可以发现，其实第一梯队的平台已经开始重视优秀内容的直播了，流量上升也很快。

斗鱼是第一个开始做户外直播的，也涌现出了一群做优秀内容的主播，如做滴滴打车的，做日常生活内容的，直播搞笑做饭过程的。熊猫直播，更是做了“hello 女神”、知名主播现场“狼人杀”等这样的大型节目。

优秀的内容必然是未来直播行业的发展方向。

所以，当你或者你的品牌选择去做直播的时候，并不是开个直播就够了，还要有更优秀的内容。

当然，也不是说，你不会游戏，你的品牌跟游戏就没法结合，你就没办法去做直播。只要你能有好的持续性的内容输出，也会有喜欢你的用户来持续关注你。

❖ **怎么用直播来做宣传**

（1）找真正有流量的主播来合作。但是，前提是你必须是一个大品牌，因为现在真正有流量的主播费用很高。还有，需要找到合理的不违和的结合点，若单是直播里放硬广告，其实意义不大。

比如，四川有一个知名品牌，它的主要人群是大学生，所以该品牌想做LOL 成都地区的校园争霸赛，我们给的建议是直接找“笑笑”，虽然费用高，但一定超值，“笑笑”自带 200 万粉丝，而且能说会道，能让品牌迅速传播。

（2）结合自己的特长和优势，开一个有持续性内容输出的直播。只有一个好点子是不行的，还需要一个主题，一个可以持续创造有趣内容的主题。

❖ **直播的未来**

对于直播的发展，各家机构就 2020 年直播市场，给出了不同的预测数据：

方正证券预测 2020 年直播市场将达到 600 亿元，华创证券更是给出了 1060 亿元的乐观预测。

未来暂且不谈，对于每一个想做直播的品牌、个人、创业者，一定先做好内容。现在很多直播平台的主播还是靠刷礼物，广告来盈利的，如果有特别好的内容，未来或许将会出现付费收看直播，内容才是核心。

第 10 章

粉丝策略：用社群来圈住更多用户

这几年，社群这个概念很火，很多人都说自己在做社群，但其实只是在做微信群、QQ 群，不完全是社群。这几年，为了做营销研究，我加了不少的群去体验，但是真正觉得有价值的群可能不到 1%，通常我在群里的感受是这样的：

感受一

为了结识更多的朋友和资源的去加群，结果发现，我自己成为了别人的资源。还有一些微商群，一进群就让我买东西，或者让我成为他的代理帮他卖东西。

感受二

很多群都是这样，早上发牡丹花斗图，每人一句“早上好”，中午，发“欢迎”加红包，晚上呢，要么红包接龙，要么发个广告附加红包。

虽然群的名字叫“某某某干货群”，但是最后群里除了广告就是红包，真正有价值的信息一点都没有。

感受三

每天约有 230 万个微信群被创建，有 40% 的微信群在一周内变得没人发言，30% 的群能够存活超过 30 天，所以很多群在疯狂的广告和红包过后开始慢慢地静下来了，哪怕是看上去很有意义的同学群，也逃不出大多数微信群只有 34 天生命的“魔咒”。

感受四

一些微信群会邀请一些“大神”来微信群进行语音分享，分享一些行业观点、经验等。表面上看起来很有价值，但是脑细胞做过一次数据调查，询问了 200 多人，只有 15% 的人会经常听这种微信群的分享，42% 的人偶尔听过一两次，43% 的人觉得听语音太麻烦，基本微信群里的语音分享都没怎么听过。所以每次大咖分享完，一个 500 人的群，也只有 10 多个人在说话，发红包感谢等。

总的来说：很多讲商业的微信群语音分享都是在自娱自乐，但是，群成员不听语音不代表这些消息没有价值，语音分享还是有价值的，语音分享会让群成员感觉到能亲近大咖，会让成员觉得群有价值。就像晚上肚子饿了，冰箱里有吃的，但就是不吃，幸福感还是满满的，因为心里有底，冰箱里的食物即使不吃，还是有精神层面的价值的。但是，从实用价值来说，被调查的很多人建议，若大咖以文字形式在群里分享内容，阅读率会高很多。

其实，这几年我一直在寻找成功的社群案例，从社群的自我标签化、热度持续、共振协作、盈利能力、可持续性等多个维度来看，真正的成功案例不是特别多，所以现在做社群不晚，不仅不晚，而且还是刚刚萌芽的阶段。早在 2014 年我在做老枝花卤的时候，就特别想做社群，但是研究和观察了两年，直到现在，我才有勇气先拿脑细胞这个项目来做付费社群，进行一些尝试，接下来我来分享一下做社群的心得。

10.1 为什么做社群，为了跟上时代的变化

互联网时代没有大咖，没有专家，因为这个时代发展的速度实在太快。十年前，大家还特别重视选一个手机靓号，什么 888、666 这种。但是现在已经很少有人那么看重靓号了。

在这个快速前进的时代，商业模式这种东西只能说“当下”，不能说“未来”。虽然脑细胞标榜给老板们开营销的脑洞，但实际也只能给大家理念和启发，包括我在内的所有人都一样，都是在摸着石头过河。

罗辑思维最早做内容，卖书做电商，现在慢慢转向做付费阅读了。就连传统的重资产行业里的龙头万达集团，王健林也提出万达要第四次转型，转向以服务业为主的企业。脑细胞在最初的半年时间里，商业模式更是基本上一个月一变，不停地试错、总结、优化、突围，再试错。

但是不变的只有一个——用户，只有从一个产品运营者进化为为用户着想的经营者，才能迈出移动互联网的第一步。

10.2 什么是社群，为什么社群现在火

❖ 什么是社群

早在 1987 年，社会学家 Worsley 就提出了社群的概念，社群可被解释为地区性的社区，用来表示一个有相互关系的网络，社群可以是一种特殊的社会关系，包含社群精神（community spirit）或社群情感（community feeling）。比如学校里的一个班级、一个家族、一个社会团体组织，甚至是监狱以及依托网络平台搭建的新媒体社群。图 10-1 为一些基本的社群用户类型。

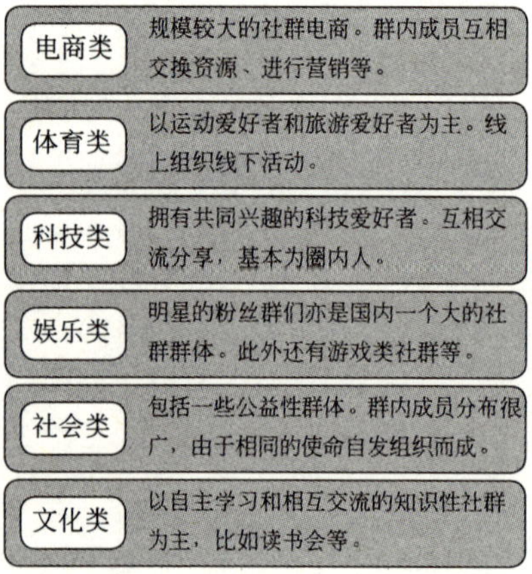

图 10-1　基本的社群用户类型

❖ 为什么社群现在火

为什么这几年“社群”这个概念特别火呢？因为这几年移动互联网的兴起，导致人与人之间的连接变得容易，比如微信的微信群功能，相对以前 Web 版校友录，微信群更容易把老同学们连接在一块，形成一个新媒体社群。正是因为这种“连接”红利期的到来，导致了社群概念的升温。

为了好理解，我把社群分为两种，一种叫线下社群，一种叫线上社群。

线下社群以线下活动为主，线上活动为辅。比如我以前参加过一个骑马的社群，每周末组织户外骑马活动，平时只是用微信群进行辅助沟通、交流。线下社群商业化做得比较成功的代表是耐克的社群。

线上社群是以线上活动为主，线下活动为辅。依托互联网新技术为主的新媒体社群，线上社群商业化做得比较好的代表是青山老农。

这里有一个概念，我必须强调一下，社群不是微信群，微信群有可能只是社群中一个比较重要的载体而已，社群是靠人和人之间的关系维系的，而不是靠微信群维系的，有条件的情况下，一定要多组织线下见面，让社群变得有血有肉，线上聊 100 次不如线下见 1 次。

❖ 社群的几个基本点

大家都在摸着石头过河，但是个人觉得做线上社群一定要有几个基本点：

1. 明确的、唯一的社群定位。比如：母婴健康群、美食试吃群。

2. 一定要有准入门槛，做一个优质社群，而不简单满足于凑一个群。

如：我的一个大咖朋友手机上就有一个全国土地交易的群，里面全是大咖，必须是大咖的推荐才能进入。比如：脑细胞的社群一年要交 1000 元的会员费。

俗话说“捡来的孩子当球踢”，只有有了门槛才会珍惜。但是也有例外，比如有的微商社群就不需要门槛，就是要通过裂变的方式来圈人，把每一个群成员都争取发展成新建群的群主，然后实现销售或拓展渠道的目的。

3. 必须能持续提供内容。比如：脑细胞会员群每隔几个小时就会在群里分析一个营销案例，因为营销案例足够多，所以没有内容数量上的天花板。

4. 要有盈利。盈利了才能让群能够永续地经营下去，目前盈利的社群分两种，一种是产品型社群，比如微商社群、电商社群。另一种是服务型社群，如培训教育社群、售后服务社群。

5. 群降噪。现在每个人的信息量已经够大了，要想让社群可持续性地产生高质量的“干货”，建议不要发红包，禁止斗图发早安，禁止群签到，一定是通过内容去吸引用户，而不是采用这种形式。

6. 重视线下。虽然这里讲的是线上社群，但是在有条件的情况下，一定要组织大家线下见面，相互见面了才会产生信任感，产生新的链接和裂变。青山老农的创始人邱晓茹也说：“线下活动是涨粉最有效的方式，比如说上次做关于音乐分享的一次‘青音悦’活动，两天就涨了 1 万多粉丝。”

做社群不一定适合各行各业，但是各行各业的营销人员可以朝社群的方向去思考，万一历史的时间节点刚好到了你的行业，突然就可以跳上历史顺风车了呢。特别是现在获取客户的成本太高，通过社群先圈好自己的核心客户群是非常有必要的。

10.3 社群的八种形态和案例

现在各种媒体越来越多，人群也越来越细分化，以前很简单粗暴地投一点广告就可以换来很多的产品销量。甚至以前还有央视标王的概念，只要成为央视标王，基本产品在全国的知名度、销量也就一劳永逸了。但是现在对于大多数的普通企业，完全没有那样的效果了，因为你根本不知道广告、宣传费用往哪里花性价比最高，所以，这个时候，社群的价值就体现出来了。

社群不仅可以转化为你的商业客户，还可以收集用户对产品、品牌的建议，甚至还可以变成“产消者”。比如微商，既是消费者也是经销商，所以，经营好用户，经营好社群，是未来商业一项很重要的能力。甚至，社群有可能会成为一部分行业企业的标配，比如：书店、教育行业、红酒行业、网络游戏行业等。

但是，大部分人在同一分类的有归属感的社群组织中，都有专一性的特征，比如，你加入了 A 骑马社群，就会排斥其他的骑马社群，所以，现在这个社群经济还在萌芽的阶段，正是“抢人”的时代。

我把现有的社群总结了一下，大致分八种社群：泛社交社群、产品型社群、电商型社群、人格型社群、知识型社群、关系型社群、社团型社群和公司型社群，如表 10-1 所示，表中分别说明了各种社群的玩法和案例。接下来我将跟大家分享我在做脑细胞社群时的一些思考，希望能给各行各业的老板们一点启发。

表 10-1　社群的八种形态和案例

社群类型	说明	案例
泛社交型社群	微信形式下的泛社交型社群，在社交疲软的今天，逐步进入了低潮期。没有依托物、寄托物的泛社交社群，若再没有意见领袖高度吸附，基本名存实亡。	比如参加某个聚会加的某个群，比如经常莫名其妙就被拉入的一个微信群。
产品型社群	产品型社群核心点在于“功能”和“需求”的持续性连接，要具备持续的产品迭代更新和创新驱动能力，不断刺激用户的需求，保持一定的新鲜感。	小米社群，实时体验反馈，触发版本升级。
电商型社群	以发展销售渠道为核心的社群，多见于各种微商社群，比如裂变系统，号召每一位群友都另外建群，而自己当群主，将微商渠道迅速铺开。	青山老农社群、泉立方社群、欧陌眼罩社群。
人格型社群	人格型社群核心点在于“魅力人格”和“情感寄托”的持续性连接，互联网时代的品牌玩的就是一种“榴莲精神”——喜欢的会爱到骨髓，不喜欢的会完全无感。人们根据品牌偏好会形成不同的小的圈子、不同的社群。	罗辑思维社群、吴晓波读书会。

续表

社群类型	说明	案例
知识型社群	知识型社群核心点在于知识、信息的持续性分享。	李善友的颠覆式创新研习社、×× 创业干货群、×× 股票群、脑细胞社群。
关系型社群	关系型社群核心点在于社群成员“人”与“人”之间的持续性连接。	以正和岛、黑马会之类的企业家精英社群为典范。另外，前文中提到的房地产土地交易群也属于关系型社群。
社团型社群	基于兴趣而组成的社团型社群，以不断的事件、活动、信息分享为连接。	骑马社群、耐克夜跑群、cosplay 社群。
公司型社群	大部分人会忽略的一种社群，公司型社群是基于契约和利益关系而建立起来的强关系社群，这里面目标一致、分工明确、流程有序、执行可见，靠公司或者项目的持续经营为连接主线。	每个人微信上的公司群或者项目群。

10.4　朋友圈是最便宜的宣传阵地

一直以来我都是这样的观点，朋友圈是最便宜的宣传阵地，但是像微商一样发产品好吗？朋友圈，包括现在的很多微博那样的自媒体，最该宣传的不是产品，而是老板自己的人格属性。

曾在脑细胞会员群里发了一篇关于揭秘旅游行业的文章，引起了不小的共鸣，群里有人来问我怎么改善自己的产品宣传。这位会员也是做旅游的，自己研发线路，然后召集客人一起去旅游，现在有 7 个微信号，粉丝人数也已上万，但是总感觉粉丝黏度不高。

我给他的建议是，不要再发风景了，没有人物的风景是没有意思的，大部分风景是公共的、廉价的，就算风景再漂亮，没有故事，没有主人翁的朋友圈图片也是没有意义的。我们更容易被有“人格魅力”，至少是有“人格态度”的朋友所吸引，没有态度的朋友圈，谁都可以发，发朋友圈一定要让粉丝和朋友圈里的其他人觉得你有趣、有思想，这样才能把自己打造成圈子里的意见领袖。

其实我发的朋友圈每一篇文章都是广告，但是很多人看上去并不反感，而且还会点赞，就是因为我发的朋友圈有人有故事。我也拿一些旅游的照片来发，绝对不只是风景。大家一看图片就基本知道我在做什么事情，当他们有营销需求的时候知道会来找我。把自己的人格标签化（为了突出图片的故事性，我没有发朋友圈的文字内容，若配上文字效果会更好）。

人比风景更重要，比产品更重要，看朋友圈的人其实都是来看故事的。

【冷启动案例】线下社群案例：耐克社群

耐克官方粉丝团目前累积了4000多万粉丝，用什么办法维持粉丝的活跃度和社群声量，是一个很苦恼的问题。每天在Facebook等地方发产品介绍、幕后故事、品牌策略，不见得是读者感兴趣的内容。

耐克做了很多运动类型相关的APP：Nike+Trainning Club、Nike+Run Club等，在健身、慢跑等领域成为了意见领袖。耐克产品的植入当然是重点，但更重要的是从消费者的角度出发，提供相关内容和信息。

图 10-2　Nike+Run Club APP

比如：记录跑步人状态和路程的Nike+Run Club APP在全球已超过1500万人下载，如图10-2所示耐克进而引爆全民晒路跑照片的潮流，仅在2015年国内的耐克路跑活动，就有超过1.8万名会员报名。

耐克社群是一个比较典型的线下社群，以一个品牌或者兴趣做牵引，由商家给社群里的成员提供社群工具和服务，比如各种运动的APP，然后由社群官方组织或自发组织各种线下活动，实现品牌和社群里的成员的紧密连接，实现成员对商业品牌黏度增加的目的，最终实现社群的商业转化。

顺便说一下，耐克甚至根据微信订阅号的内容，规划夜间跑步鞋的品类规模，并根据用户跑步频次与周期，给出附近专营店或者网店精准的配货补货建议。

【冷启动案例】线上社群案例：青山老农

有一个叫“青山老农”的社群电商做得还不错，主要卖的是花草茶。青山老农正是在传统平台电商不好做、社群电商却喷涌而出的2014年成立的，创始人邱晓茹和她的团队，看到了移动互联网可以实现品牌与用户间直接沟通的巨大机遇，一手抓产品，一手抓社群，其社群电商模式如图 10-3 所示。

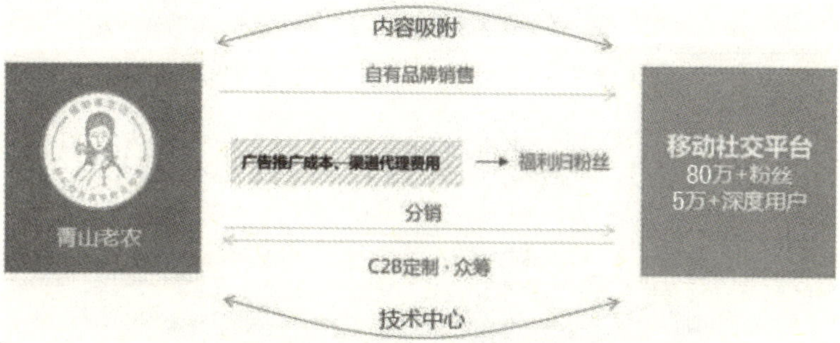

图 10-3　青山老农的社群电商模式

青山老农的粉丝都是非常精准的，她们大多是 20 ～ 40 岁的知识女性，有教师、医生、公务员、白领等。为了获取这部分精准用户，除了有针对性的内容推送之外，青山老农在 5 个月时间内，先后举办了上百场健康达人的社群体验活动，去特斯拉、微信、强生、央视等 300 多家企业举办产品体验活动，以吸引目标客户群。

“内容吸附，社交转化”的粉丝变现环节打通，是青山老农社群电商成功运营的奥秘。在青山老农前期凝聚 80 多万粉丝中，有 90% 为知识女性用户。这些用户统一在“植物素生活”的健康生活方式引导之下，对青山老农的产品、服务认同度不断增加。80 多万的粉丝用户中孕育出 6 万多的深度用户，包括自有商城上 5 万多的会员，粉丝还在全国各地城市开设了 400 多个“植物素生活”社群。

社群电商的优势在于不用烧流量购买用户，而且黏性还好，图 10-4 为社群电商与平台电商模式的区别。青山老农只用把注意力放在用户体验上，没有广告支出，粉丝数量却可以一直正向增长。

❖ 怎么做线上社群

社群是企业与用户真正建立人与人之间连接的最快捷、经济的渠道，也是企业进行口碑传播、收集用户需求、提高用户忠诚度的有效方式，甚至可以通过社群销售产品、让用户参与研发。中青创投创始人、有“社群经济教父”称号的付岩也认为：将来，粉丝经济一定会进化到社群经济。

社群电商与平台电商模式对比的区别		
	社群电商（以青山老农为例）	平台电商（以三只松鼠为例）
创始人	邱晓茹	章燎原
创始人背景	拥有十年品牌战略传播经验，深谙品牌打造和传播之道	在相关坚果、干果行业拥有丰富行业供应链资源
定位	坚定走社群电商模式	“淘品牌”典型代表
用户获取	内容吸附	在平台烧流量
用户黏性	基于价值认同，较强	基于产品体验，较弱

图 10-4　社群电商与平台电商模式的区别

2014 年玩社群的基本上都是靠发红包养群，2015 年靠培训课程养群，2016 年更多的是通过产品来养群。现在陆陆续续出现了很多社群电商的案例：倡导素食主义的青山老农、美食平台的食光社、减肥群体的轻虹社群等，有兴趣的读者可以关注一下这几个社群。

10.5　社群核心要素 1：灯塔效应

茫茫人海，唯有灯塔才有聚集人群、指导人群的效应，一定要找到一个有高度、有势能的点去吸引大众，让用户找到你的社群。比如：罗辑思维社群罗友会的灯塔就是罗振宇，耐克社群的灯塔就是耐克品牌本身。

对于普通老板，也不用惧怕自己没有这个灯塔，对于一家咖啡厅、一个餐馆，老板自己就是一个灯塔，自己的品牌或实体店也可以当灯塔，但是用人当灯塔效果相对会更好，因为常识告诉我们：人们会因为一个喜欢的人或一件感兴趣的事而聚在一起，很少因为某个消费品聚拢在一起。

脑细胞社群的灯塔就是高臻臻这个 IP 和脑细胞的微信公众号。有一份数据调查显示，有 17% 的微信公众号读者会加入和公众号有关的微信群。这反映出了一部分读者想深度参与的诉求，所以脑细胞的微信公众号就是一个很好的社群入口。

灯塔不仅有吸引效应，还有给社群定位的效应，什么样的灯塔照亮什么样的道路，木匠不赚漆匠钱，脑细胞社群的灯塔就做一件事：营销。

10.6 社群核心要素 2：门槛

社群的门槛也非常重要，并不是只有免费的东西才吸引人。所以，有的时候花 1 元的优惠券比免费送的优惠券转化率要高。

我一位做房地产的朋友有一个微信群，里面全是大咖，主题很明确，就是卖地，一般人还进不去，必须是行业公司的老板，还必须有群友推荐才能进去。因为有门槛，所以群的质量非常高，一年的群内土地交易额高达上百亿元，而且群里买卖也特别有意思，买方和卖方难免会有一些不信任，所以每次都会让群主当见证人，而群主也通过交易收取佣金。

脑细胞社群的门槛就是会员费，1000 元 / 年，钱是最容易提高社群门槛的工具。这 1000 元不多，算下来一天才 2.7 元，但是却可以非常简单粗暴地进行过滤，筛选进群的会员。因为有人群的定向性，还让大家有同频率的沟通语境、思维场景，甚至会员可能会有相近的价值观。

很多微信群质量都不是很高，在的是红包有的是发广告和满屏的表情，而脑细胞的群绝不会出现这些问题，因为是付费群，所以大家都有所克制，毕竟交了钱，不敢乱来。另外也是因为交了钱，学员们的积极性也更高。脑细胞有自己的群系统，每一篇分享的营销文章、资料，平均阅读率可以达到 40%。所以，社群一定要有门槛，有门槛才有价值，成员才会珍惜。

另外，再分享一个开脑洞的案例。听说某个付费群入会费是 370 元，但是退会的话，要返还 410 元，退群还能多赚四十块钱。

为什么会是这样呢?

第一，因为他有足够自信，社群可以吸引人。

第二，对不适合社群主流价值观的人，可以使其尽快离开，反而可以让群更好，最后的结果就是退会率极低，而且很多人还想踊跃加入。

10.7 社群核心要素 3：持续内容

前面总结了社群的八种形态，细心的读者应该发现了，社群起到的只是一个连接作用、平台作用，而维持这个连接的关键还是持续性的内容，这个内容可以是人，可以是活动，但是必须有无限多的内容。为什么很多社群刚开始的时候很热闹，后面就不温不火了呢？其中一个原因就是内容不够，同学群是因为有共同学习经历，让大家聚合在一块，但是同学的往事再八卦，也就那么多的内容，再加上进入社会几年以后，职业不同、环境不同，共同的标签越来越少，所以很多的同学群都没有办法破解火不过 34 天的“魔咒”。

青山老农是一个典型的电商型社群，通过三点来保证内容的持续性：第一，一起卖货、利益绑定，随时有打折、促销等信息的流通；第二，线上、线下活动的情感绑定，比如一起参加插画培训，如图 10-5 所示；第三，微商朋友圈素材共享。

图 10-5 青山老农的线下培训

望湘园是一家专门经营终端精品湘菜的餐饮连锁，他们家的湘粉社群内容的持续性是通过大量的粉丝活动来维持的，除了试吃、品鉴活动，还有大量的粉丝互动活动，如图 10-6 所示。比如有一款很辣的猪手，每周五，只要能吃完，然后

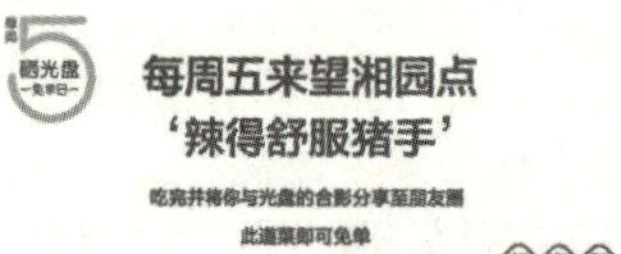

图 10-6 望湘园的社群内容

拍照发朋友圈就可以免单。再比如“新品试吃、粉丝起菜名”活动，粉丝起的菜名只要被采用，就会用在菜单上，包括粉丝的名字和菜名背后的含义。甚至望湘园还拍了《你是我的菜》网络热播剧。

再说脑细胞社群，持续的内容输出有三个：第一，活动案例库、活动文案库、24 小时营销顾问等营销查询小工具让粉丝能够把脑细胞社群长期当工具用；第二，因为脑细胞团队每天都会接触大量的商业项目，所以我们通过微信群每隔几个小时不定时地分享脑细胞的所见所闻，国内外一些营销的新玩法，新思维，如图 10-7 所示；第三，成立脑细胞实验室，不定期地免费帮会员做实验性质的营销活动（若有视频、媒体投放等第三方费用产生除外）。

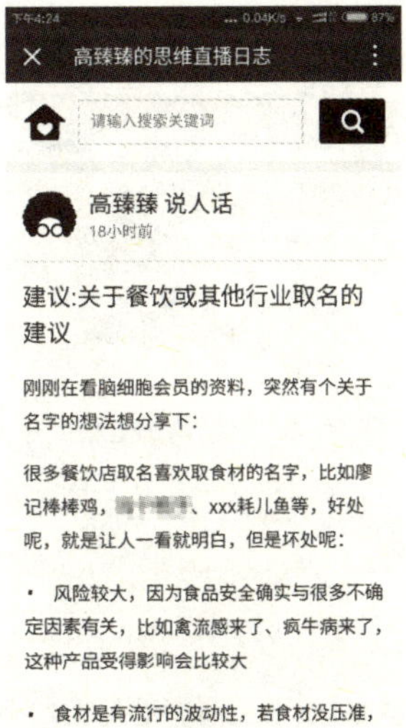

图 10-7　脑细胞的社群内容

上面简单说了几个社群内容持续产出的案例，内容是非常关键的，这个时代是属于内容创造者的时代，所以内容的方向特别重要，要没有天花板，可以随时发展，有源源不断的新鲜内容。

社群有八种不同的类型，对于很多有狼性的电商型社群，有些人觉得发红包很重要，有的人觉得可复制，可裂变，短时间可以无限拉人头很重要，我个人觉得这些要素未必适合所有的社群。另外，社群也不一定要大，好的社群一定要有凝聚力。星巴克有 3300 万粉丝，这些粉丝之间围绕某一个店或某一个具体的纲领可以形成不同的社群，但这 3300 万人并不在一个大的社群里。

罗辑思维说：“未来的商业核心动力必定是社群。”我很赞同这个观点，但是社群究竟怎么做，需要大家一起在实践中摸着石头过河。

【冷启动案例】两个微信朋友圈宣传推广的案例对比

每天都有不同行业的老板过来问我问题，让我每天都感觉自己“浸泡”在问号里，然而很多时候又让我很揪心。

比如有一位卖燕窝的老板，我让她把朋友圈宣传好好做起来，她也确实按照我说的去做了，但是偶然间我看到了她的朋友圈，就发现了她的问题所在，

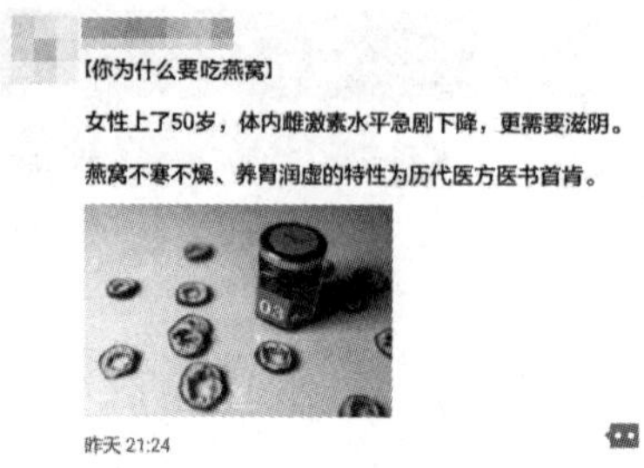

图 10-8 卖燕窝的老板的朋友圈内容

她每天发的朋友圈内容就是《你为什么要吃燕窝》这种内容，如图 10-8 所示。

我问她："你为什么每天都在发这种普及知识的朋友圈啊？这个和你的燕窝品牌有什么关系呀？"她说："有用啊，我就是要告诉消费者，相比其他营养品，吃燕窝具有不可替代性。"我说："那你被其他燕窝品牌替代了怎么办呢？"她不说话了。

其实不光是这位卖燕窝的老板，这种给广大消费者做知识普及，而对自己的产品没有直接的沉淀、转化的老板大有人在。比如卖珠宝的，每天在朋友圈里讲什么是蓝宝石、红宝石，而不讲这些宝石和自己的关系，没有任何的品牌或者产品溢价。说白了，在整个商业链条当中仅仅扮演的是卖货郎的角色，而没有对商品有任何的价值增益。我认为他们不是在做宣传推广，而是在做"商业慈善"，在做行业科普。

不做知识科普，那该怎么做呢？我朋友圈里有一位卖水果的微商，我从来没有买过，但是我知道他一直坚持在卖水果，而且好像还卖了一两年了，并且生意还不错。那天我去看中医，医生告诉我以后一定要多吃水果，我第一时间就想到了微信里的这位卖水果的朋友。

其实他每天发的朋友圈也是非常多的，但是我并不反感，反而觉得内容有正能量，而且还有趣，知识感很强，注意，不反感只是我的感觉，什么意思呢？具体他发的内容我未必看过，但是给我的印象是这人很努力。作为水果卖家，他很专业，如果我要买水果，就会在他那里买。所以这也印证了我之前的一个关于朋友圈宣传的观点，朋友圈宣传不是用来宣传产品的，而是用来宣传人格形象的，宣传产品就像很低端的微商，会被屏蔽，宣传人格，朋友圈里大家会觉得你很有趣，会记住你的人格标签，知道你在卖什么产品，哪怕你在朋友圈没有过多地提你的产品购买方式，时机到了，依然会在你那里消费。

举个例子，很多人应该都听说过罗辑思维，但是你可能对罗振宇讲的内容大部分都忘记了，但是你记得住罗振宇这个人。很多人关注了罗辑思维的微信公众号，但是几乎从来没有点开听语音，不过你知道有一个每天早晨坚持发60秒语言的罗振宇，知道他是在做知识服务的，一旦某一天你想给自己充充电了，那第一个想到的肯定是罗辑思维的APP。可能下载了以后也没有怎么坚持听，但是你心里却有一种学到了知识的满足感，这就是人格化IP的力量。

我们回过头来看看这位卖水果的朋友是怎么发的朋友圈，他的朋友圈以小视频为主，而且正文里很少带销售链接，销售链接最多出现在评论里。这个做法其实挺高明的，减少了朋友圈销售的功利感，就像我有的时候想在朋友圈发篇广告，但是直接发购买链接不符合我个人的风格，会显得很低端。我发的广告正文里还是很正面的内容，但是又不给人一种“鸡汤”或者“鸡血”的感觉，因为像那种天天发货爆仓的，或者是很晚还在努力加班的朋友圈，现在实在是太多了，反而给人的感觉很假。

比如我就轻描淡写地发一句话：“今天老枝花卤第十八家直营店开张了。”不管点赞的人多还是不多，也不管问“哪里买”的人多还是不多，我都会很套路地回复一句：“统一回复：要想买的东西可以到哪里哪里去购买。”“统一回复”这简单的四个字，其实有很多信号在里面：第一，暗示我的朋友圈不是在打广告，而是朋友们问我，我才勉强回答这个比较商业化的问题；第二，暗示这条朋友圈的热度很高，不然为什么楼主会统一回复呢，如图10-9所示。

话题收回来，看看这位卖水果的朋友具体是怎么发朋友圈的。他基本上不发那种有打折信息的朋友圈，而是发各种自己亲自出镜的吃水果的视频，或者自己亲自到某个村收水果、选水果、爬到树上摘水果的视频，如图10-10所示。长此以往，给我的感觉就是他是一个实实在在踏实做事的人，是一个非常资深的水果买手，即使我当时不买，但是总有一天在需要买水果的时候会想起他，这就是打造IP、塑造朋友圈人格的玩法，据说他一个月也有好几十万元的水果销售额呢。

我们来分析一下这位卖水果的老板和前文提到的卖燕窝的老板发朋友圈的特点。

卖燕窝的老板主要是在做知识普及，卖水果的老板也做一定的知识普及，但是重点是有老板亲自出镜，在塑造一个每天都在努力创业的正能量形象。有人的元素，在沉淀人格IP，而卖燕窝的老板仅仅是在做“行业慈善”，帮助同行普及燕窝知识，而普及完了依旧跟自己的销售或者形象沉淀无关。

图 10-9　“统一回复”案例

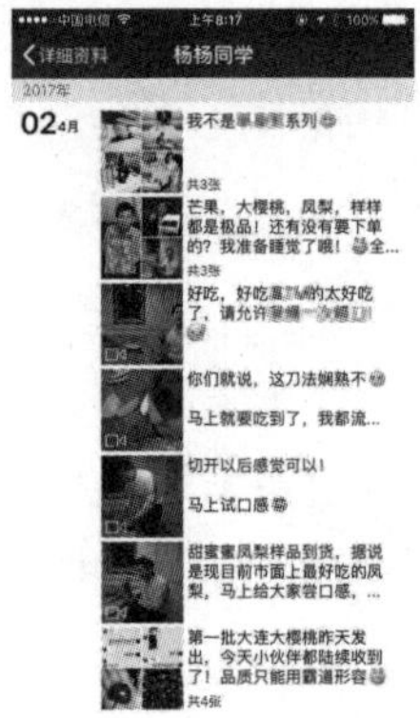

图 10-10　卖水果的朋友发的朋友圈内容

卖燕窝的老板发的朋友圈仅仅是信息，没有任何的趣味，不能体现出老板的思想，而水果老板创造的是趣味性内容，他甚至会用短视频，亲自教大家怎么用新鲜水果做香蕉牛奶，会发在农村选水果被土狗“追杀”的信息，这些内容让我们感觉到他是一个有趣、热爱生活的人。一般我们更容易和人建立信任，而很难简单地与产品建立信任，特别是像农产品这样的品类，同质化现象非常严重，又很难建立品牌的地缘性产品。我们都知道，现在是一个信息爆炸的时代，但是从来没有人说过这是一个意见领袖过剩的时代，所以信息和人的融合才能不被这个时代淘汰，不被他人屏蔽朋友圈。

除了上面两种发朋友圈的人，其实还有数量更多的第三种人，他们每天在朋友圈发产品价格、打折信息，也就是我们经常毫不犹豫屏蔽的微商，这是最低端的一种方法，不仅被人屏蔽，惹人反感，甚至可能会影响现实生活中的交往，大家会觉得这种人不靠谱，没底线，没特点。

现在经常能遇到微信上群发清理“僵尸粉”的信息，其实我觉得这种人挺傻的，既暴露了自己的人品，又暴露了自己的智商。因为对于真正的好友来说，他也许就是个多余的存在。试想一下，如果你的微信上有 10 个人在同时清理“僵尸粉”，那朋友圈里可能就有 10 个微商，每天每人发十条朋友圈广告，那一天就会产生 100 条垃圾信息，对于这种骚扰，肯定特别反感。

所以，在朋友圈做宣传，最笨的就是发广告的，然后是发信息的，最厉害的是宣传自己人格 IP 的。

另外，我在思考这个燕窝案例的过程中，还发现了一个很有意思的方法论，就是怎么宣传自己的产品。先到淘宝上搜一搜竞品，看看淘宝卖家是怎么打造卖点的。因为淘宝卖家一般年纪不大，同时又是互联网行业的从业者，他们往往更加与时俱进，更懂得怎么把握卖点。在淘宝上搜燕窝，发现有很多很好的宣传卖点可以借鉴，比如“浩浩妈带你去燕工厂”“乐姐带你去燕屋”“英子真实采购”“现场直播”等，这说明市场上已经有人在打燕窝原产地这样的卖点了。还可以进去看看卖家直播的视频是什么样的逻辑顺序在介绍原产地。很多专业的淘宝卖家因为有淘宝后台提供的大数据分析工具，可以知道消费者一般是搜索哪些相关的关键词，消费者搜索的关键词代表了消费者的购买意向。所以还可以借鉴淘宝的宝贝标题，寻找你可以借鉴的关键词来包装成卖点。比如我们搜淘宝产品的时候看到有卖家在打“非三角燕盏”这个词，那非三角燕盏就是一个可以尝试包装的产品差异化卖点，同理，这些关键词、关键卖点也是发朋友圈时大众们关心的点。

关于发朋友圈的格式，我觉得最好的朋友圈格式是图和视频，文字尽量少，因为这样对他人来说浏览成本低。最不建议的格式是文章转发和长文字，建议文字最好不要超过 50 个字。另外，朋友圈短视频内容是离“人格化 IP”更近的一种方式，而且一定要自己亲自出镜，因为你可能记不住 papi 酱讲了什么，但你一定会记住 papi 酱这个人。

❖ 揭秘微信群背后的数字以及 9 大规律

微信群已经进入我们的日常生活中，成为社交关系的主要纽带。微信群有自身的规律，长期群能存活很长的时间，临时群则转瞬即逝。来自清华大学、康奈尔大学、香港科技大学和腾讯公司的研究人员采用了机器学习算法，分析了 47 万 + 的微信群、2 亿 + 微信用户、6 亿 + 的好友关系和 200 万 + 邀请记录，揭秘了微信群背后的数字以及 9 大规律。

微信群 9 大规律如下：

1. 每天，约有 230 万个微信群被创建。

2. 大约 25% 的微信信息，来自于群对话。

3. 微信群的生命周期，很大程度取决于设立时候的社交目的：例如事件驱动的群组相对于经常聚会的朋友群，有更高消亡的可能性。

4. 微信群可以分为长期群和临时群。其中 40% 的群在一周之内变得默默无言，30% 的群能够存活超过 30 天。

5. 长期群往往拥有较大的规模，而临时群的规模往往在 100 人以内。

6. 尽管临时群会在某个时刻停止信息互动，但是群成员仍然会发展友谊。在稍长的时间内，对潜在朋友网络结构产生影响。

7. 相比临时群，长期群 10% 的邀请出现在至少第 3 层的关系；对于临时群而言，只有 1% 的邀请出现在第 3 层。

8. 微信群的邀请对时间高度敏感。80% 的首次邀请发生在邀请人入群的 5 天之内，80% 的连续邀请发生在 2 天之内。

9. 30% 长期群的节点，有超过 10 个子群的大小；而只有 10% 的临时群的节点，有超过 10 个子群的大小。

第 11 章

定价策略：通过定价来吸引消费者

011

定价是一门艺术，是包含于整体品牌战略中的策略行为，直接关系到企业、竞争对手以及消费者，如图 11-1 所示。定价的作用绝不只是帮助企业增加利润，还关系到品牌在消费者头脑中的定位，比如自己亲手打造的一个新品牌，消费者通过价格，是最直接能感受到这是高端还是中端的产品，而且合理的价格对销售渠道等也有积极的意义。

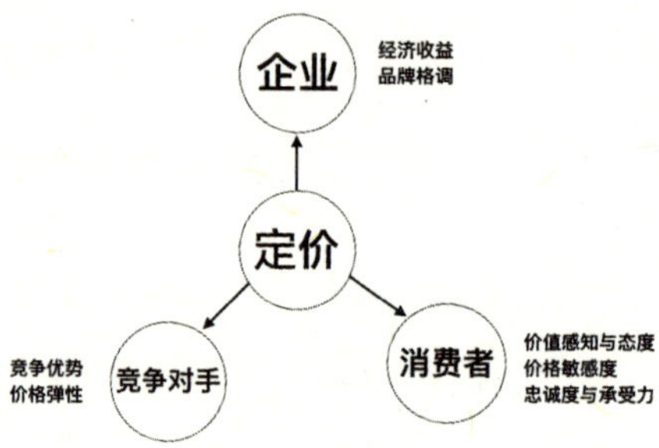

图 11-1　定价的意义

一般情况下，若产品的毛利率没有达到 50% 以上，那是没有办法在微商和电商渠道玩的。因为，若低于这个毛利率，商家是没有办法承受高让利的促销玩法和渠道成本的。

11.1　通过定价来吸引消费者有哪些方法

最早将定价策略引入市场营销领域的是哈佛大学教授雷蒙德·科里。早在

20 世纪 60 年代，他就首先提出定价对企业极其重要，整个市场营销的焦点就在于定价策略。但可惜的是，当时市场营销学术界对定价问题完全不重视，每当遇到定价问题的时候，学术界普遍认为问题可以通过加强产品和服务的差异化而间接地解决。

定价的主要目的是："寻找到最大化利润和市场占有率的结合点"，具体方式有新产品定价策略、产品组合定价策略、折扣定价策略和心理定价策略等，本节先讲前两种。

❖ 新产品定价策略

如果是新产品，有三种定价方法：高位定价法、低位定价法和中位定价法，下面分别进行介绍。

（1）高位定价法

高位定价法是指以高价的方式将新产品投入市场，以便在产品市场生命周期的开始阶段取得更多利润，尽快收回成本，之后再逐渐降低价格。这一方法利用了早期使用型消费者求新、求奇的心理和对价格不太敏感的特点，采用高价将新产品导入市场。

这种方法有很多成功案例，比如美国雷诺公司的圆珠笔定价案例。雷诺公司在 1945 年发明圆珠笔的时候，成本仅 0.5 美元一支，但是公司利用消费者求新、求异的心理，以 20 美元的价格销售。当竞争对手出现以后，该公司将价格降到了每支 0.5 美元，而这时其成本已经随着生产规模的扩大下降到了 0.07 美元。

再比如，国内 1992 年的时候，呼啦圈开始出现在北京市场。由于舆论宣传的作用，所以大家认定呼啦圈有健美的作用。虽然产品的成本在一元左右，但价格却卖到了七八元，即使这样还是吸引了很多早期使用者，通过他们又使呼啦圈广为流行。不要小看这类早期使用者，他们一般喜欢求新、求异，一般都是各类朋友圈里的意见领袖，所以由他们去带领时尚是非常有引导性的。而最终的结果就是靠这个小小的商品，让很多工厂赚足了利润。

采用先高后低的定价策略对企业的积极意义是：第一，提高产品身价，树立了高质形象，刺激顾客购买；第二，能尽快收回成本，获取最大利润；第三，掌握调价的主动权，为以后实施降价策略留有余地。但高位定价法也有其不利的一面，主要表现在：高价令人望而生畏，影响顾客购买，同时高价会吸引竞争者进入，从而加剧竞争。

先高后低的定价策略有一定的适用条件。首先，市场有足够的购买者，他们对价格敏感度低，需求价格弹性小；其次，产品的价格定得很高，能使公众产生这种产品是高档产品的印象；再次，产品技术独特，竞争者难以效仿；最后，小规模生产能实现盈利。因而，该定价策略主要适用于化妆品、流行的服装鞋帽、特殊品及高档品。

另外，我在这里专门讲一下电商的定价。一般情况下，若毛利率没有 50%、60% 的商品是不建议做微商或者是传统电商渠道的，因为低于这个比例，就没有办法去承担平台广告费、快递费、包裹材料费、退单损耗等很多成本，多半亏本。特别是淘宝、天猫等这类的平台，在商品上架之前就要先给每一件产品规划 4 个梯度的价格：原价、日常价、活动价、大型活动价。原价一般都是标的超高价，只是用来看的，基本用不到。也正是因为有原价在，所以大家一打开淘宝全是几折几折，感觉超便宜，而几折以后的价格才是这款产品的日常价。另外，有的时候淘宝小二让商家参加活动，必须给折扣，没折扣就没流量，所以商家还必须准备一个活动价格和大型活动价，比如“双十一”“双十二”活动价。为了让大家有更直观的感受，我举个例子，一件商品原价如果是 100 元，那么日常价就是 6 折后的 60 元，活动价是日常价的 9 折，也就是 54 元（60-60×10%=54元），而大型活动价是日常价的8折，也就是48元（60-60×20%=48元）。

（2）低位定价法

低位定价法是将新产品的价格定得相对比较低，尽可能地快速打开销路，获得较大市场占有率，等产品在市场上站稳脚跟以后，再将价格提高。这一策略主要是利用消费者的比价心理，以低价刺激消费者购买，在消费者心目中建立价廉物美的形象。

比如，美国柯达公司以前就是采用的这种策略和宝丽来竞争的。当时柯达将两种新型相机价格分别定为 53.30 美元和 69.50 美元，而宝丽来公司的同类产品的价格则为 66 美元和 83 美元，最后，柯达成功地阻止了宝丽来公司进一步扩大市场的进程。

到了互联网时代，这种低位定价法就更加被运用得炉火纯青，如各种补贴，各种免费商品。特别是当年的 360 杀毒软件，当时它的竞争对手金山毒霸、瑞星杀毒还是很强大的，但是正版的软件要花钱去购买，而 360 直接免费。因为互联网产品具备传统产品中可能没有的媒体和流量属性，所以 360 可以通过杀毒软件全免费获得大量装机量，有了安装量就有了流量。这样就可以向消费者推荐软件。比如有推广自己软件需求的公司可以找到 360，通过 360 让用户安装他们的软件，每装一个，给 360 支付费用，如图 11-2 所示。而 360 通过杀毒软件再推广自己的 360 浏览器，首页就是 360 自己的搜索页面，原本百度该赚的一部分钱，只有眼睁睁地被 360 赚去了。

低位定价策略的优点是低价易为消费者接受，有利于产品迅速打开销路，提高市场占有率，同时，低价的薄利不会吸引竞争对手大量进入，诱发恶性竞争，便于企业长期占领市场，但该策略有投资回收周期长，价格调整空间小和低价易使消费者产生不信任等不足。

采用此方法需要具备一些条件：首先，市场需求弹性大，消费者对价格极为敏感；其次，产品生产具有规模经济特征，即大批量的生产能显著降低成本；再次，低价不会引起实际和潜在的竞争；最后，企业的经营目标是追求长期利益而不是短期利益。该定价策略一般适用于一些低档商品、易耗商品、专业性不太强的商品和生活必需品。

（3）中位定价法

中等定价法是介于高价和低价定价法之间的一种定价策略，是一种居中的价格策略，它既能保证企业获得满意的利润，又能被消费者接受，对买卖双方都有利。该策略风险小、易为各方接受，有利于企业实现目标利润，但是这种策略特点不突出，较为保守，产品难以打开销路，易使企业失去占有市场的机会。该定价策略应用较为普遍，多用于一些生产和生活必需品的定价。

❖ 产品组合定价策略

产品组合定价策略简单说就是几种关联的产品打包一起来制定价格的策略，比如适当提高畅销品价格，降低滞销品价格，以扩大后者的销量，使两者销售相互得益，增加企业的总盈利，常用的产品组合形式有以下几种：

（1）产品线定价

产品线定价是根据消费者对同样产品线不同档次产品的需求，精选设计几种不同档次的产品和价格点。

比如，苹果手机以闪存容量的大小来定价，16GB 和 64GB 两个版本的 iPhone 成本相差不到 12 美元（约合人民币约 78 元），但售价却相差 100 美元，而其中 88 美元（约合人民币 573 元）就是其利润了。所以说取消 32GB 保留

16GB 版本是苹果最精明的做法，这一决策让苹果的利润每年无形中增加了几十亿美元。

而且行为经济学中也讲过一个案例，在商场橱窗里为什么要放三种型号。功能差不多的洗衣机分高中低三种价格，一般选择中等价格洗衣机的人是最多的。对于低档价格，很多人会想，要不再加点买个好的；对于高档价格，消费者又会想，没有必要买那么好的，高低价格的洗衣机的产量和销量都不会太多，它们就是用来引导消费者买中等价格洗衣机的，其实可能中档价格洗衣机的成本和低价格的洗衣机是差不多的，但有价格参照物时，利润却是增加的。

（2）任选产品定价

任选产品定价即在提供主要产品的同时，还附带提供任选品或附件与之搭配，比如我买台笔记本电脑，一般也会在这家实体店或者网店买个匹配型号的电脑包。

（3）附属产品定价法

以较低价格销售主产品来吸引顾客，以较高价格销售备选和附属产品来增加利润。比如，以前美国的柯达公司推出一种与柯达胶卷配套使用的专用相机，价廉物美，销路非常好，结果带动了柯达胶卷销量的巨大增长，尽管其胶卷的价格较其他品牌的胶卷更贵。

有一次，我在东北滑雪住的民宿，一查价格，才 90 元一晚，便毫不犹豫地订了，结果去了以后才发现，吃一顿家常菜要 200 多元，因为民宿住得比较偏，周边又没吃的，只能在那家吃，因此非常无奈。另外，桶装水、打印机也是这样的定价策略，桶装水机器我可以免费送，但是你只能在我这里订水。

（4）副产品定价法

对于许多行业，在生产主产品的过程中，常常有副产品产生，这些副产品对于某些别的行业是有价值的，也可以用于销售，这种副产品的收入越多，将使公司更容易把主产品的价格定得更低，以便在市场上更有竞争力。比如，我之前去参观一个白酒厂，他们这个行业酿完酒以后的酒糟还可以卖给生产饲料的企业。

（5）捆绑定价法

将很多种产品组合在一起以低于分别售卖时的价格总额来定价。比如，商场里经常看到牙膏和牙刷或者是两把不同颜色的牙刷捆绑到一起卖。另外，我也做过捆绑定价。大家知道我做的老枝花卤是卖卤味的，有十多个产品，比如卤鲍鱼、卤毛肚、卤鸭脚、卤核桃，最早的时候是没有套餐的，那个时候客单价也就 60 ～ 80 元，消费者爱吃什么点什么。后来，我们设置了套餐，结果客单价直接上涨到了 160 元，销量翻了 3 倍，而且最神奇的是套餐分 3 个：99 元的、139 元的和 188 元的，结果 188 元的套餐卖得还挺好的，如图 11-2 所示。

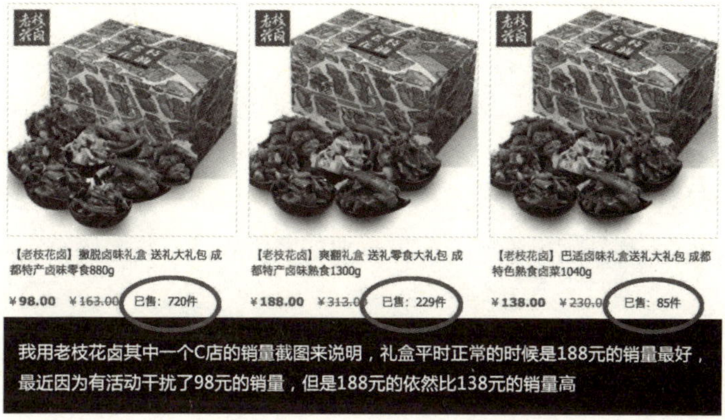

图 11-2 老枝花卤 C 店的销量截图

市场营销学者 Thomas J.Nagle 指出了定价在营销中的重要价值："好的定价始于分析消费者的需求和价格感知"。可见，营销定价离不开对消费者的价格感知的研究。众所周知，感知价值 = 感知效用 ÷ 感知价格，消费者将选购他们认为感知价值最大的商品。需要指出的是，降价并非是降低感知价格的唯一选择，关键在于企业如何管理顾客的价格心理。

11.2 通过心理学玩转定价，吸引消费者

定价其实不是一个根据成本核算或者根据竞争对手做价格参照的数学问题，而是欲望的表达，或者说是对其他人怎么做的猜测，是一个心理问题。对于买方来说，价格是对拥有某个物品渴望程度的量化指标。对于卖方来说，价格衡量的是保住自己已经拥有的某物的欲望程度，包括时间、精力和自尊等这类东西。经常听别人说自己挺理性的，但是在实际生活当中，大部分人都是靠直觉

在生活，所以通过心理学来指导产品的定价很有实际意义。

举个有意思的价格实验的例子。让两组人来估一盒感冒药的价格，对 A 组的消费者说："你们觉得这盒感冒药多少钱？"结果大部分人的估价在 30 元左右。对 B 组，换了种问法："你们觉得这盒感冒药的价格是高于还是低于 1000 元？"虽然 B 组的人都觉得这盒感冒药不可能卖 1000 元，但是仍然估出了一个不合理的天价——200 元。这个实验反映了心理学的锚定效应，即使 B 组的人都不承认自己的估价受了 1000 这个数字的影响，但是实际是有非常大的影响的。所以定价是一个心理问题，不一定单纯是一个成本和参考同行价格的问题。

价格虽然只是一个数字，但是它能唤起一套复杂的情感。设定价格的行为表面上看稀松平常，可在这一过程中，我们把内心的欲望变成了人人都能看得见的数字语言。产品定价是一个非常重要的营销要素，甚至还有专门做定价策略的公司。

比如，有一家叫 SKP 的公司就在专门做产品定价策略，甚至把定价发展成了一门高深的学问，宝洁、雀巢、微软、英特尔、高盛、英国航空、宝马、奔驰等很多大型的企业都是他们的客户。

SKP 管理咨询公司是一家以战略、营销、定价和销售为核心的国际管理咨询公司，在全球拥有 33 家分支机构和 930 名员工。公司成立于 1985 年，拥有超过 30 年的咨询经验，被公认为定价咨询服务的全球领导者，其主页如图 11-3 所示。

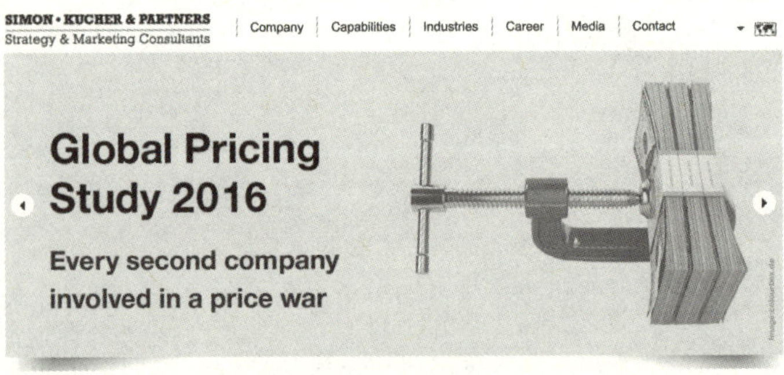

图 11-3　SKP 管理咨询公司主页

研究消费者的价格心理，是企业成功获得利润的重要保证，消费者的心理价格倾向分为五类：

（1）求廉心理倾向，即以追求廉价商品为主要目标购买心理，比如买内容差不多的商品，一般是哪家价格便宜买哪家，特别是网络购物，比较起来更容易了，只要排序价格，很快就下单了。

（2）自尊求荣心理倾向，即以追求荣耀为主要目标的购买心理，比如买车，特别是高端的车，很多时候就是开给别人看的。

（3）求实心理倾向，即以追求产品的使用价值和经济实惠为主要目标的购买心理。

（4）求同心理倾向，以追随与模仿他人和追赶时髦为主要目标的购买心理，比如大学生们买苹果手机，有一些同学的想法就是别人有，我也要有，所以大学生通过按揭方式买 iPhone 的不少。

（5）求新、求异的心理倾向，即以追求款式新颖、造型独特等罕见商品为主要目标的购买心理，比如很多人特别热衷于买耐克限量版篮球鞋。

根据上面的这几种心理需求，常用的心理定价策略有如下几种：

❖ 尾数定价策略

其实这个方法大家应该都知道，因为早在 20 世纪 80 年代已经开始流行了，就是在价格尾数的基础上少一元钱，如，299 元感觉上才 200 多块，其实已经是 300 元的级别了，而且一般人的浏览习惯是从左往右阅读，然后短时间记忆用于比价，所以尾数定价有一定的优势，特别是到了电商时代，按照价格排序，少 1 元钱可能就能使商品排得更靠前。

那我为什么还要在这里继续“炒剩饭”呢？因为我想说这种方式也不是所有情况都适合的，因为这种只卖 998 的方式会让人有一种廉价的感觉，甚至是欺骗，这种策略更适合廉价商品，比如日用品等。为什么一定要以 6、8、9 这些吉祥数字结尾？如果可以做一些调整，可能效果会更好，大家来感受一下，19.8 改为 19.7，哪个数字会让人心里更舒服一些呢？

❖ 整数定价策略

整数定价与尾数定价正好相反，有一些公司故意将产品的价格定为整数，以显示产品的品质，如图 11-4 所示。整数定价多用于价格较贵的耐用品或礼品，以及消费者不太了解的产品。对于价格较贵的高档产品，顾客对质量较为重视，往往把价格高低作为衡量产品质量的标准之一，容易产生“一分价钱一分货”的感觉，所以整数定价更有利于销售。

图 11-4　整数定价策略

但是，尾数定价和整数定价不是绝对的，尾数定价的商品不一定就是廉价品，整数定价的商品不一定就是高档品，还是要分具体使用的场景。我专门查了苹果官网的 iPhone，价格也是尾数定价策略：比如，iPhone 7 Plus 定价 6388 元，如图 11-5 所示。

图 11-5　iPhone 的尾数定价

❖ 声望定价策略

声望定价是针对消费者“便宜无好货、价高质必优”的心理，对在消费者心目中享有一定声望，具有较高信誉的产品制定高价。不少高级名牌产品和稀缺产品，如豪华轿车、高档手表、名牌时装、名人字画、珠宝古董等，在消费者心目中享有极高的声望价值。购买这些产品的人，往往不在乎产品价格，而最关心的是产品能否显示其身份和地位，一般价格越高，心理满足的程度也就越大。

比如十多年前的彩电价格大战中，国产彩电普遍大幅降价，而海尔不但没有降价，反而有所提升，那时海尔电视的销售额有增无减，这在很大程度上利用了消费者的名牌心理，让大家觉得海尔的产品确实物有所值。

再比如，同等规格的高钙牛奶、高铁牛奶、低脂牛奶的价格比普通牛奶价格高很多，但是它们的实际成本差别可能并不大，为什么会这样呢？这是由产品的定位决定的，这些产品是出售给关注健康的消费者的，为了健康，这些消费者愿意付出更多。

时装、化妆品、微整形、减肥代餐等商品的价格远远大于成本，有些甚至是成本的几十倍乃至上百倍，实际这也是一种心理定价，它是以消费者心目中认为值得付出的产品价值来定价的。化妆品类追求的是美丽和青春；时装追求的是时尚、与众不同的个性和新奇等，这些都是物质成本不能衡量的，价格的高低以消费者的“适当价值感”为参照物。

另外，已经是高端定位的产品若要卖低价产品，一定要进行品牌分离，注册另外一个品牌来打市场，不然要出大问题，派克钢笔曾经就遭遇了这样的失败。公司为扩大市场份额推出了3美元以下的廉价钢笔。此举一出，不仅使“钢笔之王”的形象受损，更使派克高档金笔的市场占有率下降到只及竞争对手的50%。可见，顾客常常会通过价格来判断产品品质和品牌，因此产品定价时必须考虑顾客对不同产品所持有的价格印象和价格心理，将定价和不同的产品定位、品牌形象协同起来。

❖ 招徕定价策略

这种定价是对某些商品定非常低的价格，目的在于吸引消费者的目光。比如我们逛街时经常会看到大街小巷中很多店门前贴个标签“10元起”。当然这个“起”字写得非常小，这种方式会让路人认为这家店里的商品都很便宜，其实未必。这种策略的目的就是吸引消费者在来购买该商品时也购买其他商品，从而带动其他商品的销售。当然我们也可以反其道而行之，把价格定得很高来吸引眼球。

这里我们专门说一下家乐福和沃尔玛是怎么利用招徕策略的。他们两家都打的是最低价，家乐福坚持“低中取低，高中超高”的策略，而沃尔玛是所谓的“整体低价”。家乐福并不是把所有的商品的价格都定得很低，而是高低结合，至于哪些商品是低价，哪些商品是高价，家乐福是在充分的市场调研的基础上确定的。特别是家乐福把商品按其属性分为四种：敏感性商品、非敏感性商品、自有品牌商品和进口商品。对于四种不同属性的商品的定价采取四种不同的策略：敏感性商品超低价，非敏感性商品贡献价，自有品牌商品权变价，进口商品超高价。最终要达到的目的是将提高销售额和获取最大利润整合到最佳平衡点。

所以，讲到这里，我们就可以理解为什么淘宝商家有的时候“9.9 包邮”都敢做了，有一句话内涵特别丰富，叫“来都来了”，既然来了，就随便买点什么呗，反正都包邮。

❖ 对比定价策略

对比定价策略是以所谓的孤立效应为基础的。孤立效应认为：一个商品如果紧挨着一个价格更高的替代商品出现将比它单独出现更有吸引力。

法国一家专营玩具的商店购进了两种“小鹿”，造型和价格一样，只是颜色不同，上柜后很少有人问津。店老板想出个主意：制造差价。他把其中一种小鹿的售价由 30 元提高到 50 元，另一种标价不变。把这两种价差鲜明的玩具置于同一柜台上，结果提了价的小鹿很快销售一空。对比之下，消费者会产生价格错觉，或使高价更高，或使低价更低，或者错误估计价格的差距。

就拿广告行业来说，我们一般给甲方提案都会给高中低三个价格，而且故意把低档和中档的价格套餐做得很不合理，尽量往高档的价格套餐引导，如果只是一个套餐，一个价格，很多时候在谈判过程中容易僵持，很尴尬。星巴克有中杯、大杯咖啡，就是没有小杯，它也是这种定价策略，如图 11-6 所示。

图 11-6　星巴克坚持用中杯、大杯、超大杯命名来对抗消费者小、中、大杯的习惯

❖ 错觉定价策略

错觉定价就是让消费者对价格产生心理错觉，在家乐福、沃尔玛两家超市，

经常会看到“100 元购买 110 元商品”的促销活动。

表面看来，这种方案和打 9 折没有区别，都是让利 10%，但仔细分析会发现 100 元购买 110 元商品的促销方案的绝妙之处。打九折，给消费者的直观感觉是在降价，这时“便宜没好货”的心理会影响消费者的购买决定，而“100 元购买 110 元商品”却使消费者觉得自己的货币价值在提高。

其实定价策略的方式还有很多，比如习惯定价法、小计量定价法、统一定价法、系列定价法、意向定价法等。由于篇幅关系，我们再最后举个小计量定价策略的案例。比如老枝花卤因为是油卤工艺，又不加任何的添加剂，成品缩水就会特别严重，若按照斤来标价，看上去就特别贵，所以从一开始就按照两来标价，如图 11-7 所示。除了价格感知更好了，而且一斤对于一般年轻人来说没概念，也根本吃不完，按照两来标价以后，我们还会特别注明，某个产品适合几人食用等。

有一门学科叫心理物理学，专门研究人的主观感觉和物理事物的关系。早在 19 世纪，心理物理学家就发现，人们对相对差异非常敏感，而对绝对数值却不那么敏感。比如两杯水，哪杯更热，大家都知道，但是让人猜测水温是多少度，就猜不准了。价格也是一样的，价格对消费者来说其实是一个相对的心理感受，到底贵还是便宜其实是可以美化的，但是，美化不是骗，没有道德底线，产品以次充好，那是做不长久的。

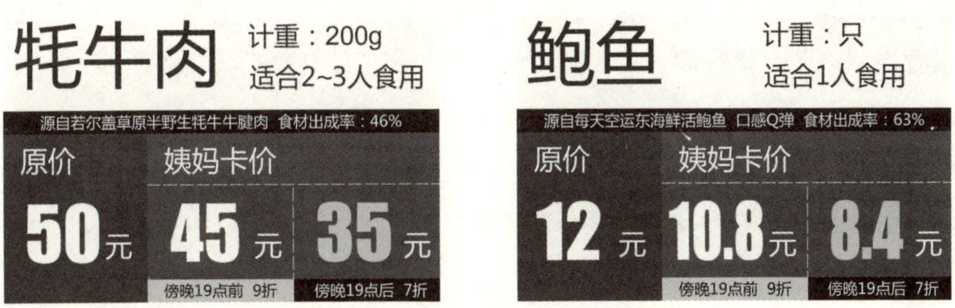

图 11-7 老枝花卤的标价策略

11.3 如何在不损伤品牌的前提下做打折活动

消费者的普遍心理都是想买价廉物美的东西，但是又怕自己被坑，又希望被特殊对待，所以打折成了商家常用的一种推销手段。但是消费者对普遍的7、8折已经“免疫”，总觉得7、8折后才是商品的实际卖价，因而往往会期待更低的折扣，或等待确认折扣的真实性，所以打折定价策略是很有学问的。

对于需求弹性大的商品，折价销售往往会刺激顾客的购买欲望，促使其做出购买决定。比如之前我常年看爱奇艺的免费视频，广告虽然讨厌，但是我也能接受。突然有一次，爱奇艺做活动，5折会员，我毫不犹豫地买了一年。其实想想，平时每天上下班坐滴滴来回都要100元，而100多元的视频会员价格却让我觉得贵。所以人真的是怪，很多人花几百元买件衣服觉得便宜，但是花50元买本书却觉得贵。对于需求弹性大的商品，折扣定价策略是比较管用的。

折价销售是营销推广促销手段的一种具体形式。折扣推广，是指营销者运用各种短期诱因鼓励消费者或中间商购买的促销行为。这种促销手段在短期内促销效果显著，但由于它具有贬低产品之意，只能作为一种辅助性促销手段使用。而且要有技巧地用，不能频繁用，频繁用只会吸引价格敏感型的消费者，而抛弃价值认可型的消费者，长此以往，会形成恶性循环。

常规的折扣定价有季节性折扣定价策略、故意高原价低折扣策略、批量购买折扣策略、优惠卡打折券折扣策略等，大家看这些名字就能大概知道一二，我在这里就不啰唆了。

我来讲点特别的案例，打折的核心观点就是千万不要让折扣变成数字游戏，一定要给打折一个理由，哪怕是因为老板生二胎高兴了，打折一周，甚至是给消费者设置一些打折障碍，让消费者能互动起来才能让打折变得不平常。

【冷启动案例】给消费者设置一些打折障碍

哥斯达黎加有一家连锁餐厅叫作spoon，他们做了一个打折的活动。当你点完餐上完菜以后，你要对着菜品拍照，然后上传到Facebook去分享。重点是，只上传了照片是不能得到优惠的，必须有人给你点赞，才能给你打折，而且折扣的高低和点赞的人数有关。有一个人点赞，餐厅就便宜1%，10个人点赞，餐厅就打九折，最高可以打到77折，相当于需要23个人点赞，最后拿着手机的点赞数去前台结账。

如果你想获得更高的折扣的话，就必须把图片拍得更好看或者更有故事性，还可以强拖20多位朋友帮忙来点赞。这个折扣方法还是有门槛的，但是也很有趣，消费者可以发挥自己的想象力尽情创意。折扣是对自己努力的回报，而不是存货甩卖的感觉，对品牌也没有伤害。

国内的黄太吉也经常使用这种方法来做促销，如图 11-8 所示。

图 11-8 黄太吉的打折障碍案例

【冷启动案例】必须给打折一个理由

莫名其妙地打折，是有损品牌气节的，而且会让消费者觉得这家店太随意，消费者也不会珍惜。必须给打折找一个理由，而且这个理由也不能是新品上市全场 9 折这样的理由，因为消费者已经无感了，哪怕是“老板的儿子今天圆满考上重点高中，普天同庆，全场 7 折”，给人的感觉都是完全不一样的。

H&M 这家卖服装的公司，大家应该不陌生，它在全球普遍开展了一个打折活动，回收一袋旧衣服就可以赠送一张八五折的优惠券，买一件正价衣服享受八五折的优惠，如图 11-9 所示。

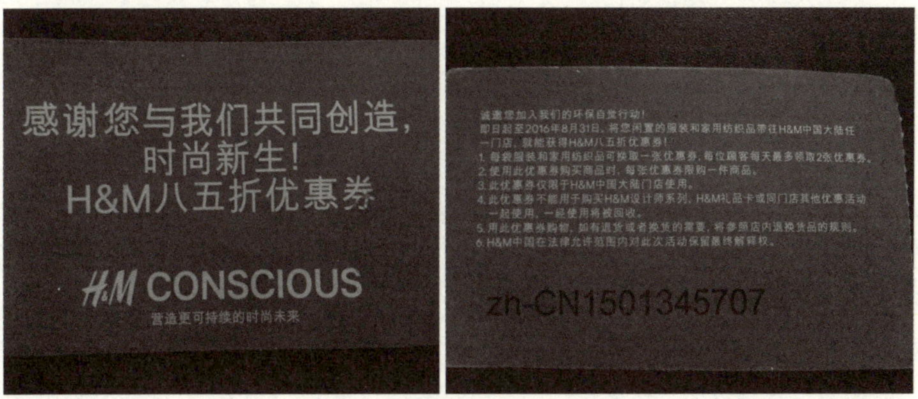

图 11-9 H&M 的八五折优惠券

这个活动回收来的旧衣服由一家国外专业的回收废旧衣服的公司处理，旧衣服可能被做成拖把或其他的东西，在打折促进销量的同时也体现了公司的价值观——可持续发展的环保理念，得名得利，无伤品牌。

【冷启动案例】开脑洞的动态打折

经常媒体上有刊登“餐厅新开张，饭钱随意给”的新闻，其实这种折扣方式也算是动态折扣的一种，不过给人的感觉是没什么创意，其主要原因可能是吸引来吃霸王餐的都不是最后的目标客户。

在动态打折思路里，有一个著名案例就是英国摇滚乐队电台司令（Radiohead），他们推出的专辑《彩虹里》不再采用传统的定价方法，而是让他们的粉丝可以以任意价格进行下载。

据悉，活动结束的时候，有180万人下载，其中60%没有付款。然而在40%的下载者中，甚至有人愿意支付100美元，平均支付2.26美元，这比传统定价模式经过层层剥削之后能够得到的多得多。“这张专辑赚的钱比以往所有专辑加在一起还要多”。但是这种玩法有局限性，从本质上，餐馆模仿是不合适的，因为这种玩法最适合的条件是产品边际成本低、有粉丝顾客基础、高度竞争的市场环境。

这种玩法还有一个升级的兜底的玩法。美国有一家公司让消费者自己来报愿意出价的机票价格，然后由航空公司来接单，如果太低，就没有航空公司接单，无法坐飞机。这种玩法说简单点，就是在玩动态折扣，说复杂点，其实他是从拍卖公司的反面思路来做的——拍买。

【冷启动案例】等级折扣定价策略

等级折扣定价策略其实就是让不同的人享受不同的折扣，比较常见的会员卡、会员制的消费都算是等级定价策略。特易购（TESCO）是全球三大零售企业之一，它通过大数据的玩法来打折，它可以通过你的购物清单判断你家目前是否有小宝宝，如果有，在结账的时候会自动给你打出一个婴儿奶粉的优惠券，这等于给了你优惠，能促使你再次回到这里购物。

高露洁就更特别了，曾做了一个得名又得利的活动。很多人都知道吃糖会引起蛀牙，但是很少有人关心生活中食物的糖分，于是高露洁就派人去超市里记录用户经常购买的食物的糖分，将数据录入数据库，接着打造了一个特殊的小票机器，并安装在超市里。当消费者购买商品结账的时候，机器会打出带有糖分数据的小票，如图11-10所示。每个人购买食物不同，糖分就不同，而高露洁会在小票的最后附赠优惠券，谁的糖分越高优惠券就越多，如图11-11所示。

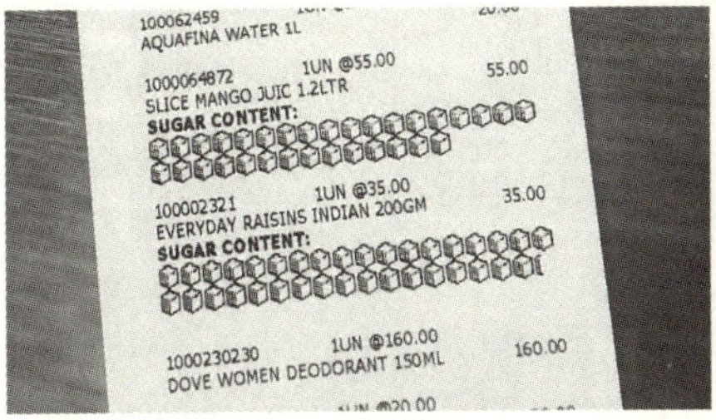

图 11-10　小票会带有糖分数据

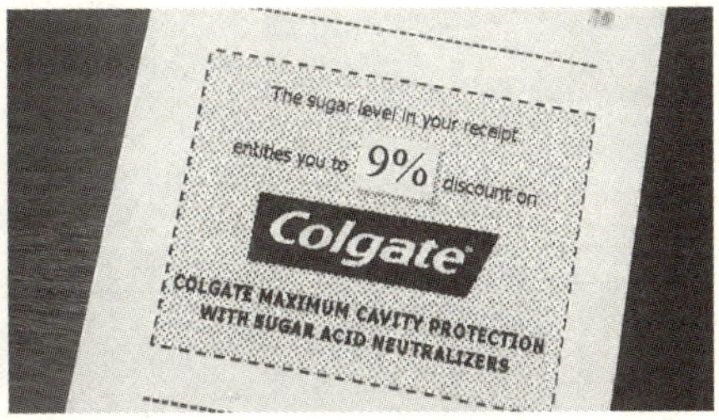

图 11-11　小票的最后附赠优惠券

11.4　折扣定价需要懂跨界心理学

❖ 概率折扣策略

心理学和行为科学里有一个著名的前景理论，卡尼曼也因这个理论获得了2002年的诺贝尔经济学奖。其实简单来讲，该理论是讲人们对风险和收益的决策，当面对远小于购买力的利益时，人们倾向于增加风险。

心理学家做过一个实验，一个自动售货机上本来打7折销售的10元零食，后来变成概率折扣销售。消费者购买时会以70%的可能性原价购买，30%的可能性退回全款，也就是说，有30%的可能性是免费购买的，结果自动售货机上该款零食的销量增加了3倍。

北京有一家做煎饼很火的品牌黄太吉也利用了这个原理，在结账的时候，商家和消费者玩石头剪刀布，消费者赢了就可以免单，其实用的就是这种概率折扣的玩法，如图11-12所示。

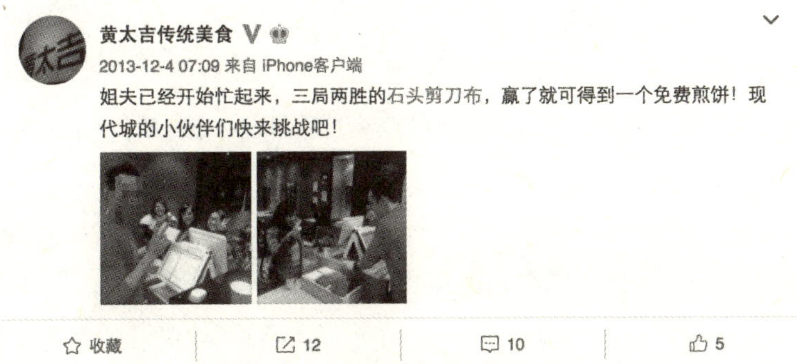

图 11-12　黄太吉的概率折扣玩法

❖ **心理账户折扣策略**

我们先来做一个小实验：

1. 某天你因为不小心剐蹭了爱车，修车花了 1000 元，心情不好，回到办公室，发现抽奖中了 200 元。

2. 某天你因为不小心剐蹭了爱车，修车花了 800 元。

这两种情境下，同样都是损失了 800 元，但是你觉得哪种情境会让你心情更好？大部分人会选第一种，而实验结果也是这么证明的。

为什么呢？这是因为我们往往会为损失和收益设置不同的“心理账户”——损失账户和收益账户，并且往往用不同的方法来看待不同的“心理账户”，很多商家的满赠、满减策略就是利用了这个原理。比如一件商品打 8 折，1000 元的东西付出 800 元就能买到，消费者心理感知不强烈，感觉现在好多东西都是 8 折。但是，如果是满 1000 元送 200 元代金券，消费者感觉是自己已经付出了 1000 块，然后又额外收获了 200 块，就觉得开心多了。

❖ **折扣说法上的策略**

我们经常听商家打广告说“3999 元买电脑，免费送耳机、鼠标和 1 年上门维修”，本来 3999 元就已经包含了耳机、鼠标的成本，非得说是免费送。这是因为心理物理学上有一个研究：人对损失和收益的感知并不是线性的。比如你赚了 100 万元，快乐要达到双倍，那必须再赚 400 万元，而不是线性的 200 万元；反之，你损失 1000 元感受到的痛苦，可能要损失 4000 元才能感受到双倍的痛苦。我们经常会想，已经损失 1000 元了，再损失 500 元，区别也不大啊。

所以，它把所有的成本折算到一起，给消费者一个总价，让消费者一次支出 3999 元，而不是感觉到要多次支出，比如为电脑支出 3000 元，为耳机支出 200 元，为上门维修服务支出 200 元。一次性支出会让消费者觉得付出这些金钱没有那么痛苦，而且也可以防止消费者说：“那我不要耳机、鼠标了，你把电脑价格给我降下来吧。”同理，淘宝上包邮的商品几乎都比不包邮的商品卖得好，也是这个道理。

折扣定价是一门与心理学等很多学科关联的学问，法无定法。但是请务必记住，无论如何都一定要给自己的折扣活动找一个得体的理由，千万不要搞成和同行们互相伤害的数字游戏。

第 12 章

活动策略：如何通过活动引爆流量

自从做了脑细胞，我每天都生活在问号中，每天都有很多人问我各种“神奇”的营销问题，但是问得比较多的是怎么做开业活动或促销活动。说实话，这个问题，让我很难回答，因为促销在营销里只是一个技巧，甚至是很小的技巧。如果品牌没有灵魂，就不会有沉淀，就算促销活动搞得再好，也只是昙花一现。就像淘宝的“双十一”，一些没有品牌只拼价格的商品“双十一”过了，也就没什么销量了，消费者记不住你的品牌，也不会重复购买。

做事、做品牌分三个级别：大赢于势，中赢于道，小赢于术。用“势”来做的品牌，比如苹果、谷歌，只要出一个新产品，大家都会主动去购买、去尝鲜，这种玩法不是大多数企业能玩的；用“道”来做品牌就是踏踏实实做品牌的普通企业；而“术”则是通过促销、销售话术、活动来做品牌，是迫于需求压力。

12.1 营销活动需要考虑的一些要素

做营销活动需要考虑的一些要素如图 12-1 所示。

我个人觉得营销活动至少有两个目的：

第一，实实在在地沉淀客户，绑定顾客。

第二，做声势。例如，在做开店活动时，需要尽量让实体店周围的人知道你的店，知道你是卖什么的，所以无论开业折扣，还是请些人敲锣打鼓，都是为了造人气，而造人气是为了吸引更多的人来围观，所以开业活动销售额和利润不是最关键的，让人知道你在这里扎根了才是最重要的，所以有些店开业声势造得好，直接持续影响三年的销量。

创意案	执行案	备注
活动目的	增加下载量，提高平台活跃度 品牌传播度	
活动诱导	1.话题情感引导，照片评选，有参与感 2.物质奖项设置	
活动形式	抢楼、秒杀、有奖转发、有奖征集、网上评选、注册送券	
市场分析	从产品的市场、差异化、竞争情况、活跃用户四个方面进行简单的阐述，能有详实的数据做支撑更好	
活动主题	这个活动是关于什么的，我为什么要参加	
活动时间	15天	
活动平台	APP，Wab页面、微信、微博、Qzone、豆瓣、贴吧等	
活动推广	活动需前期预热、前期引导核心目标用户，站内推广/站外推广。站内推广比较简单 就是如何利用自有平台本身的资源进行推广，如首页的广告位，文字链之类。站外推广要量力而行，一般来说的推广手段包括 KOL转发、人工发帖、合作推广等	
活动反馈	活动完成提醒鼓励	
效果预期和目标		
活动备注	活动规则中应该包含免责的部分，如用户多长时间不提供有效联系方式将视为自动放弃领奖等。一些格式条款，弱化或者放到活动页面不显眼的地方，如"本次活动的最终解释权归××所有" "本次活动严禁××参加" 活动执行案是在确定了活动创意案之后进行的，有些公司做活动策划的时候是没有创意案的，尽管如此，即使没有创意案，做执行案之前 要沟通好活动的创意及基本内容，否则会浪费策划大量的时间	活动创意案要求简单明了，不需要很多的内容，但是要把活动的创意展示出来

图 12-1　营销活动需要考虑的一些要素

这两个目的才是“道”层面的理解，把握好了这两个目的，那就可以无限地想各种“术”层面的营销活动了。

这里分享一下做促销活动的各种促销方式，如图 12-2 所示。

【冷启动案例】口碑扩散活动：共享会员卡

老枝花卤如今的新店开得还是比较多的，基本每个月都有一两家新店开张，很多人问我，老枝花卤是怎么做开业活动的？

其实老枝花卤常规的开业活动比较简单，除了常规的开业折扣以外，最重要的环节是推会员卡，通过会员卡来长期绑定社区店周围的顾客，但是这个会员卡和一般的会员卡又不一样，是可以共享的。比如某个人办了一张会员卡，她的朋友可以不用拿实体卡，直接报卡号就可以享受折扣了。但是所有非持卡人的消费积分都会累积到持卡人的卡上，若累积到 80 万分还可以送一辆“跑车”，这样就触发了持卡用户到处去分享自己的卡号，让朋友来享受折扣，同时，老枝花卤的顾客裂变也就形成了。

另外，老枝花卤的所有物料都是有品牌属性的，会员卡也不例外，都是在

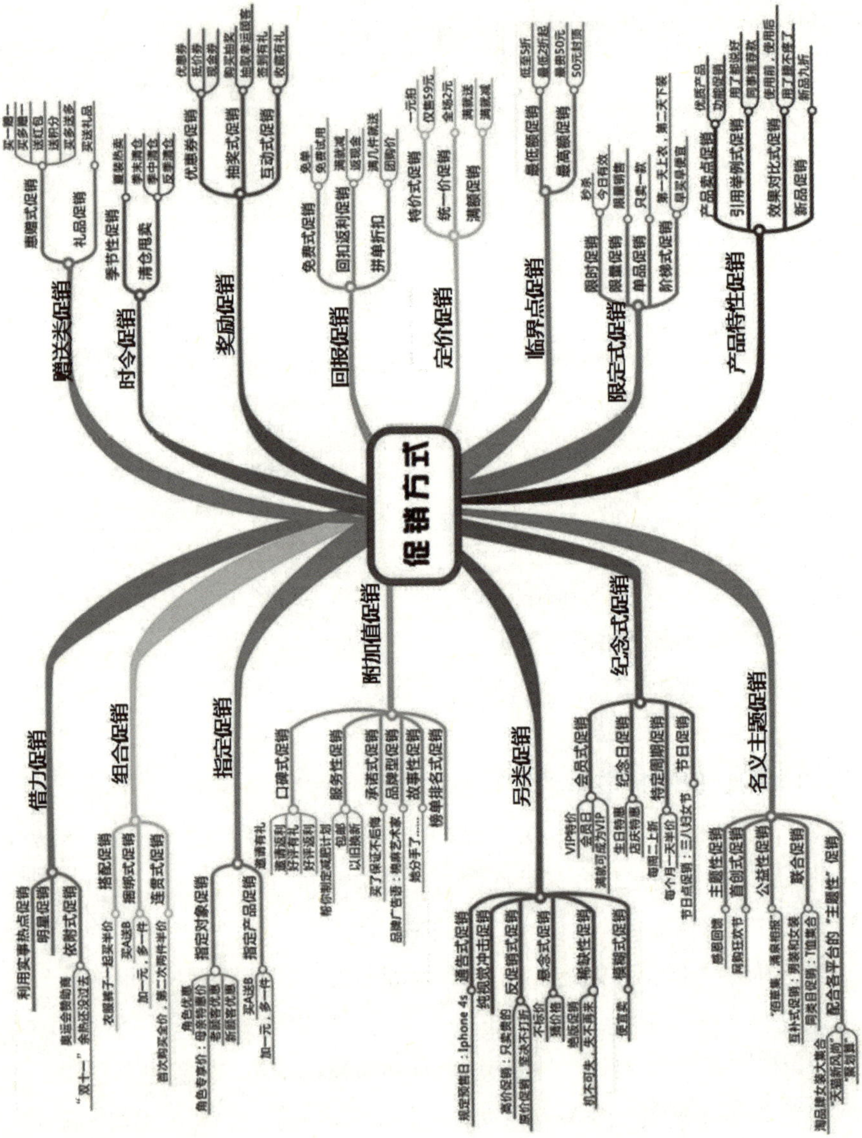
促销方式
赠送类促销
惠赠式促销
礼品促销
时令促销
季节性促销
清仓甩卖
奖励促销
优惠券促销
抽奖式促销
互动式促销
回报促销
免费式促销
回扣返利促销
拼单折扣
定价促销
特价式促销
统一价促销
满额促销
临界点促销
最低额促销
最高额促销
限定式促销
限时促销
限量促销
单品促销
阶梯式促销
产品特性促销
产品卖点促销
引用举例式促销
效果对比式促销
新品促销
借力促销
利用实事热点促销
明星促销
依附式促销
组合促销
搭配促销
捆绑式促销
连贯式促销
指定促销
指定对象促销
指定产品促销
附加值促销
口碑式促销
服务性促销
承诺式促销
品牌型促销
故事性促销
榜单排名式促销
另类促销
通告式促销
纯视觉冲击促销
反促销式促销
悬念式促销
稀缺性促销
模糊式促销
纪念式促销
会员式促销
纪念日促销
特定周期促销
节日促销
名义主题促销
主题性促销
首创式促销
公益性促销
联合促销
配合各平台的“主题性”促销

图 12-2 促销方式

讲同一个“老枝爷爷和小花妹妹生活在一个四合院吃卤味”的品牌故事，所以这个会员卡叫“姨妈卡”。意思就是说，来的顾客都是朋友，都是亲戚，直接过来刷面卡就好了。

【冷启动案例】集赞活动：先盖两个章

有些咖啡厅在开业或者平时会做盖章集点卡的活动，这种开业活动还是可以借鉴的，因为可以绑定顾客，但是有些细节需要注意。

以洗车厂的集点卡为例，假设消费者每次洗车都可以在卡片上盖1个章，把卡片盖满，就能换1次免费洗车。现在来做个实验：有一半顾客必须集满10个章，才能免费洗车，但是一开始卡片上就已附赠了2个章，作为开业时的福利，消费者只要再集8个章就能盖满集点卡；另一半顾客拿到的卡片则没有附赠任何章，但是只要集8个章就能换免费洗车。

两组人都只需要付费洗车8次，就能换得1次免费服务，但实验结果却不一样。比起没拿到预盖卡片的顾客，一开始就有2个章的卡片持有者更加愿意把集点卡集满，两组人数相差一倍。最初就有2个章的卡片持有者，显然放大了印章的价值，更加想要完成整个集章过程。

所以，当你想吸引顾客消费时，不妨先释放出一些免费的好处。特别是在进行集点活动时，预先给消费者部分点数比只给他一张空白集点卡更有效。

还有很多开业促销活动，比如卖钻石的用99个穿婚纱的美女，确实可以让人眼前一亮。但是我在这里就不分享这类的了，因为这种完全是在拼钱，没有太大的技术含量。还有一些有技术含量的开业促销的案例，比如我们在给一家儿童饼干快消品做策划的时候，建议他们写一首简单的儿歌，然后通过地推团队想办法把歌拷贝进各种药店、小卖部门口的“摇摇车”里，通过反复播放加深目标受众的印象。再比如，和区域快递站点合作，通过社区的快递包裹实现开店宣传的目的。

我有一个开面馆的朋友，专门选择在大年初二开业，目的就是在其他竞争对手还没有营业的时候，先拦截客户。其实开业活动玩法真的很多，万变不离其宗的是一定要先想明白为什么要做开业活动，不能因为别人在做你就也做。

12.2 做促销活动可以考虑这样的赠品

不管是实体店还是电商，很多时候做活动都要赠送赠品。选礼品是一个很头疼的问题，选贵的，成本高，选便宜的，感觉低端，所以很多商家最后为了方便，最终选择了送自己的产品，比如买三赠一、买二赠一等。站在消库存的角度来看是对的，但是站在品牌的角度，未必正确，变相打折销售会给人东西太廉价的感觉，而且没有体现出品牌的精神价值。

❖ 送竞争对手的产品当赠品

很多年前，褚橙的一个区域经销商朋友找到我，让我帮褚橙想营销点。那个时候，褚时健老前辈在稍微年长的人群中是比较有名的，但是当时褚橙还没现在这么火，还没有渗透到年青一代人当中，特别是女性消费者，他们不知道褚时健，购买还是建立在产品本身上的。

我朋友反复跟我强调这种橙子非常好吃，但我觉得，在没有对比的情况下，大部分人对橙子是否好吃的感知并不强烈。所以，我建议他在每一个包裹里放一个普通橙子，然后贴上一个不干胶标签：别人家的橙子，对比了才知道我们的橙子好不好。这样做的好处至少有两点：

- 第一，让差异表象化，更能激发口碑传播。
- 第二，体现出品牌对产品质量的自信。

其实，随着时代的进步，很多行业里单就产品质量来说，各家都会越来越差不多，不细心分辨，基本看不出差异化，所以，有的时候把竞品当赠品送会起到意想不到的效果。比如卖有机蔬菜的就送普通蔬菜，让顾客去直观感知差别，比如卖无水蜂蜜的送一小罐竞品的蜂蜜，然后让消费者把蜂蜜滴在卫生纸上做实验，无水蜂蜜确实没有浸透的水渍。比如做有机餐饮的，在做回锅肉的时候单独放一块普通猪肉，让消费者更直接地吃出差异。对消费者来说，很多东西都是不比不知道，一定要比较才知道品质的区别。

❖ 不花钱的贵重赠品

老枝花卤一直都在标榜自己营销上的亮点是把快递包裹当成媒体来经营，表面上包裹的是卤味，实际上包裹的是人心。老枝花卤 90% 的客人都是女性，所以每一个包裹里还送了顾客一个心愿卡，卡上写了文字“随便吃不长胖”，如

图 12-3 所示。有很多女孩子拿着卡片就往自己脑门上贴，然后拍照发朋友圈，当然我们的品牌也这样被宣传出去了。

图 12-3　老枝花卤的心愿卡片

因为老枝花卤一直标榜的是四川特色，所以赠品一定要符合这个品牌灵魂。2016 年过年的时候，我们的包裹里就放过一张明信片，正面很普通，是一个成都近郊的 100 多年的老茶馆的照片，但是反面却是一块真的石头！石头下面有一句文案：可能您没来过成都，但是让您提前触碰一下成都的土地，采拾地点：×××，就是正面老茶馆的位置，如图 12-4 所示。大家想想，收到淘宝包裹的客人，若是外出打工的四川人，摸到老家的石头是什么样的感觉，若是外地人，不管来过没来过，也会有一种情感穿越的感觉。

图 12-4　老枝花卤在过年期间设计的赠品

老枝花卤一直在思考什么东西最能够代表成都这座城市来当礼品送。寻找了很久，终于发现了 10 多年前那种可以捏泡泡的塑料包装最能够代表成都人的生活，为什么呢？因为我们把这种泡泡塑料裁剪成小块当礼品，放在淘宝包裹里，每一小块上面都贴一张不干胶，不干胶上有文案：“成都生活就是捏泡泡，小满足，大幸福”，如图 12-5 所示。

这些赠品、礼品可能按照现金来计算，确实成本不高，但是却很走心，很用心，最关键的是和品牌的价值观高度统一，给品牌加分不少。

图 12-5　老枝花卤制作的代表成都这座城市的礼品

❖ **一定要送和品牌精神匹配的赠品**

脑细胞的会员群里有一位卖枕头的会员。他卖的是泰国的天然橡胶枕头，名字取得特别霸气，叫“朕要睡了”。他也想送客人一些小恩小惠的东西，比如牙刷、手机壳之类的。我说不对，这些东西大家不稀罕，甚至印了品牌 logo 的手机壳反而让人使用障碍。我建议他一定要找和自己品牌价值观强相关的东西当礼品，比如，在淘宝上选一个防辐射手机壳，上面写几句文案，如：“朕要睡了，放下手机，好好睡觉！”

黄老五的子品牌黄小五是脑细胞团队策划的品牌，产品是全国销量第一的花生酥，我们给该品牌的定位是“充电轻微饥饿”，吃黄小五的花生酥，可以缓解饥饿，但是又不影响吃正餐，每一个花生酥上甚至写有时间，吃了续航十五分钟。

我们在给它规划赠品的时候，没有选择常规的钥匙扣这样的产品，这样会显得很普通，最关键的是和品牌的价值观不符。我们在阿里巴巴上找到了一款手机一次性充电宝，这个东西长得跟胶囊一样，插在手机上，可以给手机续航一两个小时，给手机充电，用来应急，这个来当黄小五的赠品简直太完美了，因为和品牌强相关，都是应对轻微“饥饿”，不影响“正餐”，如图 12-6 所示。

脑细胞微信群有一位会员，他是做鲜花配送的，品牌名字叫“如花”，他分享了一个他的赠品想法，很有意思。因为可以通过自己的网站获得订花人的访问路径、时间等信息，所以网站会自动生成一封信，放到鲜花里一起配送，如图 12-7 所示。内容大致是这样：你的朋友 ××× 在如花网上帮你选鲜花，真的非常用心，花了 4 小时 32 分 15 秒，一共查看了 72 种鲜花才下单。14：25 分卖花姑娘把丁香花订单转交给花艺部，花艺部的姑娘在 14：32 分打印出了贺卡，花艺师用心制作包裹等。

图 12-6 一次性充电宝

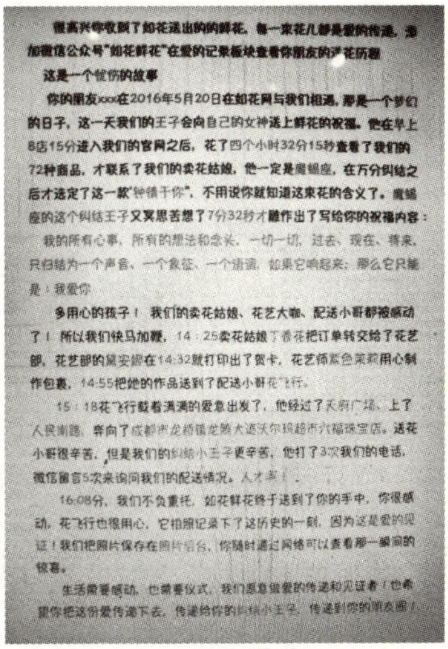

很高兴你收到了如花送出的鲜花，每一束花儿都是爱的传递，添加微信公众号"如花鲜花"在爱的记录板块查看你朋友的送花历程

这是一个憔悴的故事

你的朋友xxx在2016年5月20日在如花网与我们相遇，那是一个梦幻的日子，这一天我们的王子会向自己的女神送上鲜花的祝福。他在早上8点15分进入我们的官网之后，花了四个小时32分15秒查看了我们的72种商品，才联系了我们的卖花姑娘，他一定是魔蝎座，在万分纠结之后才选定了这一款"钟情于你"，不用说你就知道这束花的含义了。魔蝎座的这个纠结王子又冥思苦想了7分32秒才创作出了写给你的祝福内容：

我的所有心事，所有的想法和念头，一切一切，过去、现在、将来，只归结为一个声音、一个象征、一个语调，如果它响起来：那么它只能是：我爱你

多用心的孩子！ 我们的卖花姑娘、花艺大咖、配送小哥都被感动了！所以我们快马加鞭，14：25卖花姑娘丁香花把订单转交给了花艺部，花艺部的黛安娜在14:32就打印出了贺卡，花艺师紫色茉莉用心制作包裹，14:55把她的作品送到了配送小哥花飞行。

15：18花飞行载着满满的爱意出发了，他经过了天府广场、上了人民南路，奔向了成都市龙泉驿龙腾大道沃尔玛超市六福珠宝店。送花小哥很辛苦，但是我们的纠结小王子更辛苦，他打了3次我们的电话，微信留言5次来询问我们的配送情况。人才呀！

16:08分，我们不负重托，如花鲜花终于送到了你的手中，你很感动，花飞行也很用心，它拍照记录下了这历史的一刻，因为这是爱的见证！我们把照片保存在照片后台，你随时通过网络可以查看那一瞬间的惊喜。

生活需要感动，也需要仪式，我们愿意做爱的传递和见证者！也希望你把这份爱传递下去，传递给你的纠结小王子，传递到你的朋友圈！

图 12-7 鲜花配送将信作为礼物

这封信让送这束鲜花有了仪式感，虽然上面的图片只是草稿，但若配合文案，做好美工设计，如“鲜花前传”等，肯定会让收花的人很有场景感，卖花的就不单纯在卖花了，而是在卖场景了。

总结一下，现在是一个物质并不匮乏的年代，送赠品，要么走实用路线，要么走“走心”路线，目的要么是增加促销的转化率，要么是增加品牌的好感度，创造口碑，促进免费传播，但是无论如何，都尽量让赠品、礼品和品牌的价值观一致。另外，在选择赠品的时候，我推荐一个叫“妙汇”的 APP，这是一个创意商品平台，很多时候我为客户选赠品都会在上面查一查，上面的创意礼品确实很多。

【冷启动案例】赠品待摊活动：送 88 瓶啤酒

曾和成都青龙正街饭店玉林店的老板聊天，从他那里听说了一个促销案例。有一个商家在开业的时候搞了一个活动：只要你来吃饭，就送你 88 瓶啤酒，一桌送 88 瓶，很有心理震撼力。现在，我仔细想了想这件事情，对活动进行了一

个升级和优化，具体活动要点如下：

1. 要根据自己的客单价来看是否适合做这个活动，要好好考虑成本的问题，不能亏。

2. 免费送的 88 瓶啤酒只能在店里消费，不能打包，并且可以考虑设置一个消费上限，比如一次消费最多可以消耗 8 瓶赠送的啤酒。或者不考虑上限，直接放开也可以，这个需要根据自己的业态计算。

3. 建议印刷成啤酒兑换卡，比如名片大小的卡片，然后一次性送 88 张给客人，这样做有两个好处：第一，很有视觉冲击力，会产生记忆点，甚至引发拍照分享；第二，这样一桌的人会自己分配这些卡，导致客人裂变，比如 1 个人带 3 个人来，3 个人带 6 个人来。

4. 只要本次使用了啤酒卡，就不能再送啤酒卡，避免重复赠送，当然还有更多的活动细节需要结合自身情况来调整。

这个送 88 瓶啤酒的活动有什么好处呢？按照常规，新店开业都在打折，消费者已经麻木了，而且有数据报告说，现在的年轻人最反感的就是优惠券，明明就只便宜几元钱，搞得跟忽悠人一样，雷声大，雨点小。但是送啤酒就不一样了，特别是送 88 瓶啤酒，感知变了，把忽悠人的折扣给实物化了，你体会一下，在这个钱贬值的年代，给你 3 元钱拿在手上感觉好，还是给你一瓶啤酒感觉好？

除了感知不一样，更容易吸引消费者以外，还有开店最重要的一个意义——沉淀客户。送 88 瓶酒，若每次喝 8 瓶，相当于绑定了客人 10 次，若客单价是 200 元，相当于创造了 2000 元的机会收入，对新店能否生存下来，相当于沉淀了第一波非常重要的客人。

我之前还听说了一个火锅店开业的新玩法。开业的时候，你吃多少，只要付 2 倍的价格，就送你 2 倍价格的代金券，并且本次免单。比如我和朋友去吃花了 100 元，我支付 200 元，就可以获得 200 元的代金券以后来吃，并且本次还免单，这个活动执行下来效果还不错，其实也跟送 88 瓶啤酒的活动是一个目的——沉淀顾客。

所以，一定要有品牌意识，要从更高的品牌维度来解决销量的问题，不然永远只是玩这种数字游戏，就算当时有效果，活动一停，销量可能也就停了。

12.3 用小动物来帮你免费做宣传活动

我不知道为什么很多人都喜欢小动物，在房价飙涨、工作节奏超快的今天，思想单纯的小动物们可能是人们寻找心灵慰藉的一种不错的方式，如果能借力小动物们来做营销宣传活动，那肯定是非常棒的。

例如，我的一位朋友最近投资了一家日本料理店，叫 Tomoyo。她们家的味道是很不错的，但是新店开业涉及一个客户引流和品牌记忆点的问题。我在帮 Tomoyo 做品牌策划的时候，第一想法是增加店铺的“日本感”，但是仅仅是装修和服务上的日本感，那温度感是不够的，所以我想到了小动物——猫。

日本人特别爱猫，甚至每年 2 月 22 日还专门有猫的节日，叫“猫之日”。通过各种影视、综艺节目的长期综合作用以后，猫和日本之间建立了联系。所以我给她的建议是去领养几十只猫，然后每只猫的脖子上挂一个她们店名的铭牌，比如：小东京家的猫，然后下面是猫的名字。冬天时，还可以给猫穿上宣传用的绶带。猫每天到饭点就到店门口的花园里吃东西，平时就在方圆好几百米的地方散养，帮店做宣传，甚至可以约定一些打折方式，比如报猫咪的名字即可免费获得一个礼品，就感觉好像是猫咪给你介绍的这家店一样。

其实猫咪对周边业主的宣传还是次要的，最关键的是创造了有意思的内容。很多女孩子会慕名而来体验这家日本猫店，甚至很多媒体、自媒体也因为内容新颖会过来免费宣传。

因为现在这个猫的项目还在领养阶段，结果未知，不过在其他地方已经有了通过猫咪做宣传做得特别成功的案例了，就是前文我提到的猴硐（也叫猫村），那里整个村子都是猫咪的元素和各种晒太阳的小懒猫。因为猫，所以大量的游客都要到那里去感受，猫带火了整个村的旅游。要知道，猴硐以前只是一个产煤的地方，后来采矿萧条了，是猫让那个地方焕然一新。所以，通过小动物来做记忆点、宣传点，是有可能帮助店铺化腐朽为神奇的。

再来讲一个海洋小动物的营销活动案例。Suumo 是日本最大的在线房产交易网站，作为房产交易商，他们要给消费者传达一个品牌理念：来我们这边为你寻找最舒适的家。

有一次营销活动他们发挥脑洞，竟然想着给寄居蟹搭建房子。因为寄居蟹是公认的找壳高手，他们一生都在不断地寻找最舒适的家。而这一次活动，营销人员和海洋学家合作，共同打造了一款寄居蟹的家，给寄居蟹的塑料壳子上印有 Suumo 的 logo 和广告信息，意思是这些寄居蟹的家是由 Suumo 提供的。

紧接着就是通过网络直播，吸引大家来看看这些人工壳是不是寄居蟹喜欢的。直播的点在于“寄居蟹会住我们的房子吗？”因为这个点是未知的，所以有期待感，符合直播的玩法。而结果，当然是非常成功了，寄居蟹非常喜欢这样的房子。日本是一个靠海的国家，这些寄居蟹的房子就变成了 Suumo 纯天然的宣传广告，最后网友们都爱上了这样有趣的房子，整个网络上都在分享，品牌被成功地传播了出去。为寄居蟹搭房子的这个病毒广告玩法比较适合沿海城市的房地产广告，核心点在于寄居蟹本身，吸引媒体，吸引网友造成事件营销。

还有一个营销案例。脑细胞社群有一位会员是开舞蹈培训学校的，在帮她梳理了品牌和商业模式后，我觉得快速、低成本地建立差异化有难度。因为我一边在群里回答她的问题，一边在想用动物来做宣传活动的点子，所以，我给她的建议是看能否找到对音乐很敏感的动物，最好能跟随音乐一起跳舞，到时候就可以主打可以和动物们一起摇摆的跳舞教室的点去做宣传。按照常规，这样有期待感的内容是很容易吸引到媒体、自媒体来宣传报道的。如果动物不行，植物也可以，比如在网上买很多跳舞草，然后把整个舞蹈教室都包围起来，一样是可以达到效果的。

如果觉得养这些小动物麻烦，那也可以在不养小动物的情况下做宣传。例如，英国有个大学就制作了一个宣传广告，并取名为“狗狗玩滑板”。在用户观看了一小段狗狗影片之后，视频出来两段广告语画面：“社交媒体可以让你每天娱乐 2 小时。为什么不用这 2 个小时来学习呢？”然后下方署名某某学校，这个视频若是在微信朋友圈，那是非常有可能触发网友主动转发的。

前面讲的都是一些实操思路，靠动物来做宣传是可以去思考的，特别是现在很多公司都喜欢用动物来做 logo，天猫是只猫、京东是只狗、腾讯是企鹅、百度是只熊、去哪儿网是骆驼、携程是海豚、苏宁是狮子、美团是袋鼠。这些公司也都不小，市场部也有很多人才，他们都在用动物当图腾，作为普通的小店更可以考虑是否加入点动物元素或者直接养些小动物，将消费者对动物的情感转化为商业价值。所以，有可能的话，各位老板们，至少养只狗吧，狗的名字叫旺财还是有科学依据的。

12.4 逆向思维：不是逆反，而是求异

❖ 逆向思维的核心是求异

逆向思维的核心不是逆反，而是求异，这也是互联网时代、“90后”崛起的个性化人格一代所要有的思维方式。

很多企业家朋友都在问我：“小高，又要过节了，销量是可以上涨，但是每次活动都是打折，真的没有意思，能不能帮我们想一个活动主题啊？”

我说：“你们现在的企业除了价格元素还有什么可以用来传播吸引消费者的？”

好了，下面用几个真实案例来说说怎么用逆向思维来做节日活动。

❖ 七夕应该是丈母娘的节日

先说说七夕情人节。商家都在说要用打折来祝福牛郎和织女的爱情，千篇一律，没有新意。我们先来回顾一下牛郎和织女的故事：织女下凡认识了牛郎，之后演绎了一段惊天地泣鬼神的爱情故事。

很多人都在羡慕牛郎和织女的爱情，但是当年他们没有讨好王母娘娘——牛郎的丈母娘，被银河相隔，一年只能见一次。这个爱情也没什么好羡慕的。所以，老枝花卤顺势而为地在七夕的时候推出了“丈母娘套餐”：谈恋爱的时候一定要先讨好丈母娘！

老枝花卤做到现在，我一直在坚持一个理念，做好包裹营销。在内部我们甚至不是这样叫的，叫包裹媒介，每一个发出去的淘宝、天猫包裹都是当成媒介来看待的。那这个七夕情人节的“丈母娘套餐”里送什么小礼物呢？

我们就送了三张纸的印刷品，成本很低，但是很走心，收到包裹的客人都在发朋友圈帮我们做口碑宣传。哪三张纸？“房产证”“孙子的子女出生证”和“广场舞场花奖证书”，这些可能都是未来丈母娘最喜欢的，如图12-8所示。

❖ 圣诞节的商品应该全部涨价

我们再说说圣诞节。先不管是不是我们原创的节日，但是找点乐子，找点商机还是可以理解的。

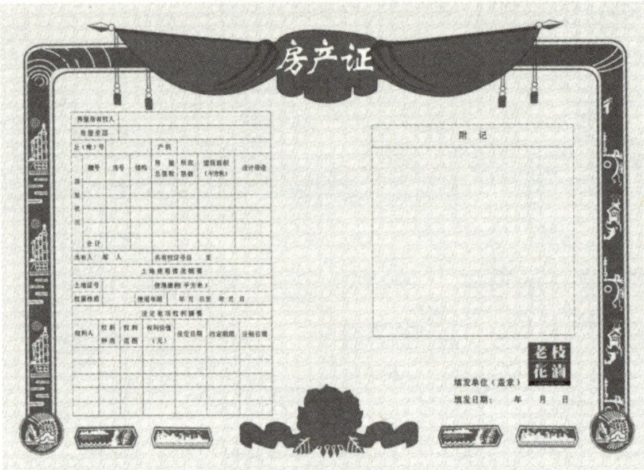

图 12-8　老枝花卤“丈母娘套餐”里的房产证

大部分的店家在圣诞季都是降价、让利。老枝花卤圣诞节的时候不仅没有降价，还涨价。涨价部分的盈利，我们也不要，只是为了通过这样的圣诞节活动想告诉大家，圣诞节，咱们可以过，但是也不能忘了山里的孩子，多出来的这部分钱，我们用来给他们送礼物，这个活动吸引了大量的媒体对老枝花卤进行免费的报道。

❖ **端午节堵车送尿不湿**

再说端午节。现在端午节等节日走高速免费了，很多人也选择了自驾出行，所以我们老枝花卤卖卤味，推出了一个端午节的“堵车套餐”。

当然，我们的“堵车套餐”礼包还是很贴心的，吃的、喝的、看的都有，礼包里除了有很多不用吐骨头的卤味，如卤鲍鱼、卤牦牛肉，还准备了“堵车瑜伽”的教科书，专门供给堵车时在车上可以伸展身体的瑜伽姿势，甚至还有“车载尿不湿”，以备不时之需，如图 12-9 所示。

图 12-9　“车载尿不湿”

在“堵车套餐”大卖之时，顾客反馈的淘宝评论都是又惊悚，又贴心，其中有一个人给的差评是让我最记忆深刻的。他说：“你们的堵车套餐，味道真的不错，服务也很好，快递也很快，各种包裹里的“神器”也很贴心，但是我还是要给你们差评，因为我就是要用实际行动来告诉你们，人生不是那么完美的！”

❖ 坑了把“罗辑思维”

目前，所有我对老枝花卤策划的活动中，最满意的是和罗辑思维合作的那次，真的是狠狠地“玩了”一次罗振宇。

罗辑思维帮我们卖卤菜，我偷偷地在每一个包裹里放了一封信，信封面上贴了一个可以撕的小便签，便签上写着：“免单锦囊，请悄悄地将本信封放置于老板桌上，下次将免单”，如图 12-10 所示。信封上还写了几个字“老板亲启，我们有一个共同的愿望想和您谈谈”。

打开信封后是一封信，这封信的抬头非常正式，如图 12-11 所示。正文里写着希望今年春节的时候公司能送每一位员工一份老枝花卤的大礼包。最后署名：勤劳员工委员会。

图 12-10 老枝花卤的“免单锦囊”活动

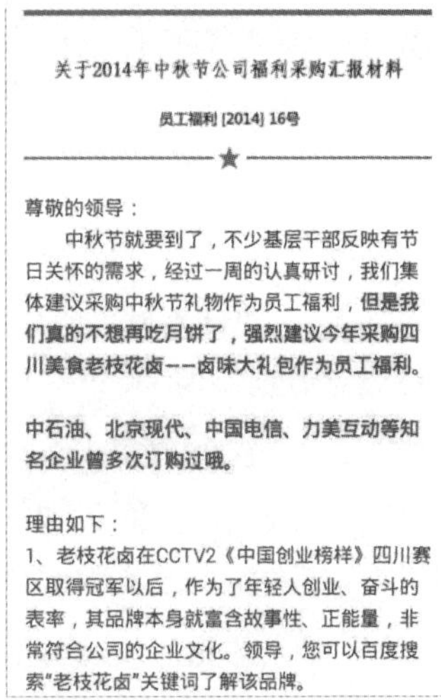

关于2014年中秋节公司福利采购汇报材料

员工福利 [2014] 16号

★

尊敬的领导：

中秋节就要到了，不少基层干部反映有节日关怀的需求，经过一周的认真研讨，我们集体建议采购中秋节礼物作为员工福利，**但是我们真的不想再吃月饼了，强烈建议今年采购四川美食老枝花卤——卤味大礼包作为员工福利。**

中石油、北京现代、中国电信、力美互动等知名企业曾多次订购过哦。

理由如下：

1、老枝花卤在CCTV2《中国创业榜样》四川赛区取得冠军以后，作为了年轻人创业、奋斗的表率，其品牌本身就富含故事性、正能量，非常符合公司的企业文化。领导，您可以百度搜索“老枝花卤”关键词了解该品牌。

图 12-11 “免单锦囊”的内容

结果，春节前，我们收到了很多企业的团购。所以我们随时都要有逆向思维，把客人收到包裹看作是交易的开始，而不是结束。包裹是最好的、性价比最高的免费媒体，虽然只是一个包裹，却像一个一个的霰弹在每一个公司里爆炸传开。所以，策划的任何活动，只有能像“菊花”一样绽放的才是好活动！

营销分为“营”和“销”，销是很多传统公司都会做的，但是在这个时代，不仅要做好“销”（销量），还要做好“营”（声音）。

12.5　差评活动：如何利用差评策划一场万人点赞的营销活动

塞翁失马，焉知非福，特别是在这个“坏事传千里”的互联网时代，下面我们来说说，当遇到负面舆论的时候，怎么把负面消息做成正面，而且还将品牌的影响力做得比以前更大。

❖ 负面案例：不想当懒女人

解决办法：帮消费者寻找购买产品的合理理由。

其实，很多时候负面和正面是可以互相转换的。早些时候，当尿不湿刚刚面市的时候，年轻妈妈们是不敢用尿不湿的，因为用尿不湿会给人感觉“这个妈妈很懒，不愿意洗尿布”，就算到了现在，你还能听到有些婆婆埋怨媳妇：“哎呀，少用点尿不湿，用尿布，透气，你就是懒得洗。”

解决产品带来负面印象的方法就是帮消费者寻找购买产品的合理理由，所以尿不湿的厂商开始主打“保护小孩皮肤”这个点，提供了合理且无损形象的理由——“我买尿不湿不是因为我懒，而是因为它对孩子皮肤好”。

❖ 负面案例：一万个差评的达美乐

解决办法：负面到底，否极泰来。

食品若出现负面消息，那一般都是凶多吉少，但是就有一家食品企业遇到了负面舆论，不仅没有损失，反而股价大涨 40%，它就是达美乐。达美乐是世界第二大披萨公司，负面新闻的原因是网络上流传一段视频：达美乐的两名店员自拍了一段在厨房疯打的视频，两人将面团砸向对方，甚至将垃圾抹在还未放进烤箱的披萨坯子上，更恶心的是他们还把这些披萨卖给了顾客。

这段视频在网络上的点击量迅速超过百万，掀起了轩然大波。愤怒的顾客们大肆攻击达美乐的食品安全问题，达美乐积累了 50 多年的品牌形象瞬间跌到谷底。

当时，达美乐的市场总监罗素才上任不久，正准备对老达美乐品牌进行时尚改革。这场灾难或许是一次很好的机会，罗素决定冒险进行一次自黑式公关，挽回声誉，顺便让顾客们知道达美乐现在不一样了。

于是他包下美国时代广场上的巨幕，不做任何解释、道歉或正面宣传，只把顾客们在社交媒体的评论实时转播到这个全球最受瞩目的广告屏幕上，如

图 12-12 达美乐的自黑式公关

图 12-12 所示。比如：“不要再去达美乐了，他们的厨房就是斗兽场，你会吃到罗马人！这家餐厅难吃死了，闻起来有股我奶奶头巾的味道。”

这是要自暴自弃了吗？大家都觉得罗素疯了。但恰恰相反，那些充满想象力的评论渐渐逗笑了观众，大家开始兴致勃勃地讨论“谁的评论最有趣”，最终演变成了一场比拼“吐槽”达美乐的营销活动。

此时，罗素趁热打铁地宣布达美乐的“披萨变形”计划：专门开辟数据渠道，收集顾客意见，并邀请专业人士和用户来评论披萨，让他们提出修改建议。同时，大力邀请消费者们通过手机应用来参与披萨创作流程，誓言要研发“更好吃的新品披萨”。

媒体也对这次事件体现出了极大的热情，毕竟在广告牌上说自己坏话的公司可不多见，这让达美乐受到了前所未有的关注。不但股价由此上涨 40%，销量也在当年的第一季度获得了两位数的增长。

❖ 平衡才是最佳状态

上面说的不是互联网的舆情公关，而是品牌正负面之间的能量转化，负面就像一把尖刀，可以快速吸引眼球，毕竟坏事传千里，但是能把负面再兜回来，变成正面的，那才是本事。

舆论、评价、品牌形象，就像体温，不能高也不能低，若一个淘宝店没有一个差评，大家还可能怀疑它是不是刷的信用，是吧？温度、热度一定要保持一种平衡，就像有人在微博上说“老枝花卤好吃”，我们会第一时间回复说：“千万不要这样说，因为降低其他人的心理预期，可能吃起来更幸福，因为幸福＝效用 / 期望。”形象有好有坏，一切稳中求进，才能可持续发展。